मालगुडी का आदमख़ोर

मालगुडी का आदमख

'मालगुडी का आदमखोर' मशहूर लेखक आर. के. नारायण के प्रसिद्ध उपन्यासों में से एक है जो उनकी कई अन्य रचनाओं की तरह दक्षिण में बसे काल्पनिक शहर मालगुडी की पृष्ठभूमि में रचा गया है। उपन्यास की मूल कहानी नटराज और उसके मकान पर कब्ज़ा जमाने वाले वासु के इर्द-गिर्द घूमती है। दोनों के बीच की दिलचस्प तकरार और अन्य पात्रों का चुटीला संवाद पाठकों को हंसी के समंदर में गोते लगाने को मज़बूर कर देते हैं।

आर. के. नारायण भारत के पहले ऐसे लेखक थे जिनके अंग्रेज़ी लेखन को विश्वभर में प्रसिद्धि मिली। 10 अक्टूबर 1906 को जन्मे नारायण ने पंद्रह उपन्यास, पांच लघु कथा-संग्रह, यात्रा-वृत्तांत आदि लिखे हैं। 1960 में उन्हें उनके उपन्यास 'गाइड' के लिए साहित्य अकादमी पुरस्कार से नवाज़ा गया। *मालगुडी की कहानियां, स्वामी और उसके दोस्त, डार्क रूम* और *इंग्लिश टीचर* उनकी अन्य जानी-मानी रचनाएं हैं। 13 मई, 2001 को आर. के. नारायण की मृत्यु हो गई, लेकिन मालगुडी और उसकी कहानियां लोगों के दिलों में आज भी ज़िंदा हैं।

अनुवाद
महेन्द्र कुलश्रेष्ठ

₹ 325

ISBN : 9788170288688

पहला संस्करण : 2010, छठा संस्करण : 2024

MALGUDI KA AADAMKHOR (Novel)
by R.K. Narayan
मुद्रक : जी. एस. ऑफसेट, दिल्ली

राजपाल एण्ड सन्ज़
1590, मदरसा रोड, कश्मीरी गेट, दिल्ली-110006
फोन : 011-23869812, 23865483, 23867791
website : www.rajpalpublishing.com
e-mail : sales@rajpalpublishing.com
www.facebook.com/rajpalandsons

मालगुडी का आदमख़ोर

(The Man-Eater of Malgudi का अनुवाद)

आर. के. नारायण

राजपाल

1

मार्केट रोड पर फ़व्वारे के सामने अपने प्रेस का छोटा वाला कमरा मैं बड़ी आसानी से किराये पर चढ़ा सकता था; क़स्बे के भावी दुकानदारों को यह जगह सबसे ज़्यादा पसंद थी। इसकी उचित क़ीमत वसूल न करने के लिए लोग मुझे मूर्ख समझते थे, क्योंकि प्रेस के काम के लिए मुझे जितनी जगह की ज़रूरत थी, वह नीले पर्दे के पीछे जितनी जगह थी, उतनी ही काफ़ी थी। लेकिन इन हिसाबी-किताबी लोगों को मैं समझा भी नहीं सकता था। यहाँ मैंने कमल पर विराजमान देवी लक्ष्मी की शीशे में मढ़ी तस्वीर लगा रखी थी, जो अपने चारों हाथों में पृथ्वी की संपदा लिये खड़ी थी, और जिसकी कृपा से मेरा काम बहुत ज़्यादा बुरा भी नहीं चल रहा था। मेरा बेटा बाबू, एलबर्ट मिशन स्कूल में पढ़ने जाता था और उसे कॉपी किताबें, खिलौने, कपड़े, मिठाइयाँ और वे सब चीज़ें जिनकी उसे इच्छा होती थी, काफ़ी मिक़दार में मिलती रहती थीं। मेरी बीवी भी हर दीवाली को एक नई सिल्क की साड़ी ख़रीद लेती थी, जिस पर ज़रदोज़ी का काम किया होता था–हालांकि अन्य अवसरों पर भी वह बिना वजह भी साड़ियाँ खरीदती रहती थी। उसके भंडार में खाने-पीने की चीज़ें हमेशा भरी रहती थीं, चूल्हा जलता रहता था, और कबीर स्ट्रीट के अपने पुश्तैनी घर की परम्परा वह भली-भाँति निभाती चली आ रही थी।

अपने बैठने के कमरे में मैंने टीक की लकड़ी की बनी ऊँची पीठ वाली कुर्सी, जिसे क्वीन एन का स्टाइल कहा जाता था–सालों पहले मेरे बाबा को यह कुर्सी बेचते वक़्त दुकानदार ने यही दावा किया था–शान से रखी हुई थी, और गोल छतरी वाली बड़ी-सी मेज़ जिसके चारों पैर भी आकार में तिरछे और अंगूर की बेलों से सजे थे; इनके अलावा अलग-अलग नक़्शों वाली चार कुर्सियाँ जिन्हें मैंने परिवार के सामान घर से ढूँढ-ढाँढ कर निकाला था, मेज़ के सामने और अगल-बग़ल रख दी थीं।

मार्केट रोड से गुज़रने वाला कोई भी व्यक्ति यदि थक जाता, तो वह मेरे कमरे में किसी भी ख़ाली पड़ी कुर्सी पर बैठकर आराम करने के लिए स्वतंत्र था। यहाँ बैठकर उन्हें विचार आने लगते कि अपने लिए विज़िटिंग कार्ड या प्रचार के पर्चे या शादी वग़ैरह के कार्ड क्यों न छपा लिये जाएं, लेकिन कई लोग ऐसे भी होते थे

जिनसे मुझे एक पैसे का भी लाभ नहीं होता था। इनमें से एक कवि मेरा स्थायी साथी था जो एकाक्षरी छंद में भगवान श्रीकृष्ण का चरित लिख रहा था। उसकी बड़ी इच्छा थी कि यह रचना एक उत्तम महाकाव्य बने, और हर रोज़ वह पिछले दिन लिखी नई पंक्तियाँ मुझे बाक़ायदा गाकर सुनाता था। मेरे मन में उसके लिए असीम आदर था। मैं उसकी इस तरह की सरल पंक्तियाँ सुनकर–'गर्ल्स विद गर्ल्स डिड डांस इन ट्रांस' (–लड़कियाँ और लड़कियाँ ले रही थीं फिरकियां')–तड़प उठता था; और कई अस्पष्ट पंक्तियों का अर्थ समझने की चेष्टा भी मुझे चकित कर देती थी–जो तब होता जब एकाक्षरी शब्दों से लय बना पाने में असफल कवि ज़बरदस्ती अनेकाक्षरों से तुक मिला देता था। इस तरह की पंक्तियों में बहुत सामान्य शब्द भी रहस्यमय प्रतीत होने लगते थे। इन अवसरों पर उसके साहित्यिक गुण का समादर करने के लिए मैं उसे क्वीन एन चेयर पर ही बैठने देता था और मैं स्वयं गोलमेज़ के एक सिरे पर जैसे-तैसे बैठा रहता था। दूसरी अच्छी कुर्सी बेंत वाली थी जिस पर पत्रकार सेन जमकर बैठ जाता था और मेज़ पर पड़े सब अख़बार पढ़ता रहता था–और बीच-बीच में नेहरू जी की ग़लतियों पर भाषण भी देता चला जाता था। ये दो लोग तथा और भी कई बार शाम को तब तक यहाँ जमे रहते जब तक प्रेस की घड़घड़ाहट बंद न हो जाती; लेकिन इन सब में इतनी समझ ज़रूर थी कि जब कभी कोई आदमी काम धंधे की बात करने कमरे में आता, तब वे चुपचाप और बिना कहे वहाँ से उठकर कुर्सी ख़ाली कर देते और कहीं और चले जाते।

मेरे कमरे और प्रेस के बीच एक नीला पर्दा टँगा रहता था। इसके भीतर कभी कोई झांकता नहीं था। ग्राहकों के आने पर मैं फ़ोरमैन, कंपोज़ीटर, बाइंडर, चपरासी या अकांउटेंट को आवाज़ लगाता, जिससे लोग समझते कि भीतर कई लोग काम करते हैं, और अगर कभी कोई संदेह करता तो मैं खुद भीतर जाकर आवाज़ें बदल-बदलकर उन्हें संतुष्ट करने के लिए भी तैयार रहता था। लेकिन मेरे बग़ल वाले स्टार प्रेस में ये सभी कर्मचारी काम करते थे, और कभी कोई ग्राहक मशीनें देखने की ज़िद करता तो मैं अपना नीला पर्दा न खोलकर साथ वाला स्टार प्रेस का दरवाज़ा खोलकर उसे वहीं ले जाता और शान से उसकी बिल्कुल नई हाइडेलबर्ग की छपाई मशीन इस तरह दिखाता जैसे वह किसी और की न होकर मेरी अपनी ही हो–हालांकि मेरी अपनी राय यह थी कि स्टार के मालिक ने इसे ख़रीद कर ग़लती की है, क्योंकि जब इस पर छपाई होती थी तब इस के दो सिलेन्डरों की ज़बरदस्त धड़धड़ दूर रेल की लाइन के पार तक सुनाई देती थी।

स्टार प्रेस का मालिक भला आदमी और मेरा अच्छा दोस्त भी था, हालांकि उसके ग्राहक बहुत कम थे। ज़्यादा हो भी नहीं सकते थे क्योंकि वे सब मेरे पास ही मजमा जमाये रहते थे, जबकि उनके लिए मेरे पास दो मीठे शब्दों और चार अनोखी

कुर्सियों के सिवाय और कुछ भी नहीं होता था। परंतु चूँकि किसी को भी नीले पर्दे के भीतर का कोई ज्ञान नहीं था, इसलिए वे समझते थे कि मैं बड़े-बड़े छपाई के कार्य भी कर सकता हूँ–जिन्हें मैं अपने सहयोगी, शास्त्री, की सहायता से करवा भी देता था, भले ही मैं उसे अपना कर्मचारी न कह पाऊँ। यह बूढ़ा-सा आदमी टाइप जोड़ता था, ट्रेडिल मशीन पर चार-चार पेजों के हिसाब से छपाई करता था, काग़ज़ों को सीता था और उन्हें काटने या बाइंड करने के लिए चार सड़क पार कंडन की दुकान पर ले जाता था। उसे जब कभी मेरी मदद की ज़रूरत होती, मैं अपने साथियों से छुट्टी लेकर उस के पास चला जाता–साथी भी इस वक़्त मुझे आज़ाद कर देते थे। इस तरह कुल मिलाकर मैं काफ़ी व्यस्त आदमी था और जो भी काम मेरी सामर्थ्य से बाहर होता, उसे मैं असली हाइडेलबर्ग मशीन पर छपाई के लिए पड़ोस के स्टार प्रेस में भेज देता। उसके काम-धाम से मैं इतना ज़्यादा घुला-मिला था कि कोई भी ग्राहक यह नहीं जानता था कि वह मशीन मेरी है या स्टार वालों की है।

मैं कबीर स्ट्रीट पर रहता था, जो मार्केट स्ट्रीट के पीछे ही थी। सवेरे चार बजे मेरे दिन की शुरुआत होती थी। तब सड़कों पर अँधेरा होता था, और मैं नहाने-धोने के लिए नदी के लिए रवाना हो जाता था। मेरी सड़क पर तब तक म्युनिसिपैलिटी के चिराग़ थोड़ा-बहुत जलते ही होते थे, बशर्ते उनका तेल बिल्कुल ही ख़त्म न हो गया हो। मैं कबीर स्ट्रीट को पार करता, उसके अंत की एक गली में मुड़ता, और ताल्लुक़ा दफ़्तर की चार दीवारी में एक टूटी हुई जगह से भीतर घुसकर मैदान पार करता, और एकदम नदी के किनारे पहुँच जाता। रास्ते में मुझे रोज़ वाले लोग मिलते–सबसे पहले दूधवाला जो अपनी दुबली-पतली सफ़ेद गाय की रस्सी पकड़े धीरे-धीरे जा रहा होता। मुझे देख कर वह आदर से नमस्कार करता और पूछता, 'बाबूजी, क्या बजा है?'–मैं इस सवाल का कोई जवाब न देकर उसे अपने आप ख़त्म हो जाने देता, क्योंकि मेरे पास घड़ी नहीं होती थी। मैं उस पर नज़र डालता और खुद उससे एक सवाल पूछना चाहता–यह तुम्हारा क्या जादू है जो इतनी मरी-गिरी गाय से दूध जैसी सफ़ेद चीज़ इतनी मात्रा में निकाल लेते हो कि वह तीस परिवारों के लायक़ हो जाता है। आखिर तुम हो क्या, दूध वाले या कोई तिकड़मी?'

इसके बाद मुझे वह बूढ़ा दमे का मरीज़ दिखाई देता जो अपने घर के बाहर लगे पत्थर पर खाँसता हुआ बैठा होता; 'रात-भर पल-भर को आँख नहीं लगी,कि सवेरा भी हो गया और आप नदी नहाने जा रहे हैं। सोचता हूँ, यही ज़िंदगी है।' ताल्लुक़ा दफ़्तर का चौकीदार अपनी रज़ाई के भीतर से मुँह निकालकर मुझे देखता और कहता, 'अच्छा, आप हैं?' यही सवाल ऐसा था जिसका जवाब दिया जा सकता था, इसलिए मैं कहता, 'हाँ, मैं ही हूँ,' और आगे बढ़ जाता।

नदी के किनारे मैंने अपनी अलग जगह बना ली थी–ताल्लुक़ा दफ़्तर के एकदम पीछे। आगे जहाँ लंबी सीढ़ियाँ थीं, वहाँ भीड़ बहुत होती थी। और अगर मैं वहां जाता तो मुझे हर वक़्त यह ख़्याल सताता रहता कि मैं, दूसरों के स्नान में दख़ल दे रहा हूँ, इसलिए यहाँ मुझे लगता था कि यह मेरी ख़ास अपनी जगह है। यहाँ ताड़ का एक बड़ा वृक्ष खड़ा था जिसमें जगह-जगह मिट्टी के प्याले लटके थे–उनमें पेड़ का रस चू-चूकर गिरता रहता था। जब यह सड़ता, इसकी बू सारे वातावरण में फैल जाती, और बड़े-बड़े बर्तनों में यह रस इकट्ठा करके शहर में जगह-जगह बने अट्ठारह ताड़ीख़ानों को यह बेचा जाता–जहाँ हर शाम नशे में धुत्त लोग आपस में लड़ते-भिड़ते और नालियों में लोटते दिखाई देते। पेड़ से निकलने वाले रस की इतनी अपार महिमा थी! मैं पेड़ पर नज़र डालते ही काँपने लगता था। सोचता, 'इन ताड़ीख़ानों का मालिक सनकुन्नी इसी पैसे की बदौलत न्यू एक्सटेंशन में इमारतें बनवाता चला जाता है और चार अमरीकी मोटरगाड़ियों पर सवार, जिनके ड्राइवर वर्दियों में लैस होते हैं, शहर में शान से घूमता-फिरता है।'

इस सबके बावजूद मैं पेड़ से अलग नहीं हो पाता था। पेड़ के नीचे एक पत्थर रखा था जिसपर मैं अपनी धोती और तौलिया साफ़ करता और उसपर कपड़ों को पीट-पीटकर धोने की आवाज़ें अँधेरे वातावरण में गूँजने लगती थीं। मैं कमर तक नदी के पानी में खड़ा रहता और उसकी ठंड मुझमें स्फूर्ति पैदा करती रहती। किनारे लगे पेड़ अँधेरे की छाया जैसे प्रतीत होते। पूर्व दिशा में जब सूरज की पहली किरण उगती दिखाई देती, मैं रेत पर बैठ कर प्रार्थना करता, जिससे मेरा मन-मस्तिष्क जगमगाने-सा लगता। मेरा ध्यान तब टूटता जब नल्लप्पा की झाड़ियों के पार से गाड़ियों के आगे लगे बैलों की घंटियाँ सुनाई देतीं–इनमें पड़ोस के गाँवों से शहर में बिक्री के लिए सब्ज़ियाँ, अनाज और ईंधन वग़ैरह ले जाये जा रहे होते। तब मैं उठता, अपने धोये कपड़ों की गाँठ कसकर तैयार करता और वापस लौटने के लिए क़दम बढ़ाता।

घर लौटते हुए पहले से ज़्यादा लोगों से भेंट होती। चौथी गली की निवासी मेरी चचेरी बहन मुझ पर एक ठंडी नज़र डालती गुज़र जाती। अपने पुरखों के मकान में रहते चले आने के कारण वह मुझसे नफ़रत करती थी–पहले कभी जब संपत्ति का बँटवारा हुआ था, मेरे पिता को यही उनके हिस्से के रूप में मिला था। यद्यपि बँटवारा मेरे पिता के समय में हुआ था, इस लड़की ने मुझे कभी माफ़ नहीं किया था। इस इलाक़े के ज़्यादातर लोग इस समय आँखें मिचमिचाते नदी की दिशा में जाते दिखाई देते, और सभी मुझ से एकाध बात ज़रूर करते। मुहल्ले का वकील, जिसे लोग हर मुक़दमे को ज़रूरत से ज़्यादा लंबा खींचते रहने के कारण स्थगन-वकील ही कहने लगे थे, और जो हमेशा भूखा-भूखा दिखाई देता था, और जो पंद्रह

दिन में एक बार दाढ़ी बनाता था, मेरी तरफ़ मुड़ा तो मैं घबराया कि अब यह मुझे नहीं छोड़गा, और वह सचमुच चिल्ला कर बोला, 'सुनो, तुम्हारा बिस्तर कहाँ है? ज़रूर तुम नदी के किनारे ही सोये होगे, नहीं तो इतने सवेरे कैसे घर वापस लौटते दिखाई देते!'

लेकिन एक आदमी ऐसा भी था जिससे मिलकर मुझे परेशानी नहीं होती थी– ऐडम्स लेन के एक टूटे-फूटे घर में रहने वाला सत्तर से ज़्यादा उम्र का एक बूढ़ा, जिसके हमारे इलाक़े में एक दर्जन मकान थे लेकिन जो ख़ुद किराये के घर में रहता था और देश-भर में फैले अपने ढेर सारे बाल-बच्चों को मनीऑर्डर से हमेशा पैसे भेजता रहता था। वह जब भी मिलता, अपने घरवालों की ख़बरें सुनाता। जब भी वह मसूढ़े निकाल कर मुस्कराता, बच्चे की तरह लगने लगता। मैं उससे कहता, 'आज आपको देर हो गई:' और जवाब का इंतज़ार करता। 'रात को बड़ी देर तक चिट्ठियाँ लिखता रहा, आप तो जानते ही हैं कि बच्चे इतनी दूर-दूर बसे हों तो क्या होता है।' मुझे उससे बातें करते रहना बुरा नहीं लगता था, हालांकि भीगे कपड़ों की पोटली कसकर पकड़े-पकड़े मेरी अँगुलियाँ दर्द करने लगतीं, कि कब उन्हें खोलूँ और कपड़े सूखने को डालूँ। ये अपने चार लड़कों और उनके काम-धंधों की चर्चा करता और चार लड़कियों की भी, और इन आठों के बहुत-से बच्चे-कच्चों की भी ढेर सारी बातें सुनाता। इसके अलावा अपने दर्जन-भर मकानों की मरम्मत कराने में भी वे व्यस्त रहता, क्योंकि कोई-न-कोई मकान हमेशा कहीं-न-कहीं टूट-फूट जाता और किरायेदार उसे ठीक कराने के लिए इसके पीछे पड़ा रहता। अपने परिवार में किसी को डाँट-फटकार लगाने, किसी की तारीफ़ करने या किसी को आशीर्वाद देने या किसी को सलाह-मशवरा देने या पैसे भेजने की सैंकड़ों चिट्ठियाँ तो इसे लिखनी ही पड़ती थीं।

मेरे पिता जैसा घर छोड़ गये थे, उसमें उसी प्रकार रहना मुझे अच्छा लगता था। जब मैं युवा था और एलबर्ट मिशन स्कूल में पढ़ता था, तभी पिताजी और उनके चारों भाइयों में संपत्ति का बँटवारा हुआ था। मुझे वह दिन आज तक याद है जब पिताजी के भाइयों ने अपनी पत्नियों और बच्चों समेत, अपना सारा सामान बाँधकर दूसरे घरों के लिए यह घर छोड़ा था। जिन वस्तुओं के पाँच बराबर हिस्से किये जा सकते थे, उन्हें बाँटकर हरेक को दे दिया गया था, लेकिन जिन्हें बाँटा नहीं जा सकता था, उन्हें उसी को दे दिया गया जिसने उसकी माँग की। जैसे, एक आरामकुर्सी थी जिसपर मेरे बाबा आँगन में डालकर बैठे रहते थे, मेरे दूसरे चाचा ने माँगी, तो उन्हीं को दे दी गई। दरअसल उन्हीं की पत्नी ने बँटवारे का यह सारा झगड़ा शुरू किया था। चाची ने खूबसूरत लकड़ी की दो बेंचों की भी माँग की जिनकी पॉलिश हमेशा चमकती रहती थी, और एक कुर्सी जिसमें ऐसी बढ़िया लकड़ी लगी थी कि

उसमें घुन नहीं लगता था। पिताजी के तीसरे भाई ने इन सबके बदले एक अलमारी झटक ली और एक हारमोनियम भी ले लिया जिसमें पेडल लगा था और पैरों से बजाया जा सकता था। चौथे चाचा ने भी इस हारमोनियम की माँग की क्योंकि उन्हें अपनी बेटी में गाने की प्रतिभा दिखाई देती थी। अब तक यह हारमोनियम एक कोने में धूल खाता पड़ा था और कोई इसे देखता तक नहीं था। दरअसल किसी ने यह पूछा भी नहीं था कि यह घर में आया तो आया कैसे, हालांकि ज़रा सी खोजबीन से यह समस्या सुलझाई जा सकती थी। हुआ यह था कि हमारे बाबा ने एक स्थानीय ड्रामा कंपनी को सौ रुपये का कभी क़र्ज दिया था और पैसा वापस न मिलने पर कचहरी में केस करके उसकी अकेली चल संपत्ति, इस हारमोनियम को घसीटकर घर ले आये थे और एक कोने में डाल दिया था। फिर उसे बेचकर पैसा वसूल कर पाने से पहले ही उनका देहांत हो गया था, और घरवालों ने बँटवारे के दिन तक उसपर ध्यान ही नहीं दिया।

पिताजी के चारों भाई अपनी बीवियों और पंद्रह बच्चों सहित इसी घर में एक छत के नीचे सालों तक रहते रहे। पिताजी की बूढ़ी माँ ने उन्हें एकसाथ जोड़े रखा था; वे सब सदस्यों के लिए गोंद की तरह थीं। वे परिवार के लिए नीतियाँ तय करती थीं और एक अन्य वृद्धा, जिन्हें हम सब बड़ी चाची कहते थे, उन नीतियों को लागू करने का काम करती थीं, जिससे परिवार की व्यवस्था सुचारू रूप से चलती रहती थी। दादी के मरते ही परिवार की एकता छिन्नभिन्न हो गई। दूसरे भाई की पत्नी से झगड़ों की शुरुआत हुई, जिसने एक दिन अचानक घर के दरवाज़े पर खड़े होकर चिल्ला-चिल्लाकर यह कहना शुरू किया कि उसके बच्चों के साथ दुर्व्यवहार हो रहा है, और सब उससे नफ़रत करते हैं; और उसके पति ने भी इसका समर्थन किया। इसके बाद दूसरे भाइयों और उनकी बीवियों के बीच भी झगड़े होने शुरू हो गये—हालांकि सभी के बच्चे, इन सब बातों से बेख़बर सामने के खुले मैदान में एक साथ खेलते-कूदते रहे।

साल बीतने से पहले, एक त्यौहार के दिन, परिवार का सबसे बड़ा संकट खड़ा हो गया, एक आठ साल के बच्चे ने दूसरे को धकेल कर ज़मीन पर गिरा दिया और उसके हाथ से बिस्कुट का टुकड़ा छीन लिया। बिस्कुट वाले बच्चे की माँ ने दूसरे बच्चे को पकड़कर उसको दो थप्पड़ लगा दिये। पिताजी और सब भाई वहीं बैठे दोपहर का खाना खा रहे थे। पिताजी ने धीरे से कहा, 'माँ अगर ज़िंदा होती तो ऐसी बातें कभी न होती।'

दूसरे दो भाई इस दृश्य से इतने परेशान हुए कि खाने को छुए बिना ही उठकर चले गये। पिताजी ने किसी पर नज़र डाले बिना ही यह कहा, 'तुम्हें खाना छोड़ने की ज़रूरत नहीं है। आज त्यौहार का दिन है। आज ऐसा कुछ नहीं होना चाहिए।'

मेरी माँ, जो उनके ऊपर झुकी घी परोस रही थी, बोलीं, ''तुम अपने काम से मतलब रखो। ये कोई बच्चे नहीं हैं जो इन्हें त्यौहार के कर्तव्य बता रहे हो।'

पिताजी ने चुपचाप माँ की बात मान ली और उसी क्षण फैसला किया कि पारिवारिक शांति की खातिर अब संपत्ति का बँटवारा कर दिया जाए। अगले कुछ दिनों में परिवार के वकील घर आते-जाते रहे, और मशहूर 'स्थगन-वकील' की सहायता से सब सदस्यों से बातचीत कर-करके तरह-तरह के कागज़ों पर उन सबके दस्तख़त कराते रहे, और कुछ ही हफ़्ते बाद सारा घर ख़ाली हो गया। यह बहुत बड़ा घर जिसे हमारे पड़बाबा ने बनवाया था, और हमेशा भरा-पूरा रहता था, जो अनगिनत बच्चों, औरतों, संबंधियों और मेहमानों से सालों रात-दिन चहल-पहल में डूबा रहता था, अब एकदम सुनसान हो गया। अब घर में रह गये थे मेरे माता-पिता, बड़ी चाची, मैं और मेरी दो बहनें। मेरा बड़ा भाई मद्रास के एक कॉलेज में पढ़ता था और होस्टल में रहता था। जब वह बड़ा हो गया तो पिताजी घर के बाहर चबूतरे पर चटाई बिछाकर बैठे रामायण का पाठ करते या चुपचाप सड़क को देखते रहते। वहीं उन्होंने एक तकिया भी रख लिया था, जिस पर आराम भी कर लेते थे। इस विशाल घर में वे शायद ही कभी भीतर जाकर देखभाल करते थे। हाँ, कभी-कभी वे घर के पिछवाड़े के मैदान में ज़रूर चले जाते और वहाँ लगे एक पेड़ के नीचे डालियों से गिरे पत्ते ज़रूर साफ़ करते, क्योंकि यह पेड़ उन्हें बहुत प्रिय था। यह पेड़ वहाँ सालों से लगा था और इस पर फल कभी नहीं आते थे, सफ़ेद फूल ज़रूर समय पर खिल आते, इसलिए लोगों को यह पता ही नहीं था कि यह पेड़ नींबू का है या नारंगी या कुछ और। शायद इसी कारण पिताजी को इसकी चिंता रहती थी। इसी के इर्द-गिर्द लगे नारियल के छह बड़े पेड़ भी थे लेकिन पिताजी उनकी तरफ़ देखते भी नहीं थे। इनकी पूरी ज़िम्मेदारी मेरी माँ और बड़ी चाची ने उठा रखी थी—वे ही इसके ऊपर लगे कीड़े-मकौड़ों को समय-समय पर साफ़ करवातीं, और हर महीने किसी को उनके ऊपर चढ़ाकर हरे-हरे फल उतरवातीं और गोदाम में रखवा देतीं। यहाँ कद्दू की बेलें भी थीं और हरी-हरी बेलों से ढका गायों का बाड़ा था, जिसमें कभी, सालों पहले, मालगुडी की चार सर्वोत्तम गायें बँधी रहती थीं।

पिताजी के देहांत के बाद माँ मेरे साथ तब तक रहीं जब तक बाबू एक साल का नहीं हो गया, इसके बाद वे मेरे बड़े भाई के साथ रहने मद्रास चली गईं और बड़ी चाची को भी अपने साथ ही रहने के लिए ले गईं। इसके बाद मैं, मेरी पत्नी और बाबू ही कबीर स्ट्रीट के इस विशाल घर के एकमात्र निवासी रह गये।

2

शास्त्री को जल्दी घर जाना था क्योंकि उस दिन कोई पूजा थी। लेकिन मैं उसे जाने देने में हिचक रहा था। के.जी. के सोडा-लैमनेड के तिरंगे लेबिलों की छपाई होनी थी–अपने यहाँ की रंगीन छपाई पर मुझे गर्व था। मेरे लिए यह काम काफ़ी महत्त्व का था। मेरा अपना मानना तो यह भी था कि लेबिल छापने के लिए मैं जिस स्याही का प्रयोग करता था, उसे बेहिचक पिया भी जा सकता था और के.जी. द्वारा अपने लेमोनेड में प्रयुक्त रंग से वह ज़्यादा सुरक्षित थी। लेबिलों का पहला रंग छापा जा चुका था और आज उसके ऊपर दूसरे रंग की छपाई होनी थी। यह छपाई पहले रंग की छपाई से ज़्यादा महत्त्वपूर्ण थी और मैं चाहता था कि शास्त्री ख़ुद रहकर यह काम करे।

वह बोला, 'मैं रात को देर तक रुककर इसे छाप सकता हूँ, लेकिन इस वक़्त नहीं। तब तक आप...; यह कहकर उसने मुझे दोपहर दो बजे तक के कई काम गिना दिये।

मैं अपने रोज़ के दोस्तों के साथ ज़ोरदार बहस में मशग़ूल था। आज का विषय था नेहरू जी की तीसरी पंचवर्षीय योजना, और सेन कह रहा था कि इससे तो देश तबाह हो जायेगा! 'तीन सौ करोड़ रुपये की योजना है यह...। हम पैसों की गिनती कर रहे हैं या जनता की?' मैं और कवि उसके श्रोता थे, और एक ग्राहक जो बिज़नेस कार्ड छपवाने आया था। बहस में गर्मी आ रही थी क्योंकि ग्राहक कांग्रेसी था जो महात्मा गांधी के द. अफ्रीका से भारत लौटने के समय से आज तक पूरे चौदह दफ़ा जेल जा चुका था। उसने अपने काम की बात तो एक तरफ़ कर दी और एक कोने में आराम से कुर्सी जमाकर बहस में हिस्सा लेने के लिए तैयार हो गया। 'आज के लोगों की यह आदत हो गई है कि हर बात के लिए सरकार को दोषी क़रार देने लगते हैं। लोकतंत्र का क्या यह मतलब है कि अगर दुकान में चीनी नहीं है तो उसके लिए भी सरकार ही ज़िम्मेदार है। चीनी न हो तो भी क्या परेशानी है! कुछ दिन आप बिना चीनी की कॉफ़ी पी लेंगे तो मर तो नहीं जायेंगे!' लेकिन सेन ने देशभक्त के इस वक्तव्य का सिरे से खंडन किया।

मैं बहस ध्यान से सुन रहा था, कि नीले पर्दे के पीछे शास्त्री का साया दिखाई

दिया। जब कभी कोई कठिन वक़्त आता तो शास्त्री मुझे अपना नौकर समझने लगता था, और मैं भी उसका कहा मानने लगता था क्योंकि इसके सिवा कोई उपाय नहीं होता था। अब मेरा काम यह था कि मशीन पर ब्लॉक कसकर लेबिलों पर दूसरे रंग की छपाई कर दूँ फिर उन्हें सूखने के लिए फैलाकर डाल दूँ, और दो बजे लौटने पर शास्त्री तीसरा रंग छाप देगा और फिर से लेबिल सूखने के लिए रख देगा।

शास्त्री ने छपाई के लिए मुझे कुछ ज़रूरी बातें बताईं। 'ब्लॉक काफ़ी घिस चुके हैं। आपको उनपर ज़्यादा स्याही लगानी पड़ेगी।'

'ठीक है, शास्त्री।'

उसने अपनी चाँदी की कमानी वाली ऐनक के भीतर से मुझे देखा और सख़्ती से हिदायत दी, 'अगर आज तीन बजे तक दूसरा रंग छपकर सूख नहीं जायेगा तो कल ग्राहक को तैयार माल दे पाना संभव नहीं होगा। आप तो जानते ही हैं कि के.जे. कैसा आदमी है...।'

लेकिन मेरे लंच का क्या होगा? शास्त्री को मेरे खाने-पीने की परवाह नहीं थी—लेकिन छापने के लिए वह कठोर बन सकता था, और दूसरा मैं विरोध नहीं कर पाता था। इसके लिए वह कुछ भी करने को तैयार रहता था। लेकिन मेरे मन की बात समझकर वह कहने लगा : मैं आपको परेशान नहीं करता, लेकिन यह सत्यनारायण की पूजा आज ही होनी है, घर पर पत्नी और बच्चे बाहर खड़े मेरा इन्तज़ार कर रहे होंगे।' उसे विनायक स्ट्रीट तक पैदल ही जाना था, परिवार को वह ज़्यादा देर तक भूखा भी नहीं रख सकता था।

पत्नी और बच्चों की यह बात फ़िज़ूल-सी थी। मेरा ख़्याल था कि शास्त्री के लिए इनका ज़्यादा महत्त्व नहीं था इनका महत्त्व तो मुझ जैसे मामूली लोगों के लिए था। उसकी जगह तो टाइप के खानों और ट्रेडिल के ऊपर थी। पारिवारिक व्यक्ति में रूप में उसकी छवि मेरे मन में बनती ही नहीं थी। लेकिन मैं मुँह खोलकर यह बात कह भी नहीं सकता था। मेरे प्रेस में जब कभी कोई समस्या खड़ी होती, तब मालिक और कर्मचारी का हमारा संबंध एकदम उलट जाता था।

मैंने बिना झंझट किये स्थिति को स्वीकार कर लिया। प्रेस का नियम था कि नीले पर्दे के भीतर कोई नहीं जाता था, इसलिए मैं चुपचाप ट्रेडिल पर छपाई कर सकता था। शास्त्री ने पूरी तैयारी कर दी थी। मुझे सिर्फ़ मशीन का पेडल दबाना था और ब्लॉक के नीचे काग़ज़ सरकाते जाना था। हल्के गुलाबी रंग के ऊपर मुझे नीले रंग का शेड चढ़ाना था। मैंने छपाई शुरू कर दी। पेडल पर पैर रखते ही मशीन के बीसियों पुर्ज़े काम करने लगते और उनसे जो संयुक्त स्वर उत्पन्न होता, वह मेरे मन-मस्तिष्क पर छाने लगता। जब भी मशीन रुकती, सेन का भाषण सुनाई देने लगता, 'नेहरू जी अगर व्यावहारिक हैं तो उन्हें कांग्रेस छोड़ देनी चाहिए।... इतनी

ख़र्चीली योजनाएं बनाने की क्या ज़रूरत है? और अगले दस सालों में इतने ज़्यादा इस्पात का हम करेंगे भी क्या?' यह सुनते ही एकदम सब चुप हो गये, मानो गूँगे हो गये हों। मुझे पैरों के सरकने की आवाज़ें सुनाई देने लगीं। मुझे यह सोचकर अच्छा लगा कि पंचवर्षीय योजना की बहस ख़त्म हो गई है।

तभी एक अनहोनी बात हुई। पर्दा हिला, उसका एक कोना ऊपर उठा और एकाक्षरी कवि का चेहरा भीतर दिखाई दिया। ज़रूर कोई ऐसी बात हुई है जिसने उसे इसके लिए विवश किया है। वह आँखें गोल करके फुसफुसाया था, 'आप से कोई मिलने आया है।'

'कौन है? वह क्या चाहता है?'

'पता नहीं।'

फुसफुस की ये बातें मुझे परेशान कर रही थीं। मैंने सिर हिलाया, आँख झपकाई.और उसे यह कहने का इशारा किया कि मैं इस वक्त प्रेस में नहीं हूँ। कवि का ठस दिमाग़ यह इशारा समझ नहीं पाया और वह आँखें झपकाने लगा। फिर उसका चेहरा एकदम ग़ायब हो गया और उसकी जगह एक दूसरा चेहरा नमूदार हुआ—पका हुआ रंग, गहरी काली भौंहें, काफ़ी चौड़ा माथा और घने बिखरे बाल...

मेरी पहली प्रतिक्रिया हुई कि चिल्लाकर कहूँ 'तुम जो भी हो, पहले अपने बाल ठीक करो।' इस आदमी ने कवि को धक्के से हटाकर अपना सिर भीतर घुसा दिया। मेरे कुछ कहने से पहले ही वह बोला, 'आप हैं नटराज?' मैंने सिर हिलाया। उसने पर्दे को एक तरह से चीर डाला, जो मेरे प्रेस की परंपरा के खिलाफ़ था, और भीतर घुसने लगा। अब मैं बोला, 'आप कृपया आराम से बैठ जायें। मैं अभी आता हूँ।' लेकिन उसने इस पर ध्यान नहीं दिया और आगे बढ़कर अपना हाथ मेरे सामने फैलाया। मैंने जल्दी से अँगुलियों में लगा रंग साफ़ किया और कहा, 'माफ़ करना, रंग लग गया है... काम कर रहा था...।' उसने कसकर मेरा हाथ पकड़ लिया, और मेरा हाथ पूरा का पूरा उसके पंजे में समा गया...बहुत विशाल आदमी था वह, छह फ़ीट लंबा। यूं तो वह काफ़ी दुबला था लेकिन बैल की तरह लंबी गर्दन और लोहे जैसा पंजा उसकी सही प्रकृति का सूचक था। मैंने फिर कहा, 'हम दूसरे कमरे में क्यों न चलें?'

'कोई ज़रूरत नहीं, मेरे लिए सब बराबर हैं,' वह बोला, 'आप कुछ कर रहे थे? करते रहिए। मुझे कोई परेशानी नहीं होगी', फिर उसने रंगीन लेबिलों पर नज़र डाली, 'यह क्या हैं?'

मैं नहीं चाहता था कि कोई मेरी रंगीन छपाई का काम देखे जिससे उसे पता चले कि मैं रंगों में विशेष प्रभाव कैसे पैदा करता हूँ, इसलिए मैं पर्दे की तरफ़ आया और सौजन्यपूर्वक उसके लिए उसे हटाकर बोला, 'इधर आइये।' मैंने उसे क्वीन एन चेयर पर बिठाया और ख़ुद अपनी पुरानी जगह, मेज़ के सिरे पर जाकर बैठ

गया। अब मुझे फिर लगने लगा कि मैं प्रेस का मालिक हूँ, और बातचीत के लिए तैयार हुआ। चेहरे पर मुस्कान लाकर पूछा, 'आपकी क्या सेवा कर सकता हूँ, मिस्टर... ?'

'वासु,' उसने तुरंत जोड़ा और कहने लगा, 'मैं जानता हूँ, आपने मेरा नाम नहीं सुना—जब मैं अपना नाम बता रहा था, तभी आप कुछ कहने लगे थे।'

मुझे यह सुनकर शर्म आई और उसे कम करने के लिए मैंने एक और बेवक़ूफ़ी-भरी मुस्कान फेंकी। फिर एकदम अपने को रोका, क्योंकि इस तरह बेचैन कर देने के लिए मुझे उस पर ग़ुस्सा आने लगा था। मैंने स्वयं से पूछा, 'क्या, मैं इस विशालकाय आदमी को देखकर डर गया हूँ?' इसलिए मैंने, अधिकार-भरे स्वर में कहा, 'जी हां,' जिसमें से मैं यह ध्वनि निकालना चाहता था कि 'आपने मेरा बहुत समय नष्ट कर दिया है, अब जल्दी से अपना काम बताइए।'

उसने भीतर की जेब से काग़ज़ों का एक बंडल निकाला, और उसमें से एक काग़ज़ का टुकड़ा निकाल कर मेरे सामने कर दिया, जिस पर कुछ लिखा था। 'पांच सौ शीट सबसे अच्छा लिखने का काग़ज़ और पाँच सौ विज़िटिंग कार्ड।'

मैंने काग़ज़ खोलकर पढ़ा : 'एच.वासु, एम.ए., चमड़ा-विशेषज्ञ।'

अब मुझे इस आदमी में रुचि पैदा हो गई थी और ग़ुस्सा भी दफ़ा हो गया था। यह पहली बार था जब किसी चमड़े के कारीगर से मेरी मुलाक़ात हो रही थी। मैंने मित्रता का भाव दर्शाते हुए कहा, 'पाँच सौ! क्या सचमुच आपको इतने कार्डों की ज़रूरत होगी? शुरू में सौ क्यों नहीं छपवा लेते? फिर ज़रूरत पड़ने पर और छप जायेंगे।'

आप मुझे सलाह मत दीजिए,' उसने चिढ़ते हुए कहा।' मुझे कितने चाहिए, यह मैं जानता हूँ। मैं ये कार्ड बक्से में बंद रखने के लिए नहीं छपवा रहा हूँ।'

'ठीक है। आप चाहें तो मैं दस हज़ार छाप दूँगा।' मैंने भी तल्ख़ी से कहा, जिससे उसका लहज़ा कुछ ढीला पड़ा। 'वाह! क्या बात है! आदमी ऐसा ही होना चाहिए।'

फिर मैंने कहना शुरू किया, 'अगर आप चाहें तो इन्हें असली हाइडेलबर्ग मशीन पर...'

'आप किसी भी मशीन पर छापें, मुझे फ़र्क नहीं पड़ता। मैं तो यह भी नहीं जानता कि आप कह क्या रहे हैं।'

अब स्थिति मेरी समझ में आ गई थी; मेरा हर दूसरा वाक्य उसे नागवार गुज़रता था। मुझे यह आदमी आकर्षित कर रहा था और मैं उसका काम छोड़ना भी नहीं चाहता था। दरअसल मैं चाहता तो भी उससे पीछा नहीं छुड़ा सकता था। उसने ही मुझे ढूँढ निकाला था और जब तक वह ख़ुद यहाँ से चला नहीं जाता, मैं उसे हटा

नहीं सकता था। इसलिए मेरे लिए अच्छा यही था कि मैं दोस्ती के भाव से ही बात करूँ। 'आप ठीक कहते हैं। लेकिन मेरा कर्तव्य बनता है कि मैं आपसे पूछ लूँ। बहुत-से लोग इसे ही पसंद करते हैं।'

'लेकिन यह चीज़ है क्या?' उसने सवाल किया।

मैंने उसे विस्तार से हाइडेलबर्ग की छपाई के बारे में बताया, और यह भी बताया कि वह रखी कहाँ है। उसने कुछ देर विचार किया, फिर बोला, 'नटराज, मुझे विश्वास है कि आप मेरा काम बहुत अच्छा करेंगे। मैं मित्र बनकर ही आपके पास आया हूँ।'

यह सुनकर मुझे आश्चर्य और प्रसन्नता दोनों ही हुए। वह कहता रहा, 'मैं यहाँ नया आया हूँ। लेकिन आने के बाद घंटे भर में ही मुझे आपके बारे में पता चल गया।' फिर उसने बताया कि किसने उसे मेरे बारे में बताया था, हालांकि मैं उसे पहचान नहीं पाया। फिर वह बोला, 'मैं किसी बात पर दोबारा नहीं सोचता। जो मुझे पसंद आ जाता है, आ जाता है, बस।'

मैं चमड़ा-विशेषज्ञता के बारे में जानना चाहता था, इसलिए मैंने कार्ड की बात छेड़ते हुए पूछा,'यह चमड़ा-विशेषज्ञता क्या है? ज़रूर कोई बढ़िया काम होगा यह! आपका...दफ़्तर...'

'इसकी शुरुआत मैं यहीं करना चाहता हूँ। पहले मैं जूनागढ़ में था—नाम सुना होगा—वहाँ इस कला में मेरी दिलचस्पी पैदा हुई। वहाँ इसके एक गुरु से मेरा संपर्क हुआ—नाम था सुलेमान। जब वह बाघ की खाल, में भुस वगैरह भरता था—आप जानते होंगे कि जूनागढ़ में बाघ होते हैं—तब वह उसे असली बाघ से कहीं ज़्यादा डरावना बना देता था। वह इसका विशेषज्ञ था और उसीने मुझे यह कला सिखाई। आख़िकार हम सभ्य मनुष्य हैं, शिक्षित और सुसंस्कृत, इसलिए हमें चाहिए कि प्रकृति के ऊपर अपनी श्रेष्ठता स्थापित करें। विज्ञान प्रकृति पर हर रोज़ नया अधिकार दिखाता जाता है, इसलिए हमें नया निर्माण भी करना चाहिए। यही मेरा दर्शन है, और मैं चुनौती देता हूँ कि कोई मुझे ग़लत साबित करे।' इसके बाद सुलेमान की याद करके उसने एक गहरी आह भरी। 'वह तो साधु-संत था। उसने मुझे बड़ी निष्ठा से यह कला सिखाई।'

'आपने एम.ए. कहाँ से किया?'

'मद्रास...और कहाँ से! आप मेरे बारे में जानना चाहते हैं?' उसने पूछा।

मैं सोचता हूँ कि अगर मैं, यह कहता कि, नहीं, मैं खाना खाने घर जाना चाहता हूँ, तो पता नहीं, क्या होता; वह ज़रूर मुझे ज़मीन पर पटक देता।

वह बताने लगा, 'मैंने प्रेसीडेंसी कॉलेज में शिक्षा प्राप्त की। मैंने इतिहास, अर्थशास्त्र और साहित्य में एम.ए. किया।' यह सन् 1931 की बात है, फिर उसने

अंग्रेज़ी शासन के ख़िलाफ़ आन्दोलन में भाग लिया, क़ानून तोड़े, हड़तालें कीं, प्रदर्शन किये और जेल चला गया। वह कई दफ़ा जेल गया और एक बार जब छूटा तो नागपुर पहुँच गया। वहाँ किसी प्रदर्शन में एक पहलवान से उसकी मुलाक़ात हुई। वह आधे टन का पत्थर अपने गाल पर उठा लेता था और घन से उसके टुकड़े कर सकता था। वह लोहे की ज़ंजीर हाथ से तोड़ सकता था और सख़्त ग्रेनाइट को एक मुक्के से चकनाचूर करके बिखेर देता था। तब मैं जवान था और उसकी ताक़त ने मुझे बहुत प्रभावित किया। मैंने उसे अपना परिचय दिया।' फिर वह कुछ देर ध्यानमग्न रहा, इसके बाद बोला, 'इस गुरु से ही मैंने सब सीखा है। वह बड़ा कठोर शिक्षक था। तीन बजे सवेरे मुझे जगा देता था और बड़ी कठिन कसरतें करवाता था। मुझे वह सही भोजन भी देता था। हर सवेरे मुझे सौ बादाम खाकर आधा किलो दूध से उन्हें गले से नीचे उतारना पड़ता था। दो घंटे बाद शहद के साथ छह अंडे खाता था, दोपहर को खाने में चावल और चिकन, रात को सब्ज़ियाँ और फल। हर किसी को ऐसा भोजन नहीं मिलता, यह मेरा सौभाग्य ही था कि मुझे ऐसा आदमी मिला जो मुझे यह सब खिलाकर खुश होता था। छह महीने में मैं उसकी जगह लेने के लायक बन गया।

'पहले ही दिन जब मैंने लखनऊ में एक सौ साल पुराने मकान के दरवाज़े पर घूँसा जड़ा, तो टीक की लकड़ी का तीन इंच मोटा दरवाज़ा टुकड़े-टुकड़े होकर बिखर गया। मेरे गुरु ने आँखों में आँसू भरकर मुझे पीठ पर थपथपाया, "बच्चे, तुम बड़ी तेज़ी से उन्नति कर रहे हो।" कुछ महीने बाद मैं ज़ंजीरें भी तोड़ने लगा, लोहे के सरिये मरोड़ कर रख देता और ग्रेनाइट का चूरा कर देता। हम देश-भर में घूम-घूमकर बाज़ारों, मेलों और टाउन हालों में प्रदर्शन करते, जिससे उसने बहुत पैसा कमा लिया। धीरे-धीरे वह मोटा पड़ चला, आलसी हो गया, और सब काम वह मुझसे ही करवाता। पोस्टरों में नाम तो उसका ही छपता लेकिन सब तरह के करतब मैं ही करके दिखाता। जब मैंने उससे इस बारे में बात की तो उसने मुझे कृतघ्न और कुत्ता कहा, और गालियाँ भी दीं, और मुझे हटाने की कोशिश की। मैंने इसका विरोध किया...और...' इतना कहकर उस घटना की याद करके वासु हँसने लगा। बोला, 'मुझे उसकी कमज़ोर नस का पता था। मैंने हथेली तिरछी करके उस जगह पर ज़ोर से मारी, तो वह ज़मीन पर गिर पड़ा और तड़पने लगा। मैं जानता था कि अब वह कुछ नहीं कर पायेगा। उसे वहीं छोड़कर मैं बाहर निकल आया और मैंने यह काम छोड़ने का फैसला कर लिया।'

'इसके बाद भी आप उसकी मदद करते रहे होंगे?' मैंने सवाल किया।

'हाँ, मैं इस तरह उसकी मदद करता रहा कि मैंने उसे अकेला छोड़ दिया, उसे सिर के बल उलटा नहीं किया और दाँत बाहर नहीं निकाले।'

'अच्छा, इस तरह...,' मैं यह सुनकर काँप उठा।

'और क्या? अब मैं दूसरा आदमी था, लड़का नहीं था जो उससे कुछ माँगने गया था, और ताक़त में भी उससे कहीं ज़्यादा था।'

'लेकिन वह आपका गुरु भी तो था, जिसने आपको यह सब सिखाया था...,' मैंने उसकी चिढ़ का मज़ा लेते हुए कहा!

'भाड़ में जाये उसकी शिक्षा,' वह चीख़कर बोला। 'वह मेरे ज़रिये कमाई करता था, यह नहीं दिखाई देता...।'

'वह आपको हर रोज़ छह अंडे खिलाता और कितने बादाम और दूध...'

अब उसने हथियार डाल दिये, चिढ़कर कहने लगा, 'आप ये बातें नहीं समझेंगे। आपने दुनिया नहीं देखी। आप इस घटिया से प्रेस में क्या हो रहा है, उसी को जानते हैं।'

'आप इसे घटिया प्रेस समझते हैं तो यहाँ काम कराने क्यों आये हैं?' यह कहते हुए मैं दरवाज़े के पास पहुँच गया क्योंकि अगर वह मुझे पकड़ने की कोशिश करता तो मैं एकदम निकलकर भाग सकता था। परिचय बढ़ने के साथ मैं उद्दंड होता जा रहा था और उसे परेशान करने में मुझे मज़ा आने लगा था।

'तुम सोचते हो कि मैं इस घटिया-से शहर में इसलिए आया हूँ कि यह कुछ ख़ास है। तो सुन लो, मैं यहाँ मेम्पी पहाड़ियों की वजह से आया हूँ जहाँ घने जंगल है। मैं चमड़ा-विशेषज्ञ हूँ, इसलिए वहाँ जाता हूँ जहाँ जंगली जानवर रहते हैं।'

'...और मरते हैं,' मैंने जोड़ा।

मेरा मज़ाक़ सुनकर वह हँसने लगा। मेरी तारीफ़ करते हुए बोला, 'तुम मज़ेदार आदमी हो।'

'आपने मुझे अभी तक यह नहीं बताया कि आप क्यों और कैसे चमड़ा-विशेषज्ञ बने,' मैंने कहा।

'हाँ,' वह बोला। 'ज़्यादा उत्सुकता मत दिखाओ। पहले काम की बात कर लें। विज़िटिंग कार्ड मुझे कब दे रहे हो? कल?' वह ग्रेनाइट चकनाचूर कर सकता था, तिरछे हाथ के वार से गुरु को ज़मीन पर गिरा सकता था, लेकिन जहाँ छपाई के काम का सवाल था, मुझसे इस तरह पेश नहीं आ सकता था। मैं उठा और दीवार पर टंगे कलेंडर का पन्ना बदलने लगा। उससे बोला, 'आप कल आ जायें। तब यह बात करेंगे। आज मेरा स्टाफ़ छुट्टी पर है।'

इसी समय मेरा बेटा बाबू 'अप्पा' पुकारता हुआ वहाँ आ पहुँचा और एक अजनबी को देख कर झिझककर खड़ा हो गया। उसने मुझे देखकर दाँत निकाले, नाख़ून चबाये और वापस लौटने को हुआ। लेकिन मैंने हाथ बढ़ाकर उसे रोक लिया और पूछा, 'क्या बात है?' बाबू प्रेस के दूसरे लोगों से तो घनिष्ठ था लेकिन इस

एकदम नए आदमी से उसे परेशानी हो रही थी। मैं उसका उद्देश्य समझ तो गया था—या तो दोस्तों के साथ कहीं जाने की बात होगी, या पिपरमिंट के लिए पैसे चाहिए होंगे, या माँ का कोई संदेश लाया होगा।

'माँ ने पूछा है, खाने के लिए नहीं आ रहे हैं? सब को भूख लगी है।'

'भूख तो मुझे भी लगी है। अगर मैं माँ होता तो पिता के आने का इन्तज़ार नहीं करता, समझ गये? ये महाशय मिलने आये हैं और इनसे ज़रूरी बातें हो रही हैं। मालूम है ये क्या हैं?' मेरा बात करने का ढंग बाबू को अच्छा लगा और उसने सिर उठाकर ऊपर देखा।

वासु ने यह देखकर मुँह बनाया, फिर कहा, 'मि. नटराज, अब यह कहानी ख़त्म करो, अब मैं किसी से भी बात नहीं करना चाहता। लड़के, अब तुम जाओ।' उसने अधिकारपूर्वक कहा।

'मेरा बेटा है यह...,' मैं कहने को हुआ।

'यह मैं जानता हूँ,' वासु ने सूखा-सा जवाब दिया, और बाबू मुड़कर घर भाग गया।

वासु दूसरे दिन नहीं आया, बल्कि पंद्रह दिन बाद अचानक जीप पर बैठकर प्रेस के सामने आकर खड़ा हो गया। 'इतने दिन कहाँ रहे आप?' मैंने सवाल किया।

'आपने सोचा कि छुटकारा मिल गया,' वह मेज़ पर थाप मारकर बोला। 'लेकिन मैं भूलता नहीं हूँ।'

'और मैं याद नहीं रखता,' मैं बोला। 'उससे उलझने में मुझे अच्छा लग रहा था।

वह भीतर आया, क्वीन एन चेयर पर नज़र डाली, जिस पर कवि विराजमान था, और मज़ाक़ के लहजे में बोला, 'मेरा ख़्याल है, यह मेरी कुर्सी है।' कवि यह सुनकर उठ खड़ा हुआ और दूसरी कुर्सी की तरफ़ बढ़ा। 'यह ठीक है,' वासु बोला और बैठ गया। फिर कवि की तरफ़ बड़प्पन से देखते हुए कहने लगा,'आप कौन हैं, यह मुझे अभी तक बताया नहीं गया।'

'मैं...मैं...स्कूल में पढ़ाता हूँ।'

'क्या पढ़ाते हैं आप?' उसने दूसरा सवाल दागा।

'जी...इतिहास, भूगोल, विज्ञान, अंग्रेज़ी...जो भी पढ़ाने की ज़रूरत हो।'

'अच्छा, तो आप ऑल-राउंडर हैं,' वासु ने फ़िकरा कसा। मैंने देखा, कवि परेशान हो रहा था। वह सामान्य, मीठे स्वभाव का व्यक्ति था और वासु जैसे चरित्रों से उसका पाला नहीं पड़ा था जो उसे तंग करके मज़े ले रहा था। इसलिए मैं उसकी रक्षा के लिए आगे आया। मैं यह कहकर उसकी इज़्ज़त बढ़ाना चाहता था, कि 'आप कवि हैं, अध्यापक तो सिर्फ़ नाम के लिए हैं।'

'मैं कविता नहीं पढ़ता, वक़्त ही नहीं मिलता,' उसने तपाक से जवाब दिया, फिर कवि को मानो दिमाग़ से एकदम निकालकर मुझसे बात करने लगा। 'मेरे कार्ड कहाँ है?'

ऐसे सवाल के लिए हमारा निश्चित जवाब होता था, 'आप पंद्रह दिन कहाँ रहे?'

'बहुत व्यस्त था मैं।'

'मैं भी व्यस्त रहा...'

'आपने कार्ड देने का वादा किया था...'

'कब किया था वादा?'

'दूसरे दिन देने का वादा किया था,' वह बोला। मैंने उससे कहा कि ऐसा कोई वादा कभी नहीं किया गया। इसपर उसने गर्मी दिखाई तो जवाब में मैं भी गर्म होने लगा। फिर वह बोला, 'हम यहाँ काम के लिए आये हैं या लड़ने के लिए। लड़ना हो तो मुझे बता दो। लड़ाई मुझे पसंद है। आपको दिखाई नहीं देता कि मुझे कार्ड क्यों चाहिए?'

'आपको दिखाई नहीं देता कि हमारे व्यापार के कुछ नियम हैं।' मैं जब कभी प्रेस के काम की बात करता तो 'हम' शब्द अपना लेता था।

'इसका क्या मतलब है?' उसने तेज़ी दिखाई।

'आपने न काग़ज़ पसंद किया और न टाइप का चुनाव किया। प्रेस के काम में यह ज़िम्मेदारी ग्राहक की होती है।'

'आपने मुझे यह तो नहीं बताया.... '

'आप को याद होगा कि मैंने अगले दिन आपसे आने को कहा था। उसका मतलब यही था। मैं बिला वजह कोई काम नहीं करता।'

'उस दिन तो आप यह बात कर सकते थे।'

'हाँ, यह पूछने का आपको हक़ है।' अब मैंने सोचा कि कुछ उसका समर्थन भी कर दिया जाए। इस बातचीत से कवि भयभीत होने लगा था। वह वहाँ से जाने की सोच रहा था कि मैंने इशारे से उसे रोक दिया। इस झगड़े में उसकी कोई ग़लती नहीं था कि वह उठ जाता।

वासु बोला, 'मेरे सवाल का जवाब नहीं दिया। पहले दिन भी मुझे टाइप के नमूने दिखा सकते थे?'

मैंने सीधा जवाब दिया, 'उस दिन स्टाफ़ छुट्टी पर था।'

'अच्छा', उसने आँखें चौड़ी कर के कहा, ''तो आपके यहाँ स्टाफ़ भी हैं।''

मैंने उसकी टिप्पणी को नज़रअंदाज़ किया और ज़ोर से आवाज़ दी, 'शास्त्री, आइवरी कार्ड के नमूने और 10 पांइट टाइप की कॉपर प्लेट ले आओ।' मैंने अब

वासु से कहा, 'इसमें आप अपनी पसंद बता सकते हैं और हम अच्छा से अच्छा काम देने की कोशिश करेंगे।'

शास्त्री चाँदी की कमानी वाला चश्मा आँखों पर चढ़ाये भीतर आया और आईवरी कार्ड के दो-तीन नमूने तथा टाइपों की किताब साथ ले आया। वह एक क्षण रुका, ग्राहक पर नज़र डाली, कार्ड वगैरह मेज़ पर रखे और मुड़कर पर्दे के पीछे चला गया।

'प्रेस में कितने लोग काम करते हैं?' वासु ने सवाल किया।

उसकी उत्सुकता की कोई सीमा नहीं थी और वह सही-ग़लत का ध्यान नहीं रखता था। मुझे ग़ुस्सा आने लगा। वह लेबर कमिश्नर था या ऐसा ही कोई और अफ़सर? मैंने जवाब दिया, 'जितनों की ज़रूरत होती है। लेकिन आप तो जानते हैं, आज कल लेबर की समस्याएँ आसान नहीं रही हैं। पर हमारे शास्त्रीजी ज़िम्मेदार आदमी हैं और सालों से यहाँ काम कर रहे हैं।' उसे कार्ड पकड़ाकर मैं बोला, 'इनमें से चुन लीजिए। ये सब से अच्छे कार्ड हैं।' फिर टाइप की किताब उसके सामने की, इनमें से अपनी पसंद का टाइप भी बताइये।'

अब तो उसे लक़वा-सा मार गया। उसने कार्ड घुमा-फिराकर देखे, टाइप की किताब उलटी-पलटी और कहा, 'मेरी तो कुछ समझ में नहीं आता। देखने में सब एक जैसे ही लगते हैं, आख़िर इनमें फ़र्क़ भी क्या है!'

यह मेरे लिए बड़ी जीत थी। मैंने कहा, 'वासु, छपाई बहुत टेढ़ा काम है। इसलिए हम ख़ुद ज़िम्मेदारी लेना पसंद नहीं करते है।'

'ख़ैर, आप मेरे कार्ड छाप दीजिए।' उसने परेशान होकर कहा।

'ठीक है,' मैं बोला 'आप भरोसा करें तो मैं अच्छा काम कर दूँगा।'

'मैं दोस्त की तरह आप पर भरोसा करता हूँ, नहीं तो यहाँ आता ही क्यों?

'सच बात यह है कि मैं भी दोस्त ही ज़्यादा पसंद करता हूँ, ग्राहक नहीं। मैं पैसे की ज़्यादा परवाह नहीं करता। अगर कोई सिर्फ़ व्यापार के लिए आता है तो मैं उसे पड़ोसी के पास भेज देता हूँ जहाँ वे जैसा चाहें काम करें, और असली हाइडेलबर्ग पर छपाई करें।'

'अब यह असली हाईडेलबर्ग की चर्चा बंद करो,' वह धीरज खोकर ज़ोर से बोला 'मैं इसका नाम नहीं सुनना चाहता और मेरे कार्ड छाप कर दे दो। मेरा काम उनके छपने का इन्तज़ार कर रहा है, और हाँ, पाँच सौ लेटरहेड भी चाहिए मुझे।'

3

मेरे प्रेस के ऊपर जो अटारी थी, उसमें पुराने अख़बार, रद्दी काग़ज़, पुरानी चिट्ठियाँ और हिसाब-किताब की फ़ाइलें भरी हुई थीं, और सबसे ज़्यादा बड़ा गट्ठर उन हज़ार के क़रीब पत्रिकाओं का था जो एक स्कूल के लिए मैं अपने सबसे शानदार उद्योग के रूप में छापता और प्रचारित करता था लेकिन जब स्कूल में पैसों की तंगी हो गई तब मैंने इसे बंद कर दिया और बची-खुची प्रतियों को वहाँ डंप कर दिया।

मैंने एक कबाड़ी को जो प्रेस के सामने आवाज़ें लगा रहा था, बुलाया और ऊपर पड़ी सब रद्दी को देखकर उसका भाव लगाने के लिए कहा। यह एक बूढ़ा मुसलमान था जो कंधे पर एक काफ़ी बड़ा बोरा लटकाये आवाज़ लगाता फिरता था, कि 'पुराने अख़बार, ख़ाली बोतलें...' और शाम तक बाज़ार में ही घूमता नज़र आता था। जब वह ऊपर जाने के लिए सीढ़ियों पर चढ़ने लगा तब मैंने उसे सावधान किया, 'देखो, इसमें साँप-बिच्छू भी हो सकते हैं। सालों से ऊपर कोई नहीं गया है। सँभलकर देखना-भालना।' फिर कुछ देर बाद जब उस के नीचे उतरने की आवाज़ सुनी तो मैं ख़ुद सावधान हो गया क्योंकि मैं जानता था कि उससे सौदेबाज़ी करनी होगी, और इसलिए मैंने अपना चेहरा तान लिया और आवाज़ भी कठोर कर ली। उसने पर्दा उठाया, मेरे कमरे में प्रवेश किया, दीवार से पीठ लगाकर खड़ा हो गया और इज़्ज़त से मेरे सवाल का इन्तज़ार करने लगा।

'तुमने पूरी देख भाल कर ली?'

'जी हुज़ूर, ज़्यादातर काग़ज़ पुराना है और पीला पड़ गया है।'

'तो तुम यह सोचते हो कि मैं नई-नई चीज़ें खरीदकर तुम्हें दूँगा या बाज़ार से एकदम ताज़ा काग़ज़ लेकर तुम्हें रद्दी के भाव बेच दूँगा' मेरी आवाज़ में काफ़ी तीखापन था, जिससे वह सहम गया और कहने लगा, 'मेरा यह मतलब नहीं था, साहब...।' इसके बाद उसने क़ीमत बताई। इसे मैंने बिल्कुल अनसुना कर दिया और दिखाया जैसे इसे कोई स्वीकार नहीं करेगा।

अब, अगर उसे मेरा व्यवहार स्वीकार नहीं था, तो उसे चला जाना चाहिए था, लेकिन वह रुका रहा, जो अच्छा लक्षण था। मैं एक सिनेमा के पर्चें के प्रूफ़ देख रहा था और अचानक मैं प्रेस में हो रहा काम देखने के लिए पर्दा उठाकर भीतर चला

गया। पूरा एक घंटा वहाँ बिताकर मैं बाहर निकला—तो देखा कि वह अभी तक गया नहीं है। अब उसने अपना बोरा ज़मीन पर रख दिया था और उसी पर आराम से बैठ गया था। मैंने आश्चर्य जताते हुए कहा, 'अभी तक यहीं हो?... कोई बात नहीं, आराम करना चाहो तो ज़रूर करो, लेकिन तुमसे बात करने के लिए मेरे पास वक़्त नहीं है, मैं ये काग़ज़ बेचूँगा ही नहीं, सालों से जैसे पड़े हैं, पड़े रहेंगे।'

वह परेशान होकर कहने लगा, 'काग़ज़ एकदम भूरा पड़ गया है और चटकने लगा है मालिक! मुझ पर दया कीजिए, मुझे हर रोज़... लोगों का परिवार चलाने के लिए एक-दो रुपये कमाने पड़ते हैं।' फिर वह अपने घर का हिसाब-किताब बताने लगा—कितना उसे बच्चों की फ़ीस और कापी-किताबों के लिए ख़र्च करना पड़ता है, और खाने, दवाइयों वग़ैरह के लिए घर-घर से कबाड़ा इकट्ठा करके उसके व्यापारियों को बहुत कम मुनाफ़े पर बेचना पड़ता है, और दिन के शुरू में तो क़र्ज़ लिये बिना यह काम किया ही नहीं जा सकता। उसकी कहानी सुन लेने के बाद मैं कुछ पिघला और ज़रा देर सोच-विचारकर एक रक़म उसे बताई—जिसे सुनकर उसने अपना बोरा उठाया और बाहर जाने की तैयारी दिखाई। इस पर मैंने अपनी रक़म कुछ कम की, उसने भी थोड़ी-सी बढ़ाई, और यह सौदेबाज़ी तीन बजे तक चलती रही। तीन बजे शास्त्री भौंहें चढ़ाये आया, और क्षण-भर में यह समझकर कि क्या चल रहा है, भुनभुनाकर कहने लगा, 'कई दफ़ा तो अच्छा यही होता है कि इन लोगों को देने के बजाय पुराना काग़ज़ ईंधन की तरह जलाकर उसकी क़ीमत वसूल कर लो। ये लोग तो हमेशा ठगने को तैयार रहते हैं।' उसके इस वक्तव्य से मेरी स्थिति को बहुत बल मिला।

तभी वासु जीप पर सवार वहाँ आ पहुँचा और अपना थैला खोलते हुए कहने लगा, 'मैं इसे नोट कर लूँ, नहीं तो भूल जाऊँगा... ।' फिर क्वीन ऐन चेयर पर बैठकर एक काग़ज़ पर कुछ लिखने लगा। हम दोनों मैं और रद्दी काग़ज़ के व्यापारी चुपचाप उसे देखते रहे। सड़क से एक लॉरी गुज़र रही थी, जिसकी धूल भीतर भरने लगी थी, एक-दो गाड़ियाँ खड़-खड़ करती धीरे-धीरे चली जा रही थीं; सामने लगे फ़व्वारे के चबूतरे पर दो आदमी सोने की कोशिश कर रहे थे; फ़व्वारे के चारों तरफ़ घास की पट्टी पर, जिसे म्युनिसपेलिटी इलाक़े की ख़ूबसूरती बढ़ाने के लिए विकसित करने की कोशिश कर रही थी, एक छोटा-सा लड़का अपनी बकरी को चरा रहा था; फ़व्वारे की चोटी पर एक कौआ बैठा पानी की बूँदे तलाश रहा था। कबाड़ का सौदा करने के लिए यह आदर्श समय था।

वासु ने लिखना बंद कर दिया और बोला, 'यह क्या चल रहा है?'

मैंने कबाड़ी की तरफ़ देखकर कहा, 'पता है, यह आदमी कौन है? यह मुझे समझा रहा है कि मैं इसे यह सब काग़ज़ इतना सस्ता क्यों दे दूँ?'

वासु ने काग़ज़ से नज़रें ऊपर उठाई, कबाड़ी को घूरकर देखा और बोला, 'तुम आख़िर क्या चाहते हो? समझ-बूझकर बात करो।' कबाड़ी उसके रुख़ से सहम गया, 'मालिक, अब यह मेरा आख़िरी भाव है। बड़ी देर हो रही है, यहाँ अगर मैं कुछ न कमा सका तो कहीं और जाकर कुछ करना होगा।'

'ठीक है, तो जाओ,' मैंने कहा 'मैं तुम्हें रोक तो नहीं रहा।'

'मालिक, पच्चीस रुपये।'

मैंने कहा, 'अगर ये साहब मान लें तो...।' वासु प्रसन्न लगा, कि उसे महत्त्व दिया जा रहा है। उसने मेज़ थपथपाकर ज़ोर-ज़ोर से बातें करना शुरू किया। कबाड़ी गिड़गिड़ाये जा रहा था। 'मालिक, बहुत ग़रीब आदमी हूँ। इतना मत निचोड़िये मुझे। अगर मैं यह पैसा व्यापार में लगाऊँ...।'

वासु अचानक उठ खड़ा हुआ और कहने लगा, 'चलो, तुम कितना लूटकर ले जा रहे हो, हम भी देखें।' कबाड़ी उसे पर्दे के पीछे बनी सीढ़ियों से ऊपर ले गया। मुझे यह देखकर ताज्जुब हो रहा था कि उसे इस काम में इतनी रुचि पैदा हो गई है।

थोड़ी देर बाद कबाड़ी काग़ज़ों का एक गट्ठर उठाये नीचे आया। उसे बाहर रखकर मेरे पास आया और पच्चीस रुपये मेरे सामने कर दिए। वह बहुत खुश था और बोला, 'बड़े मालिक मान गये हैं।' वह तीन-चार दफ़ा ऊपर गया और रद्दी के गट्ठर बनाकर लाता रहा। मेरे सामने का दरवाज़ा काग़ज़ों से भर गया था। फिर उसने एक गाड़ी रोकी और सारी रद्दी उसमें सँभालकर रखी। मैंने पूछा, 'वे साहब कहाँ हैं?'

'ऊपर हैं।'

'वहाँ वे क्या कर रहे हैं?'

'मुझे नहीं पता। खिड़की खोलने की कोशिश कर रहे थे।'

थोड़ी देर बाद ऊपर से वासु की आवाज़ आई, 'नटराज' ऊपर तो आना।

'क्यों?' मैं झल्लाया, क्योंकि मैं सिनेमा के प्रोग्राम में व्यस्त था। उसने दुबारा और ज़ोर से आवाज़ दी और मैं ऊपर चला गया। मैं सालों से वहाँ नहीं गया था। लकड़ी की सीढ़ियां चरमराने लगीं, उन्हें पैरों को झेलने की आदत नहीं रही थी। ऊपर एक हरा-सा दरवाज़ा था जिसे खोलकर मैं भीतर पहुँच गया। वासु कमरे के बीचों-बीच दैत्य की तरह खड़ा था। उसने एक छोटी-सी खिड़की खोल ली थी जो फ़व्वारे के सामने पड़ती थी, जिसके इर्द-गिर्द मार्केट रोड थी; उसके बग़ल में एक छोटा-सा दरवाज़ा था जिसके सामने छोटा-सा एक छज्जा था, जहाँ से पड़ोस के घरों और दुकानों की छतें और टाइलें नज़र आती थीं। फर्श पर रद्दी काग़ज़ के टुकड़े पड़े थे और चारों तरफ़ धूल ही धूल थी।

वासु एक पत्रिका को हाथ में लिये कानों पर उससे हवा कर रहा था। मुझे देखकर बोला, 'इस आदमी ने इतनी रद्दी उठाकर तुम्हारा भला ही किया है। लेकिन एक बात

बुरी यह हुई है कि हज़ारों मच्छर उसने आज़ाद कर दिये हैं—जो मुझे बिल्कुल पसंद नहीं हैं' मैंने देखा, वह बड़ी मेहनत से मच्छरों के झुंड अपने से हटा रहा था जो उसके कानों में घुसे जा रहे थे। 'रात हो या दिन, मैं मच्छर का नाम सुनते ही भागने लगता हूँ।'

'चलो, नीचे चलते हैं,' मैंने कहा और मैं ख़ुद अपने ऊपर हमला करने वाले मच्छरों को हटाने में लग गया।

'एक मिनट रुको', वह बोला 'तुम इस जगह का क्या करना चाहते हो?'

मैं एक मिनट के लिए सोचने में लग गया। इस जगह के इस्तेमाल की मेरी कोई योजना नहीं थी, लेकिन मेरे जवाब देने से पहले ही वह कहने लगा, 'मैं इसकी सफ़ाई कर दूँगा और कुछ दिन यही रहूँगा। मुझे कोई ऐसी जगह चाहिए जहाँ मैं अपना सामान रखकर रात को सो सकूँ। बस, मुझे एक मेज़, दो कुर्सियों और एक खाट की ज़रूरत होगी—और उसके लिए एक मच्छरदानी की भी, हालांकि छत बहुत नीची है।' फिर उसने अपने हाथ ऊपर-नीचे किये, ठीक है, हाथों से एक दो फ़ीट ज़्यादा ही है।'

मैंने कोई जवाब नहीं दिया। मैं तो यह सोच भी नहीं सकता था कि यहाँ कोई रह सकता है।

'तुम चुप क्यों हो?' उसने पूछा।

'कुछ नहीं, कुछ नहीं,' मैं हड़बड़ाया, 'दरअसल मैं तो... ।

'क्या' उसने कठोरता से कहा, 'अब मुझे यह जवाब मत देना कि तुम्हें किसी से बात करनी होगी—बचने का यह ढंग मुझ पर मत अपनाना। मैं यहाँ तभी तक रहूँगा जब तक न्यू एक्सटेंशन का कोई बंगला मेरे लिए ख़ाली नहीं हो जाता। मैं यहाँ बस जाने की नहीं सोच रहा हूँ। इसलिए डरना मत। आख़िरकार तुम यहाँ कबाड़ा ही तो रखोगे।'

मैं बिना कुछ जवाब दिये नीचे उतर आया। वह भी मेरे पीछे-पीछे उतरा, जीप पर जा बैठा, और घंटे भर बाद लौटा तो उसके साथ बड़ी-बड़ी झाड़ूएं लिये तीन-चार मज़दूर थे। वह उन्हें सीढ़ियों से ऊपर ले गया और उन्हें सफ़ाई के काम में लगा दिया। उसने सीढ़ियों के नीचे छिपे एक पानी के नल का भी पता लगा लिया, जिससे पानी भर-भरकर फ़र्श की अच्छी तरह धुलाई करवाई।

दूसरे दिन सवेरे ही वह एक मकान बनाने वाले ठेकेदार को पकड़ लाया और उसकी सहायता से पहले तो दीवारों को साफ़ करवाया, फिर सारी अटारी को सफ़ेद चूने से पुतवाया। वह मेरे सामने से होकर आता-जाता और मुझसे कोई बात किये बिना काम करवाता रहता। मैं भी चुपचाप उसे देखता रहता। दो दिन बाद वह एक पलंग और मेज़-कुर्सी ले आया। चूँकि मुझे वासु का अपने सामने से गुज़रकर ऊपर-नीचे आना-जाना और मज़दूरों को लाना-ले जाना पसंद नहीं था, इसलिए मैंने अहाते के बग़ल से ही उनके लिए एक दरवाज़ा निकलवा दिया था, जिससे

होकर कबीर गली से आती उसकी जीप सीधी भीतर आ जाती और सीढ़ी तक पहुँच जाती। मुझे यह ठीक से समझ पाने में पूरा एक हफ़्ता लग गया कि मुझसे एक शब्द बोले बिना वासु ने अटारी पर अपना क़ब्ज़ा जमा लिया था। अन्त में मुझे भी सोचना पड़ा कि आख़िरकार यह अटारी ही तो है जिसमें रद्दी ही दुबारा भी भरी जाएगी, इसलिए कुछ दिन तक उसका वहाँ बने रहना भी ठीक ही है।

वासु कई-कई दिन तक ग़ायब रहता और अचानक प्रकट हो जाता। वह कहाँ आता-जाता है, इसका मुझे कोई ज्ञान नहीं था। कई दफ़ा वह मेरे कमरे में ही जमकर बैठ जाता। तब मेरे साथी वहाँ से भागने की कोशिश करते क्योंकि वे उसकी घमंड से भरी बातों को बर्दाश्त नहीं कर पाते थे। कवि तो उसे आते हुए देखकर ही चला जाता। पत्रकार सेन भी जो हमेशा नेहरू जी की नीतियों की आलोचना करता रहता था, उसे बिल्कुल पसंद नहीं करता था। वह तो बिल्कुल पहले दिन ही, जब वह पंचवर्षीय योजना की धज्जियाँ उधेड़ रहा था, पकड़ा गया था। वासु, जो कुछ स्टेशनरी लेने आया था मिनट भर सेन की बातें सुनता रहा, फिर मुझसे पूछने लगा, 'यह आदमी कौन है? तुमने मुझे इसका नाम नहीं बताया।'

'मेरा दोस्त है,' मैंने जवाब दिया।

वासु ने बड़प्पन दिखाते हुए सिर हिलाया, फिर बोला, 'यह अगर नेहरू से ज़्यादा बुद्धिमान है तो यह भारत का प्रधानमंत्री बनने की कोशिश क्यों नहीं करता?'

सेन यह सुनकर अकड़ता हुआ पास आया और बोला, 'और ये साहब कौन हैं? जब मैं किसी से बातें कर रहा हूँ तब ये दख़ल क्यों दे रहे हैं? क्या देश में बोलने की आज़ादी ख़त्म हो गई?'

वासु ने उससे कहा, 'अगर आप अपने को नेहरू से ज़्यादा योग्य मानते हैं तो दिल्ली जाकर मंत्रिमंडल के नेता क्यों नहीं बन जाते?' यह कहकर वह नफ़रत से हँसा। दोनों में कहा-सुनी हुई, सेन ग़ुस्से से उठ खड़ा हुआ और वासु हाथ उठाकर उसकी तरफ़ बढ़ा। मैं हिम्मत कर के दोनों के बीच आ गया, क्योंकि किसी का भी या दोनों के ही मुक्के मेरे ऊपर पड़ सकते थे। मैं ज़ोर से बोला, 'यहाँ सब दोस्त हैं। मैं लड़ने की इजाज़त नहीं दूँगा। यहाँ तो हरगिज़ नहीं दूँगा।'

'फिर कहाँ दोगे?' वासु ने पूछा।

'कहीं भी नहीं,' मैंने उत्तर दिया।

'मैं अपमान सहन नहीं करता। बस, इसे समझा लेना।' वासु ने चेतावनी दी।

'मैं भी किसी की लंबाई-चौड़ाई और पुट्ठों को देखकर डरने वाला नहीं हूँ। तुम मारना चाहते हो मुझे?' सेन उसकी तरफ़ देखकर चीख़ा। उसने मुझे धक्का देकर एक तरफ़ कर दिया और वासु की तरफ़ बढ़ा। मैं परेशान हो उठा।

'जी नहीं,' वासु पीछे हटते हुए बोला, 'मैं तभी जवाब देता हूँ जब कोई मुझ पर पहल करता है।' फिर उसने मुक्का तानकर हवा में लहराया, 'मैं इससे बहुत सी समस्याएं हल कर सकता हूँ लेकिन करता नहीं हूँ। अगर तुम्हें एक लगा दूँ तो तुम्हारा ख़ात्मा हो जायेगा। इसका मतलब यह भी नहीं है कि मैं इसका इस्तेमाल करता ही नहीं।'

यह कहकर वासु कुर्सी पर बैठ गया और मनुष्यों से व्यवहार का अपना दर्शन समझाने लगा, 'नटराज, सुनो, ज़िंदगी इतनी छोटी है यह अच्छा नहीं हैं कि करोड़ों लोगों के इस देश में हरेक से लड़-भिड़कर उसे ख़त्म कर दिया जाये। आदमी को लोगों की उपेक्षा करनी पड़ती है।' मैं जानता था कि यह एक भाषण मात्र था क्योंकि वह ऐसा आदमी नहीं था जो किसी को भी शांति से बैठने देता था। अगर धमकाने के लिए उसे कोई बेचारा न मिलता, तो वह तो मुरझा जाता। उसे कोई भी परिचित मिलता, उसका वह मज़ाक़ ज़रूर उड़ाता था। अगर कोई बिल्कुल नया और अपरिचित आदमी उसे दिखाई देता तो वह रुक कर यह ज़रूर पूछता, यह आदमी कौन है! तुमने मुझे इसका नाम अब तक नहीं बताया।' कोई महाराजा भी अपने साम्राज्य में किसी ग़रीब को देखकर इतनी शान से वह सवाल नहीं करता जितनी शान से वह करता था, 'यह आदमी कौन है?'

मेरी अटारी पर क़ब्ज़ा करने के अलावा मेरे अपने कमरे का भी वासु उपयोग करने लगा था, जो मुझे बहुत अखरने लगा था, क्योंकि यहाँ मेरे दो स्थायी मित्रों, कवि और पत्रकार, के अलावा और भी मिलने वाले तथा ग्राहक आते रहते थे। कुछ दिन तक तो उसकी जीप की आवाज़ सुनते ही कवि और सेन वहाँ से उठकर चले जाते रहे, लेकिन फिर उनके आचरण में परिवर्तन दिखाई देने लगा। अब जब वासु भीतर आता तो सेन अपनी कुर्सी से और भी चिपक कर बैठ जाता, मानो कह रहा हो, 'मैं इस गुंडे की परवाह नहीं करता।' कवि भी क्वीन एन चेयर खाली करके बाहर का रुख़ न करके वहीं दूसरी कुर्सी पर अड्डा जमा लेता। उसने वासु के उपस्थिति में जीवित बने रहने की कला सीख ली थी; वह ज़्यादातर चुप ही रहता परन्तु यदि बोलने की ज़रूरत पड़ती तो एक शब्द से ज़्यादा वह कभी नहीं बोलता था—इस कला का तो वह उस्ताद था ही—और मुझे यह देखकर ख़ुशी होती कि वासु के भी दिमाग़ में इतनी ज़्यादा बातें भरी होती थीं कि वह एक या दो तीखी टिप्पणियों से ज़्यादा के लिए वक़्त ही नहीं निकाल पाता था—जिन्हें कवि भी अनसुना करके निकल जाने देता था। सेन भी वासु की उपस्थिति में राजनीतिक वक्तव्यों से परहेज़ करने लगा था—और यह भी कोई बुरी बात नहीं थी—लेकिन इससे उसकी रक्षा नहीं हो पाती क्योंकि वासु को जैसे ही उसकी याद आती, वह बोल पड़ता, 'फ़लाने विषय में हमारे बुद्धिमान मित्र की राय क्या है?' जिसका जवाब सेन हमेशा इन्हीं

शब्दों में देता, 'अगर लोग इतने ज़्यादा ठस दिमाग़ हैं कि दुनियाँ में क्या हो रहा है, इसे ख़ुद जानना ही नहीं चाहते, तो मैं भी उन्हें समझा नहीं सकता...,' और इसके बाद फिर शब्दों की लड़ाई छिड़ जाती, हालांकि पहले दिन की तरह वह हाथापाई की दिशा में बढ़कर हवा में ही बिखरकर ख़त्म हो जाती।

मैं भी सब को अकेला छोड़ देता। अगर वे लड़ते-झगड़ते और अपना सिर या कुछ और गँवाते, तो यह उनका अपना मामला था, मुझे इस सबसे क्या लेना-देना और अगर सचमुच कभी हाथ-पैर टूटने की नौबत आती, तो भी मैंने हस्तक्षेप न करने का निश्चय कर लिया था, जो भी होता उसे मैं स्वीकार कर लेता। यदि मुझे शांतिपूर्ण जीवन की चाह थी, तो मुझे वासु को पहले ही दिन भगा देना चाहिए था। अब तो वह बड़ी उम्र के आदमख़ोर की तरह मेरे दफ़्तर और दोस्तों में प्रवेश कर चुका था, और वह अच्छा या बुरा, कुछ भी करने के लिए स्वतन्त्र था।

यह आदमख़ोर कभी चुप बना रहता, कभी घुरघुराता और कभी-कभी आँखें भी तरेरता; वह एक ही तरह के आदमियों के सामने सही व्यवहार करता था—अफ़सरों के सामने। एक दिन वह ख़ाकी वर्दीधारी मरियल से आदमी को लेकर आया और उससे मेरा परिचय कराया 'ये इस धरती पर मेरे सबसे अच्छे दोस्त हैं, मि. नटराज। हम दोनों एक दूसरे के लिए मुद्रक और ग्राहक या मकान मालिक और किरायेदार की तरह न होकर भाई की तरह हैं।'

मैंने भी कहा, 'यह सच भी है क्योंकि मैं न मकान मालिक हूँ, न बनना चाहता हूँ', और सोचने लगा कि अटारी में जब मेरा कबाड़ा रहता था, तब मैं कितना सुखी था। उस दिन को मैं धिक्कार भेजता था जब मैंने कबाड़ी को रद्दी ख़रीदने के लिए बुलाया।

वासु ने कहा, 'लेकिन भाइयों के बीच भी व्यापार व्यापार ही रहना चाहिए।'

'बिल्कुल ठीक, बिल्कुल ठीक।' जंगल के अफ़सर ने कहा।

अब वासु चाटुकारिता की कला दिखाने लगा। इस क्षेत्र में उसकी योग्यता का मुझे ज़रा भी ज्ञान नहीं था। वह बोला, 'मैं, मि०... को इसलिए लाया हूँ कि तुम भी उनसे परिचित हो जाओ। ये बहुत व्यस्त रहते हैं लेकिन आज मेरे साथ आ गये हैं।'

'आप जंगल में रहते हैं?' मैंने पूछा।

लेकिन अफ़सर के जवाब देने से पहले ही वासु ने जवाब दे दिया, 'अरे नहीं, रहते नहीं, आप ही मेम्पी वन हैं। ये ही वहाँ सब कुछ हैं। ये वहाँ के हर जानवर को जानते हैं, नम्बर से जानते हैं, और किसी से नहीं डरते। अगर ये डरपोक होते तो इस विभाग में आते ही नहीं।'

अब अफ़सर को लग रहा था कि उसे भी कुछ कहना चाहिए। वह बोला, 'मैंने इस विभाग में पूरे तीस वर्ष गुज़ारे हैं। मुझे तीन बार एक्सटेंशन दिया गया है, तीसरा

अभी दो हफ़्ते पहले... ।'

'देखो, ये कैसे लगते हैं? तुम इनकी उम्र का अंदाज़ लगा सकते हो?' (मैं कहना चाहता था कि बिल्कुल सही अंदाज़ लगा सकता हूँ लेकिन चुप रहा।) 'ये तो टीक के पेड़ की तरह हैं, जो हज़ारों मेम्पी के जंगल में खड़े हैं और इन के चार्ज में हैं। हैं न, सर?'

'हाँ, हाँ, और यह बहुत बड़ी ज़िम्मेदारी है।' उसने कहा।

'और, मालूम है, देखने में तो ये बड़े दुबले हैं, लेकिन ताक़त इनमें टीक के खंभे जैसी है। मैं भी बड़ा कड़क आदमी हूँ, यह तुम जानते ही हो, लेकिन इन्हें चुनौती देना मेरे लिए ख़तरनाक है। हा! हा! हा!' फिर हँसना बंद करके वासु बोला, 'सच बात यह है कि आप देश के सबसे बडे फ़ारेस्ट ऑफ़िसरों में से एक हैं। आप पर उस बदमाश हाथी ने कितनी दफा हमला किया।'

'अट्ठारह दफ़ा।' अफ़सर ने सही संख्या की जानकारी दी।

'और आपने उसे एक मामूली गोली दाग़कर शांत कर दिया?'

'और मैं कर भी क्या सकता था?' जंगल के वीर ने ख़ुद सवाल किया।

'आपने पैदल कितने बाघों का ख़ात्मा किया है?'

'औसतन हर छह महीने में एक का,' जवाब आया।

'और तीस सालों में आपने कितनों को ख़त्म किया होगा, इसका अंदाज़ा लगाया जा सकता है।' वासु ने कहा। फिर पूछने लगा, 'और इनकी खालों का आपने क्या किया, सर?'

'किया क्या, लोगों को भेंट-वेट कर दीं, मैं इन्हें तमग़ों की तरह नहीं रखता।'

'यह तो ठीक नहीं हुआ। अब अगर एक भी खाल आप मुझे दें तो उसे ऐसी शानदार बना दूँगा कि देखते रह जाएंगे। तब आपको मेरी कला का पता चलेगा।' फिर अचानक चुप होकर वासु मुझसे बोला, 'लेकिन नटराज, मैं इन्हें इसलिए तुम्हारे पास लाया हूँ। क्योंकि ये एक छोटी-सी किताब छपवाना चाहते हैं।'

यह सुनते ही मेरा दिल डूबने लगा। ग्राहक के रूप में वासु ही मेरे लिए कुछ कम नहीं था और अब उसी के ज़रिये यह दूसरा ग्राहक आ रहा था। तिरंगे लेबिल अभी तक छपाई ख़त्म होने का इन्तज़ार कर रहे थे। वह बोला, 'नटराज, अपनी मेज़ खाली करो और इस काम की शुरुआत करो।'

मैंने मशीन की तरह अपना हाथ आगे बढ़ा दिया। अफ़सर ने थैला खोलकर उसमें से एक गोल की हुई पांडुलिपि निकाली और कहना शुरू किया–'मैं शुरू से श्रेष्ठ विचार इकट्ठे करता रहा हूँ और अब मैंने उन्हें अकारादि क्रम में तैयार कर दिया है। मैं इनकी किताब छपवाना चाहता हूँ और स्कूलों के विद्यार्थियों को मुफ़्त बाँटना चाहता हूँ। इस तरह अपने देश की सेवा करना चाहता हूँ।'

मैंने पांडुलिपि देखी। उसमें तमिल भाषा में विचार लिखे हुए थे। मैंने कहा, 'मेरा तमिल का टाइप अच्छा नहीं है। मेरे पड़ोसी के पास अच्छे टाइप हैं और छापने के लिए असली हाईडेलबर्ग...

'ओह...,' वासु गुर्राया, 'यह असली हाइडेलबर्ग फिर आ गई।'

मैंने वासु पर करुणा की नज़र डाली और कहा, 'तुम शिक्षित व्यक्ति हो, इसलिए तुम्हें नए विचारों और आविष्कारों को समझना चाहिए।'

'लेकिन ईश्वर के वास्ते मैं इस असली, क्या है इसका नाम...!' वह मामूली ग़ुस्सा दिखाता हुआ बोला–जिससे स्पष्ट था कि वह ख़ाकी वर्दीधारी अफ़सर के सामने अपना असली रूप प्रकट करना नहीं चाहता।

'इसका कारण यह है,' मैंने संत के समान धीरज से, जिसका नैतिक कर्तव्य होता है कि मार्गभ्रष्ट किसी आत्मा को समझाये, कहना शुरू किया, कि 'तेज़ काम हमेशा इसी मशीन पर किया जाता है। मिसाल के तौर पर हमारे मित्र की ''श्रेष्ठ विचार'' पुस्तक, जिसे छापने, के लिए असली हाईडेलबर्ग ही चाहिए-बड़ी सुन्दर मशीन है! आप क्या कहते हैं, सर?' मैंने अफ़सर से भी सवाल किया। मैंने लेखक बनने के आकांक्षियों के साथ अपनी ज़िंदगी गुज़ार दी थी और उनकी बातों से अच्छी तरह परिचित था। अफ़सर ने कहा, 'हाँ, मैं सबसे अच्छा काम चाहता हूँ–किताब बढ़िया दिखनी चाहिए। मैं उसकी एक शानदार जिल्द वाली प्रति मद्रास के अपने साहब के ज़रिये चीफ़ कन्ज़र्वेटर को दिल्ली भी भेजूँगा।'

'तो आपको दो बढ़िया जिल्द वाली प्रतियाँ चाहिए?' मैंने पूछा।

'हाँ, हाँ,' उसने खुश होकर कहा।

मैं पांडुलिपि को उलट-पलट कर देखने लगा। उसने सब तरह के श्रेष्ठ ग्रंथों से–जैसे भगवद्गीता, उपनिषद्, शेक्सपियर, महात्मा गाँधी, बाइबिल, एमरसन, लार्ड एवबरी और कन्फ़ूशियस–के चुभते हुए और उपदेशपरक सूत्रों का संकलन करके उनका तमिल में अनुवाद किया था। युवा मस्तिष्कों को स्फूर्ति प्रदान करना इसका उद्देश्य था, लेकिन यदि मैं भी युवा होता तो मुझे यह कभी पसंद नहीं आता कि हर वक़्त मुझे बताया जाये कि यह करो, वह मत करो, यह कहो, इधर देखो, वग़ैरह। रात-दिन पूरे समय अच्छा बनकर रहना बहुत बोरियत भरा काम था। जो हो, पुस्तक में ऐसी बहुत सी बातें थीं जिनसे वासु अपनी ज़िंदगी में महरूम रहा था और उसके लिए निश्चय ही इसमें कई उपदेश बड़े उपयोगी होते। मैंने उससे कहा, 'मेरा ख़्याल है कि अगर हमारे साहब इसपर दोबारा नज़र डालने का समय न निकाल सकें तो तुम यह काम अच्छा कर सकोगे।'

'हाँ, हाँ क्यों नहीं', उसने मरी हुई आवाज़ में कहा। अब मुझे विश्वास हो गया कि कुछ समय तक यह पुस्तक छापने का काम टाल सकूँगा, लेकिन कब तक, यह

नहीं कह सकता था। अगर मैंने इसे शुरू कर दिया तो मेरे सिर पर रहने वाला वासु रात-दिन प्रेस पर चढ़ा रहेगा। और यह तो मुझे निश्चय था कि इससे आमदनी बिल्कुल नहीं होगी। यह उन दोनों का आपसी सौदा ही था, वासु मेरी सहायता से उसे ख़ुश करके अपना फ़ायदा उठाना चाहता था। मैं वासु की स्टेशनरी छाप चुका था और उसका एक भी पैसा मुझे अभी तक नहीं मिला था।

मैंने अफ़सर को पांडुलिपि वापस देते हुए कहा, 'इसे एक बार फिर देख लें और जो भी संशोधन वग़ैरह करने हों, आख़िरी तौर पर कर दें। जब पूरी तरह संतुष्ट हो जायें, तो मुझे दे दें, काम शुरू कर दिया जायेगा। मैं नहीं चाहूँगा कि आपको बाद में ज़्यादा ख़र्चा करना पड़े-ग़लतियाँ सुधारना काफ़ी महँगा पड़ता है। आप अभी इसे जितना ठीक कर सकें, कर दें, वही सबसे अच्छा रहेगा।' इस बातचीत में भी लेखकों संबंधी मेरा अनुभव काम आया; सभी लेखक यह चाहते हैं कि उन्हें अपनी पांडुलिपि पर बहुत ज़्यादा मेहनत करने वाला समझा जाए।

वासु यह देखकर पागल हो उठा था, वह समझ नहीं पा रहा था कि जो हुआ वह अच्छा था या बुरा, पांडुलिपि मेरे हाथ से निकलकर फिर लेखक के पास पहुँच गई थी। उसने पहले मेरी तरफ़ देखा, फिर अफ़सर पर नज़र डाली। मैं अनुभवी मुद्रक था इसलिए जानता था कि पांडुलिपि हाथ में आते ही उसे देख डालना ठीक होता है। जब उसे आप स्वीकार कर लेते हैं तब अपनी स्वतन्त्रता खो देते हैं, तब अधिकार लेखक के पास पहुँच जाता है। वासु मुझसे बहस करने लगा, 'तुम इन्हें दोबारा यहाँ आने को कह रहे हो? मालूम है, ये कितनी दूर चलकर आये हैं—पीक हाउस से, जहाँ इस समय ये रह रहे हैं, वह जगह कितनी दूर है!' तब तो और भी अच्छी बात है! पूरे साठ मील दूर! तब तो इन्हें उस पहाड़ी से नीचे उतरने या इतनी दूर आने का बहुत कम समय मिलेगा!

मैंने कहा, 'अब इन्हें आने की ज़रूरत नहीं हैं। पांडुलिपि तुम दे जाना।' वासु इसके लिए उत्साह से तैयार हो गया। 'हाँ, यह बहुत अच्छा सुझाव है। मैं तो आपके आस-पास ही बना रहता हूँ, सर।'

एक सप्ताह बाद वन विभाग से एक भूरा लिफ़ाफ़ा वासु के नाम आया। वह उसे देखते ही खुश हो गया। बोला, 'ज़रूर मेरा शिकार करने का लाइसेंस होगा। इसके बिना जंगल में जाना परेशानी का काम होता है। अब तुम देखना मैं क्या कर गुज़रता हूँ। लेकिन उसे खोलते ही वह चीखा, 'सुअर हैं ये सब... इनका ख़्याल है कि मैं तमाशा देखने के लिए जंगल में जाऊँगा, इसलिए बत्तख और हिरण मारने की अनुमति दे रहे हैं—मुझे इनका क्या करना है!' थोड़ी देर वह चुपचाप सोचता रहा, फिर बोला, 'खैर कोई बात नहीं। मैं भी उन्हें बता दूँगा कि मैं क्या कर सकता हूँ,' और काग़ज़ जेब के हवाले कर दिया।

4

महीने भर बाद वासु ने मेरे दफ़्तर के सामने जीप रोकी और हॉर्न बजाया; वह सामने ही बैठा था और इंजन चल रहा था। मैं एक शादी के कार्ड का प्रूफ़ देख रहा था। स्थगन वकील मेरे सामने बैठा था; दो हफ़्ते बाद उसकी बेटी की शादी थी और वह एक हज़ार कार्ड छपवा रहा था। यह ऐसा काम था जिसे समय पर कर देना मेरे लिए ज़रूरी था, इसलिए इस वक़्त मैं कोई बाधा नहीं चाहता था। काम करते हुए ही मैंने चिल्ला कर पूछा,'कोई ज़रूरी काम है?'

'याह,' उसने अमेरिकी लहज़े में कहा, जिसे वह फ़िल्मों और अपराध के उपन्यासों से सीख चुका था

'इस वक़्त मैं व्यस्त हूँ,' मैं बोला।

'जल्दी आओ,' उसने घुड़कते हुए हुक्म दिया और मैं पेपरवेट से प्रूफ़ का काग़ज़ दबाकर बाहर निकल आया।

'भीतर आ जाओ,' उसने कहा।

'इस वक़्त मैं कहीं नहीं जा सकता, ये साहब मेरा इन्तज़ार कर रहे हैं,' मैं बोला।

'बेवक़ूफी की बात मत करो, फ़ौरन आ जाओ,' उसने और भी सख़्ती से कहा।

'लेकिन तुम जा कहाँ रहे हो?'

'मैं तुम्हें दस मिनट में वापस छोड़ जाऊँगा, तुम मेरी ख़ातिर दस मिनट नहीं निकाल सकते?'

'नहीं, दस मिनट मेरे लिए बहुत हैं इस समय।'

'ठीक है, पाँच मिनट सही।' यह सुनकर मैं उचक कर जीप में बैठ गया और वह चल पड़ी। हम नल्लप्पा की बाग़ीचा पार करके मुख्य सड़क पर आ गये और दस मील तक चलते रहे। वह बड़ी रफ़्तार से गाड़ी दौड़ा रहा था। मैंने फिर पूछा कि हम कहाँ जा रहे हैं।

'मेम्पी। तुम्हें यह सैर मज़ेदार लगेगी।'

'कहाँ... क्या मतलब है इसका?' मैंने ग़ुस्से में भरकर कहा।

'तो तुम्हें मेरा साथ पसंद नहीं है?... ठीक है, मैं गाड़ी रोक देता हूँ, उतरो और वापस़ चले जाओ।'

मैं समझ गया कि इस वक़्त चुप रहना ही ठीक है। वह मेरी बातों का मज़ा ही लेगा। मैंने अपनी चिढ़ पर क़ाबू किया और कहा, 'मैं सचमुच दस मील पैदल वापस चला जाऊँगा—बस, मैं कमीज़ के बटन वहीं छोड़ आया हूँ, तुमने इतना वक़्त भी नहीं दिया। मैंने उसे अपनी कमीज़ दिखाई, बटन नहीं थे और सीना एकदम खुला था।

उसने मुझपर नज़र डाली और ठहाका मार कर हँसा। 'कोई बात नहीं, जंगल में कौन ध्यान देता है!' अब मैं उसकी दया पर निर्भर था, इसलिए सोचा कि चुप बने रहा जाए। फिर भी मैं सोचता रहा कि स्थगन-वकील को इस तरह कुर्सी पर बैठे छोड़कर चले आना ठीक नहीं हुआ। अब वह कितनी देर तक वहाँ बैठा रहेगा और कार्ड छापे बिना उसकी बेटी की शादी किस तरह होगी। मैंने अपनी आवाज़ को नरम बना कर कहा, 'इस वक़्त शादी का एक ज़रूरी कार्ड छापना है।'

'शादी कब हो रही है?' उसने सवाल किया।

'पंद्रह दिन बाद...लेकिन कार्डों को भेजने के लिए भी तो समय चाहिए! मुद्रक की अपनी भी ज़िम्मेदारियाँ होती हैं।'

'अरे, आदमी राज़ी हो, और औरत भी राज़ी हो, तो शादी हो जाती है। इसमें मुद्रक का क्या काम हैं। कुछ भी नहीं है। तुम्हें फ़िक्र करने की भी ज़रूरत नहीं है।'

मैंने कुछ भी न कहने का फ़ैसला कर लिया, वह मेरी बात समझने को तैयार ही नहीं था। वह अपने को दुनिया का मालिक समझता था। दूसरों की उसे कोई परवाह नहीं थी। वह बार-बार कहता रहा, 'तुम्हें क्यों चिन्ता हो रही है?' यह ऐसी ग़लत और अद्भुत बात थी जिसका कोई जवाब नहीं दिया जा सकता था। मैंने देखा कि जीप का मीटर साठ मील की रफ़्तार दिखा रहा है। मैंने देखा कि लोग लाइन बनाकर चल रहे हैं और जीप के गुज़रते ही घबड़ाकर बग़ल में हटने की कोशिश करते हैं, तो मैंने कहा, 'ज़रा ध्यान से चलाओ।' और लारियाँ और ट्रक भी झटके से हटती हैं और ड्राइवर पीछे से बुरा-भला कहते है' वासु को उनकी परेशानियाँ मज़ेदार लगती हैं और वह हँसता हुआ उसी तरह बढ़ता चला जाता है। मेरी बात सुनकर वह गंभीर हो गया और बोला, 'जब दुर्घटनाएं होगीं, तभी तो राष्ट्र का 'रोड-सेंस' बढ़ेगा।' सड़क के किनारे एक बुढ़िया बैठी लड़की के सिर से जुएं निकाल रही थी। उसने दूर से ही देखकर गाड़ी इस तरह चलाई जिससे दुर्घटना ज़रूर हो जाए, लेकिन बुढ़िया ने किसी तरह बग़ल में लुढ़ककर अपने को बचा लिया तो वह ज़ोर-ज़ोर से हँसने लगा।

'बेचारे,' मैं चीखा, 'मेरा ख़्याल है, चोट नहीं लगी।'

'नहीं, कुछ नहीं होगा। ये औरतें काफ़ी मज़बूत होती हैं और थोड़ा-सा तमाशा इन्हें पसंद हैं। देखो, कैसे ख़ुश होकर हँस रहीं हैं!'

मैंने उसका जवाब देना ठीक नहीं समझा, लेकिन इससे भी उसे परेशानी हुई। दो मील और आगे पहुँचे तो वह बोला, 'तुम इतने चुप क्यों हो? क्या सोच रहे हो तुम? अभी तक शादी की बात भुला नहीं पाये?'

'हाँ,' अपनी सुरक्षा के ख़्याल से मैंने यही जवाब दिया।

'देखो, शादी मूर्ख लोग ही करते हैं और फिर परेशान होते रहते हैं। मैं नहीं जानता, लोग शादी करते ही क्यों हैं? तुम्हें कोई औरत पसंद आती है तो उसके साथ संबंध बना लो। तुम्हें कभी-कभी कॉफ़ी पीना है तो इसके लिए तुम कॉफ़ी के बाग़ तो नहीं ख़रीद लेते!' यह कहकर वह मुस्कराया और सोचने लगा कि उसने कितना अचूक तर्क दिया है।

मैंने उसका यह जंगलीपन कभी नहीं देखा था। जब वह प्रेस में मुझसे मिलने आता तब वह बहुत संयत व्यवहार करता था, लेकिन यहाँ अपने स्वभाव के माहौल में उसकी उद्दंडता और आचरण झकझोरने वाला था। मुझे शक हुआ कि इसने इस वक़्त पी तो नहीं रखी है, इसलिए मैंने पूछ लिया, 'तुम्हारा शराबबंदी के बारे में क्या विचार है? आजकल इसकी बड़ी चर्चा हो रही है।'

'यह सवाल क्यों!' वह बोला है। मैं सोच ही रहा था कि क्या जवाब दूँ तो वह कहने लगा, 'शराब शादी की तरह है। अगर किसी को पसंद है, तो यह उसका मामला है, दूसरों को इससे क्या लेना-देना! मैंने एक दफ़ा व्हिस्की पीने की कोशिश की लेकिन फिर दुबारा कभी नहीं पी। मुझे उसका स्वाद पसंद नहीं आया।' वह थोड़ी देर बैठा सोचता रहा, फिर बोला, 'मैं समझ नहीं पाता कि लोग शराब क्यों पीते हैं।'

अब मेरी यह आशा भी ख़त्म हो गई कि इसने शराब पी रखी होगी। बिलकुल गंभीर आदमी कैसे इस तरह व्यवहार कर सकता है! मैं यह सोचकर ही काँप उठा। मेम्पी गाँव पहुँचते ही मैं ख़ुश हुआ और कूदकर जीप से नीचे आ गया। जीप में एक पैर नीचे लटकाकर सफ़र करने से मेरे जोड़ों में दर्द होने लगा था और गाड़ी की रफ़्तार के कारण मेरा सिर भी चकराने लग गया था। पहाड़ी के नीचे मेम्पी गाँव में एक ही बलखाती सड़क थी जो आधा मील बाद ख़त्म हो जाती थी, जहाँ चढ़ाई शुरू होती थी। सड़क के किनारे बाँस और नारियल से बनी कुछ झोपड़ियाँ थीं, और एक चाय की दुकान पर, जहाँ केले के गुच्छे भी लटक रहे थे, आने-जाने वाली सभी बसें और लारियाँ भी रुकती थीं; सड़क से लगे मैदान में एक तंबू वाला सिनेमा भी लगा था जिसके इर्द-गिर्द लगे बड़े-बड़े पोस्टरों पर हीरो-हीरोइन आँखें खोले सामने के दृश्य को निहार रहे थे। पहाड़ी पर पैर रखते ही जंगल घिर आता था।

पहाड़ी सड़क जहाँ मुख्य मार्ग से मिलती थी, वहाँ एक छोटा-सा मंदिर था, और पहाड़ी पर जाने वाली हर बस का ड्राइवर मंदिर की देवी को नारियल और धूप-दीप चढ़ाकर ही आगे बढ़ता था।

यहाँ पहुँच कर वासु ने जीप रोकी और चाय वाले से पूछा, 'क्या ख़बर है?'

चाय वाले ने जवाब दिया, 'ख़बर अच्छी है। लोग बता रहे हैं, कोई चीता आया था। रेत पर उसके पैरों के निशान थे और भेड़ें पागलों की तरह चीख़ रही थीं। लेकिन जहाँ मैं रहता हूँ, वहाँ यह नहीं हुआ। रंगा आज बता रहा था... ।'

'उसने ख़ुद कुछ देखा?' वासु ने उत्सुकता से सवाल किया। 'क्या देखा उसने?'

चाय की दुकान पर एक ग्राहक खड़ा था, और दुकानदार ने बातें करते हुए मशीन की तरह उसे दो बंद पकड़ाये, फिर उबलते हुए बर्तन में से पानी उंड़ेलकर गिलास में चाय बनाकर उसे दे दी। मैं भूख से तड़प रहा था। मैंने अलमारी में रखे भूरे रंग के बंदों को हसरत से देखा–हालांकि सामान्य स्थिति में ऐसी दुकान पर, जहाँ खाने-पीने की कोई भी चीज़ साफ़ और ताज़ी नहीं है, मक्खियाँ भिनभिना रही हैं और गंदगी चारों ओर बिखरी पड़ी है, कुछ भी खाना पसंद नहीं करता। जब भी कोई गाड़ी यहाँ गुज़रती, धूल के ग़ुब्बारे उठते और थोड़ी देर बाद खाने-पीने की चीज़ों पर बैठ जाते, ब्रेड, दूध, फल, चीनी कोई भी चीज़ इनसे नहीं बचती। फिर भी दुकान पर ग्राहकों की लाइन लगी रहती। ऊपर पहाड़ी पर स्थित कॉफ़ी बाग़ानों को जानेवाली बसें और लारियाँ, लम्बी क़तारों में चल रही बैलगाड़ियाँ और पैदल यात्री- सभी लोग बढ़ने से पहले यहाँ रुककर नाश्ता-पानी ज़रूर करते।

मैंने अपनी जेब में हाथ डाला तो उसमें एक भी पैसा नहीं था, सिर्फ़ पेंसिल का एक टुकड़ा था जिससे मैं शादी का प्रूफ़ ठीक कर रहा था। मैं, किसी मेले में अपने बड़ों के साथ लगे चल रहे बच्चे की तरह दयनीयता से चिल्लाया, 'वासु!' लेकिन वह शेर के पैरों के निशानों की बात करने में मशग़ूल था, और उसके इर्द-गिर्द भीड़ बढ़ती जा रही थी। नारियल वाला, गाँव का जोकर, दर्ज़ी, नाई, सिर पर तंबाकू की गठरी लादे मज़दूर सभी अपनी-अपनी जानकारी उसे बता रहे थे।

वासु ने मेरी आवाज़ नहीं सुनी। मैंने फिर चिल्लाकर कहा, 'वासु, मुझे कुछ पैसे दो। मैं यहाँ की चाय का मज़ा लेना चाहता हूँ।'

वह रुका। 'चाय? लेकिन क्यों?'

मैं बिना बटन की कमीज़ और कमर में बंधी धोती पहने बहुत ख़राब महसूस कर रहा था। 'मुझे भूख लगी है। सवेरे घर से नाश्ता करके नहीं चला था।'

उसने मुझे एक मिनट तक देखा, फिर लोगों से बातें करने में लग गया। मुझे बुरा लगा। भूख के कारण मेरा ग़ुस्सा और भी भड़कने लगा था। मुझे ज़बर्दस्त ग़ुस्सा आ रहा था कि मुझे एकदम प्रेस से उठा लाया और अब इस तरह व्यवहार कर रहा

है। मैंने फिर पूछा, 'तुम्हारे पास कुछ पैसे हैं या नहीं हैं? मैं तुम्हें प्रेस लौटते ही वापस कर दूँगा।'

'तो तुम्हारा ख़्याल है, हम वापस जा रहे हैं? क्या ख़ूब!' उसने ग़ैर ज़िम्मेदारी से कहा। यह सुनकर मुझे डर लगा कि कहीं यह आदमी मुझे अग़वा करके तो नहीं लिये जा रहा है और मुझे बाघ की माँद में से निकालने के लिए फिरौती की माँग तो नहीं करेगा। अगर यह अचानक मेरी पत्नी से मुझे छोड़ने के एवज़ में पचास हज़ार रुपये की माँग करे तो वह क्या करेगी? उसे घर और सारे ज़ेवर बेचने पड़ेंगे। मैं अभी तक उसकी सोने की नेकलेस की आख़िरी किश्त भी नहीं चुका पाया था, जिसे उसने सिर्फ़ इसलिए मुझसे ख़रीदवा लिया था कि उसकी सहेली वैसा ही नेकलेस पहने थी। शादी के बाद इतने सालों में उसने इतनी क़ीमती यह पहली ही माँग की थी, जिसे मैं कैसे ठुकरा सकता था? भाग्य की बात हैं कि उन्हीं दिनों मैंने कोऑपरेटिव बैंक की सालाना रिपोर्ट छापी थी, जिसका पैसा मेरे पास था और जिससे मैंने उसी वक़्त नेकलेस की आधी क़ीमत चुका दी थी। और हाँ, नेकलेस की क़ीमत तो सिर्फ सात सौ रुपये थी—वह पूरे पचास हज़ार का इन्तज़ाम कैसे करेगी? इसके लिए उसे ट्रेडिल मशीन बेचनी पड़ेगी-वह काफ़ी चल चुकी है, इसलिए उसकी क़ीमत तेरह हज़ार से ज़्यादा नहीं मिलेगी। फिर, अपनी रिहाई के बाद मैं छपाई मशीन के बिना क्या करूँगा? शास्त्री का क्या होगा? वह बेकार हो जायेगा... हो सकता है, उसे हाईडेलबर्ग चलाने का काम मिल जाये। अगर मेरी बीवी उससे प्रार्थना करे तो क्या उसमें इतनी समझ है कि पुलिस के पास चली जाये और उन्हें यहाँ तक ले आये जहाँ बाघ की गुफा में मैं बंद होऊँगा और जिसकी चौकादारी यह दैत्य-सा आदमी कर रहा होगा। कल्पना करो कि यह आदमी गुफा में मुझे बंद किये बैठा है और बाघ वापस आ जाता है तो क्या वह पहले मुझे न खा कर उसे ही खा ले और फिर बाद में मेरी तरफ़ रुख़ करे या मुझे छोड़ ही दे।

ये सब विचार मेरे मन में बिजली की तरह कौंधने लगे। इसका नतीजा यह हुआ कि मेरा ग़ुस्सा एकदम ग़ायब हो गया और मैं वासु से मीठी-मीठी बातें करने को तैयार हो गया। मैं उसे देखकर मुस्काराया—जिसका उस पर भी अच्छा हुआ और उसने कहा, 'देखो मैं जब किसी काम पर निकलता हूँ तो खाने-पीने के बारे में सोचता भी नहीं। मैंने मन में सोचा, 'इसकी वजह यह है कि तुम किसी मूर्ख को ही जो तुम्हारी असलियत न समझकर तुम्हारे साथ चलने को तैयार हो जायेगा, अपना भोजन बनाने से परहेज़ नहीं करोगे।'

अचानक वह जीप में जाकर बैठ गया और किसी से बोला, 'आओ,' और उसे साथ लेकर चल पड़ा। मैंने उसके चले जाने से चैन की साँस ली, लेकिन बच्चे की तरह दुखी भी हो उठा। 'कहाँ...' उसे देखकर चिल्लाया, लेकिन वह रुका नहीं।

'वहीं ठहरो तुम। मैं थोड़ी देर में वापस आता हूँ।' यह कहकर वह तेज़ी से पहाड़ पर गाड़ी दौड़ाता हुआ आँखों से ओझल हो गया। मुझे कुछ देर तक गाड़ी की आवाज़ें सुनाई देती रहीं।

मैंने अपने खुले सीने पर नज़र डाली। वहाँ इस तरह खड़ा मैं बेवक़ूफ़ लग रहा था। इसमें कोई शक नहीं कि यह बहुत ख़ूबसूरत जगह थी–पहाड़ी के नीचे छोटा-सा गाँव, बल खाती सड़क जो ऊपर जाकर जंगल में ग़ायब हो जाती है, नीली पहाड़ियाँ, उन के ऊपर झिलमिलाता आसमान-यह सब बहुत सुन्दर था, लेकिन इस सबसे वासु को मेरे साथ इतनी स्वतन्त्रता लेने का अधिकार तो नहीं मिल जाता था। मैं दो ख़ाली टीन के डिब्बों के ऊपर रखे लकड़ी के पटरे पर, जो एक तरह से बैंच ही बन गया था, आकर बैठ गया और चाय वाले की तरफ़ मुख़ातिब हुआ, 'यहाँ से मालगुडी कोई बस जाती है?'

'जाती है। टॉप स्लिप से चलकर दो बजे यहाँ पहुँचती है।'

अच्छा होगा कि मैं यह बस लेकर वापस चला जाऊँ, लेकिन टिकट के पैसे कहाँ से लाऊँगा? मेरी कमीज़ में एक बटन तक नहीं था। मैं वासु को पनाह देने और उसकी बातें मानने के लिए अपने को कोसने लगा, लेकिन ख़ुश भी था कि वह फिरौती की माँग किये बिना ग़ायब हो गया। मैंने चाय वाले को अपनी स्थिति बताई। यह जानकर वह ख़ुश हुआ कि मैं मुद्रक हूँ। 'अरे, मैं तो आपसे मिलकर बहुत खुश हो रहा हूँ, साहब, आप मेरे लिए भी कुछ पर्चे छाप देंगे?'

'बड़ी खुशी से छापूँगा,' मैंने कहा, 'मैं तो जनता की सेवा का ही काम करता हूँ। तुम जो भी चाहोगे, छाप दूँगा। तुम अपने पर्चे जर्मन मशीन पर छपवाना चाहोगे तो उसका भी इन्तज़ाम कर दूँगा। मेरे पड़ोसी के पास असली हाइडेलबर्ग मशीन है और वह मेरे भाई की तरह है।' मैं बहुत उत्साह से बातें कर रहा था और इसमें मुझे अपनी मुक्ति का रास्ता नज़र आने लगा था।

दुकान वाला कहने लगा, 'मैं यहाँ इतना ज़्यादा व्यस्त रहता हूँ कि मुझे यहाँ से उठने का भी समय नहीं मिलता, शहर जाना तो बहुत बड़ी बात है, और मैं परेशान रहता हूँ कि छपाई का काम किस तरह कराऊँ।'

'अब तुम्हें बिल्कुल फ़िक्र करने की ज़रूरत नहीं है। तुम्हारा काम तुम्हारे दरवाज़े पर पहुँचा दिया जायेगा, मैं इसी तरह सबकी सेवा क़रता हूँ। मेरे दूर-दूर तक बड़े-बड़े ग्राहक हैं और बस या रेल, जो भी जल्द पहुँचाये, उस से उनका काम भिजवाता रहता हूँ।'

'फिर तो ठीक है, मैं भी इसी तरह अपना काम करवाना चाहूँगा।' यह कहकर वह अपने जीवन की कहानी सुनाने लगा। बारह साल की उम्र में तिरुनेलवेली में अपना घर छोड़ कर वह काम की तलाश में मेम्पी आया था। वह किसी को नहीं

जानता था और पहाड़ियों के चायबाग़ानों में मज़दूर के रूप में काम करने लगा–पत्तियाँ तोड़ना, ट्रकों पर लादना और इसी तरह के बहुत से काम करता था। अगस्त 1947 में जब भारत आज़ाद हुआ, बाग़ान के अंग्रेज़ मालिक उसे छोड़कर चले गये और नए लोगों ने उसे ख़रीद लिया, तब उसकी भी नौकरी छूट गई और वह नीचे काम की तलाश में आ गया। उसने एक छोटी-सी दुकान खोली जिस पर पान, तंबाकू और पिपरमिंट की गोलियाँ बिकती थीं, फिर वहीं वह चाय बनाने लगा। फिर घाटी में यहाँ से दस मील दूर जब एक डैम बनना शुरू हुआ तब यहाँ भी काम बढ़ने लगा और इंजीनियर, मिनिस्टर, पत्रकार, ठेकेदार और मज़दूर जीप, लॉरी और स्टेशन-वैगनों में लदकर आने-जाने लगे और रात-दिन इलाक़ा गुलज़ार रहने लगा। उसकी चाय की दुकान भी तेज़ी से उन्नति करने लगी। उसने पहले एक घर बनवाया, फिर दूसरा घर दुकान के पीछे की गली में ही बनवा लिया। वह हँसकर कहने लगा, 'अब मैं आराम करने के लिए या झट से एकाध निवाला खाना खाने के लिए पाँच मिनट में ही वहाँ पहुँच जाता हूँ।' अब वह पहाड़ी और मैदान के बीच बने मंदिर में भी दिलचस्पी लेने लगा। 'इस रास्ते से हर रोज़ ऊपर सैकड़ों गाड़ियाँ आती-जाती हैं लेकिन आज तक कोई दुर्घटना नहीं हुई है-हालांकि रास्ता बहुत ऊँचा-नीचा और घुमावदार है और पलक झपकते ही कोई एकदम नीचे खड्ड में गिर सकता है। इसका कारण क्या है, आप जानते हैं?' यह कहकर उसने मंदिर के छोटे से शिखर की तरफ़ इशारा किया जो घने पेड़ों के बीच से भी चमक रहा था। 'क्योंकि देवी माँ हमारी रक्षा करती है। मैंने ख़ुद अपना पैसा ख़र्च करके मंदिर को दोबारा बनवाया। अब मैं वहाँ नियमित पूजा भी करवाता हूँ। और अब तो मंदिर का अपना हाथी भी है, सालों पहले जानवरों के एक झुंड के साथ यह भी अपने-आप ही यहाँ आ पहुँचा था। तब सिर्फ़ छह महीने का था और बैल के बराबर था। हमने इसे मंदिर के लिए पाल लिया। इसका नाम कुमार है और बच्चे और बड़े सब लोग दिन भर इसे चावल, नारियल, गन्ना वग़ैरह खिलाते ही रहते हैं।'

यह पूरी कहानी सुनाने के बाद वह मुख्य विषय पर आया। वह बड़े पैमाने पर मंदिर का उत्सव मनाना चाहता था। जब पूजा-पाठ के साथ शानदार बाजे-गाजे के साथ, जिसका हाथी नेतृत्व करता, जुलूस भी निकलना था। वह इसके एक हज़ार इश्तिहार छपवाना चाहता था। जिन्हें सब जगह बाँटा जाये और उत्सव के दिन ज़्यादा-से-ज़्यादा लोग भाग लेने आयें।

मैं इन्हें छापने के लिए फ़ौरन तैयार हो गया और पूछा कि ये उसे कब तक चाहिए।

यह सुनकर वह परेशान हो उठा। बोला, 'यह मैं कैसे बता सकता हूँ? पहले मंदिर समिति की मीटिंग होगी जिसमें सब फ़ैसला किया जायेगा।'

मुझे यह जानकर अच्छा लगा कि यह योजना अभी तक एक विचार-मात्र है,

इसलिए मैंने कहा, 'ठीक है, जब भी आपकी योजनाएं तय हो जायें, मुझे लिख दीजियेगा, मैं अच्छा से अच्छा काम कर दूँगा। आप जो भी कहेंगे, छप जायेगा।... ख़ैर, आप मुझे ये बढ़िया बंद और चाय का स्वाद क्यों नहीं लेने दे रहे। किसी बढ़िया बेकरी के बने लगते हैं, कितनी सोंधी ख़ुशबू आ रही है!' उसने फ़ौरन मेरे लिए कड़क चाय बनाई और अख़बार के काग़ज़ पर दो बंद रखकर खाने को दिये। अब मुझमें कुछ जान आई और मैं ज़्यादा स्पष्टता से अपनी स्थिति पर विचार करने लायक़ हुआ। मेरे दिमाग़ में यह चिन्ता अब तक भरी हुई थी कि स्थगन-वकील क्या अब तक प्रेस में बैठा मेरा इन्तज़ार कर रहा होगा। और मेरी वापसी... यह कैसे संभव होगी, मेरी समझ में नहीं आ रहा था। मैं वासु के साथ निकलने से पहले अगर अपनी वसीयत लिख देता तो बहुत अच्छा होता।

मैंने चाय वाले से कहा, 'मैं दोबारा जब यहाँ आऊँगा, तुम्हारा पैसा चुका दूँगा। और हो सकता है, तुम्हारे इश्तिहार भी मेरे साथ हों?... बात यह है कि मुझे एकदम बाहर निकलना पड़ा और मैं इतनी दूर आ जाऊँगा, यह भी पता नहीं था।' फिर मैंने एक और प्रार्थना की, 'तुम इन बस वालों को जानते होगे? कैसे लोग हैं ये?'

उसने सीना फुलाकर कहा, 'यहाँ हर बस चाय पीने के लिए रुकती है।'

मैं जानता था कि यह बात होगी। 'क्या तुम मेरी एक सहायता कर सकते हो? किसी कन्डक्टर से कह सकते हो कि मुझे यहाँ से ले जाये और प्रेस पहुँचते ही किराया ले ले। बस प्रेस के सामने से ही जाती है, और मैं एकदम भीतर जाकर पैसे ला दूँगा।'

'लेकिन आप जाना क्यों चाहते हैं? वासु का इन्तज़ार नहीं करेंगे?'

अब मैं निराश होने लगा। यह आदमी वासु के साथ मिला हुआ तो नहीं है? हो सकता है, दोनों मिलकर मुझे गुफ़ा में ले जाने का काम करने वाले हों—सब अग़वा करने वाले रात को ही बाहर निकलते हैं। ये उस वक़्त तक मुझे कहीं नहीं जाने देंगे। मैं दुखी होकर बोला, 'मेरा प्रेस में पहुँचना ज़रूरी है, वकील साहब मेरे इन्तज़ार में बैठे होंगे। एक शादी का निमंत्रण पत्र छापना है। तुम्हें मालूम होगा, यह कितना महत्त्वपूर्ण होता है।'

'लेकिन वासु पूछेंगे कि मुझे रोका क्यों नहीं। मैं जानता हूँ वे सख़्त आदमी हैं, जो आप भी जानते होंगे।'

'अरे नहीं।' मैंने हल्केपन से कहा, 'आदमी वे बहुत भले हैं, बस, ज़रा तीखा बोलते हैं। हम अच्छे दोस्त हैं और इस निमंत्रण पत्र के बारे में पता है। वह ज़रूर समझ जायेंगे, और हाँ, हम बहुत अच्छे दोस्त हैं। परेशानी यही है कि मैं बिना बटन और पैसा लिये चल पड़ा।' यह कहकर मैं हँसने लगा जिससे मज़ाक़ का माहौल बन जाय, 'पता नहीं वासु कब लौटेगें?'

'यह कोई नहीं कह सकता। शेर-चीते की बात सुनकर वे सब कुछ भूल जाते हैं। अब वे जंगल में पैर के निशान ढूँढते चले जा रहे होंगे, और... '

'बड़े निडर आदमी हैं वासु,' मैंने चाय वाले को ख़ुश करने के लिए कहा, 'और तुम्हारा नाम क्या है?'

'मुत्थू,' उसने बताया और कहा, 'मेरे चार बच्चे हैं, एक लड़की की शादी करनी है...'

'तब तुम वकील साहब की परेशानी ज़रूर समझ सकते हो।'

'कौन वकील साहब?' उसने पूछा।

'हमारे स्थगन-वकील जो प्रेस में बैठे मेरा इन्तज़ार कर रहे होंगे।'

'आप मेरी बेटी के लिए अच्छा-सा वर ढूँढने में मेरी मदद कीजिएगा।' फिर उसने आवाज़ धीमी करके मुझे बताया, 'मेरी बीवी अपने भाई के लड़के से उसकी शादी करने की योजना बना रही है, लेकिन मैं कुछ और चाहता हूँ। मैं किसी पढ़े-लिखे लड़के से उसकी शादी करना चाहता हूँ।

'ठीक है, उसकी शादी कम से कम बी०ए० पास लड़के से होना चाहिए,' मैंने उसका समर्थन किया।

यह सुनकर वह इतना ख़ुश हुआ कि मुझे एक तीसरा बंद और एक और कड़क चाय पीने को दी, 'यह मेरी तरफ़ से है। इसका पैसा मैं नहीं लूँगा।'

अब उसके ग्राहक आने शुरू हो गये थे—ये ज़्यादातर कुली और मज़दूर थे जो हाथों में कुल्हाड़ी और फावड़े वग़ैरह थामे पहाड़ों में चल रही किसी रहस्यमय योजना में काम करने जा रहे थे। तरह-तरह की लकड़ी से भरी बैलगाड़ियाँ क़तारों में आकर यहाँ रुकने लगी थीं। तंबुओं में लगे सिनेमा के लाउडस्पीकर गाने बजा रहे थे—कुछ आवाज़ टैस्ट करने के लिए धीमे और ऊँचे सुरों में बार-बार एक ही शब्द दोहरा रहे थे, एल्विस प्रेसले की एक मशहूर धुन का हिन्दीकरण भी एक जगह बेसुरे ढंग से बज रहा था। मैं वहाँ बैठा था लेकिन कोई मुझे देख नहीं रहा था, मेरे सिर के ऊपर से एक-के-बाद एक हाथ बढ़-बढ़कर चाय के गिलास ले रहे थे, और कई दफ़ा इनसे भूरे रंग की चाय ऊपर निकलकर मेरे कपड़ों पर आ टपकती थी। मैं इसे भी ख़ुशी-ख़ुशी स्वीकार कर रहा था, हालांकि और कभी इस तरह मेरे कपड़ों पर कोई चाय गिराता तो मैं ग़ुस्सा हो जाता। आज मैं हर तरह की घटना को स्वीकार करने के लिए तैयार था और यही चाह रहा था कि किसी तरह बस पर बैठकर बिना पैसे दिये घर पहुँच जाऊँ। मैं दुकान के भीतर एक जगह रखी भूरे रंग में लिपटी घड़ी देख रहा था—यह इतनी ज़्यादा भूरी हो चुकी थी कि उसके अक्षरों को पढ़ पाना भी कठिन हो रहा था।

अभी बस आने में एक घंटा बाक़ी था और वासु को गए दो घंटे बीत चुके थे।

मैं यही सोच रहा था कि बस आने से पहले वह न आये। चारों तरफ़ हो रही चीख़-पुकार के ऊपर मैंने चिल्लाकर मुत्थू से फिर पूछा कि उसके ख़्याल से वासु कब तक आयेगा, और उसने भी पहले वाला ही जवाब देकर मुझे चुप कर दिया। उस दिन मेरे ऊपर घिरे काले बादलों में यही एक आशा की किरण थी जो मुझे आश्वस्त कर रही थी। फिर भी मेरा दिल ज़ोर-ज़ोर से धड़क रहा था, कि कहीं वह अचानक प्रकट न हो जाये और अपने साथी के साथ मिलकर मुझे भगा ले जाने की कोशिश करे। वह अकेला भी अपने अंगूठे और ऊँगली के बीच मुझे दबाकर उठा सकता था और जहाँ चाहे ले जाकर पटक दे सकता था। उसकी बेतहाशा ताक़त को देखते हुए मुझे यह सोचकर ताज्जुब होता था कि वह दुनिया को जितना नुक़सान पहुँचा सकता था, वैसा कुछ उसने नहीं किया था। मैं भीतर ही भीतर काँपता इन्तज़ार का रहा था और लोगों को इधर-उधर आते-जाते और तंबाकू, पान, चाय, बंद वग़ैरह ख़रीदकर खाते-पीते देख रहा था। अब मुत्थु से बात करना असंभव हो गया था। मैं सिर झुकाये बैठा सोचता रहा कि वापस पहुँचूंगा तो शास्त्री और मेरी बीवी मुझसे किस तरह पेश आयेंगे... लेकिन वापसी होगी भी या नहीं, यह भी संदेह दूर नहीं हो रहा था। मेरा शहर, फ़व्वारा और कबीर स्ट्रीट में मेरा घर, ये सब इस वक़्त मेरे लिए एक सपना बन गये थे—जहाँ शायद मैं सालों पहले रहा करता था।

चाय वाले की भीड़ अब ख़त्म हो गई थी। मैं भी पटरे की बेंच पर बैठा-बैठा ऊँघने लगा था। पहाड़ियाँ और मैदान और चमकता नीला आसमान बहुत सुंदर लग रहे थे लेकिन मैं इन्हें कब तक निहारता रहता। मैं कवि नहीं था। अगर मेरा एकाक्षरी मित्र यहाँ होता, तो वह खुशी से यह करता रहता, लेकिन मैं तो व्यापारी था, प्रेस के काम में सुबह से शाम तक व्यस्त रहने वाला व्यापारी। मैंने सिर झुका लिया और आँखें बंद कर ली। मुझे कमज़ोरी महसूस होने लगी थी। मैं दुनिया-भर के बंद खा डालता, लेकिन अपनी बीवी के पकाये चावल और सांभर खाये बिना मुझमें ताक़त नहीं आ सकती थी। तभी दूर से इंजन के कारण हवा में सिहरन पैदा हुई। मुत्थू ने तुरन्त घोषणा की, 'अब बस दस मिनट में यहाँ पहुँच जायेगी।' इसके कान कितने तेज़ हैं, आश्चर्य करने लगा और यह कह भी दिया। इस समय इस आदमी को ख़ुश रखने के लिए मैं कुछ भी करने को तैयार था, जब कि दूसरी सामान्य स्थिति में इसे गंदे बर्तनों में चाय बनाकर बेचने वाला गया-गुज़रा आदमी मानकर दर-गुज़र कर देता।

बस आ गई; इसके सामने बड़े-से साइनबोर्ड पर लिखा था 'मेम्पी बस ट्रान्सपोर्ट कारपोरेशन' हालांकि यह काफ़ी पुरानी टूटी-फूटी बस थी जिसे दूसरे विश्व युद्ध के बचे-खुचे माल में से ख़रीदा गया था और जिसे कैनवास से कस-कसाकर और लाल-पीले रंग से रंगकर कामचलाऊ बना लिया गया था। जब तक बस यहाँ रुक न जाती और सवारियाँ चाय-वाय पीने के लिए नीचे न उतरती—उनका उतरना भी

ऐसा होता था जैसे किसी पर हमला करना हो-तब तक यह जान पाना संभव नहीं था कि उसमें जगह है या नहीं। सवारियाँ चाय की दुकान पर मक्खियों की तरह भिनभिनाने लगीं। ख़ाकी रंग की निकर और क़मीज़ पहने और उसी रंग की नुकीली टोपी लगाये बहुत दुबला-सा कंडक्टर कंधे पर पैसों से भरा थैला लटकाये आराम से नीचे उतरा; ड्राइवर अपनी सीट से कूदकर नीचे आ खड़ा हुआ। आदमी, औरतें और बच्चे, सब एकसाथ चाय के गिलास लेने के लिए उछल-कूद रहे थे। ड्राइवर और कंडक्टर ने ज़रा देर आपस में बात की, कंडक्टर ने थैले में से पैसे निकाले और ड्राइवर को दिये। फिर कंडक्टर ने सवारियों को संबोधित किया : 'मैं यहाँ पाँच मिनट से ज़्यादा बस को नहीं रोकूँगा, अगर कोई रह जाता है तो मेरी ज़िम्मेदारी नहीं होगी। मैं सबको चेतावनी दे रहा हूँ। बाद में कोई शिकायत मत करना।' इसके बाद स्कूल मास्टर की तरह उसने चारों तरफ़ नज़र दौड़ाई और ख़ुद भी चाय की दुकान की ओर बढ़ा। मुत्थू ने उसे बड़ी इज़्ज़त से अपने बग़ल में बिठाया और चाय तथा बंद लाने को कहा। कन्डक्टर ने सिगरेट सुलगाई।

जब वह आराम से बैठ गया, मैं मुत्थू के सामने जाकर खड़ा हो गया। मुझे डर था कि चाय माँगने वालों की इस धमाचौकड़ी में वह मुझे भूल ही न गया हो, जो बात ठीक ही निकली क्योंकि मुझे देखते ही वह बोला, 'अरे, मैं तो अपने छपाई के उस्ताद को भूल ही गया था।' फिर उसने कंडक्टर से कहा, 'भाई जी, इन्हें शहर के लिए बस में सीट दे देना, ये वहाँ पहुँचकर पैसा चुका देंगे' भाईजी को इस प्रार्थना को समझने में कुछ समय लगा और उन्होंने शक की नज़रों से मेरी तरफ़ देखा। 'ये इस वक़्त पैसा क्यों नहीं देगें?'

'ये वहाँ अपना पर्स भूल आये हैं?'

'तो ये यहाँ आये कैसे? मालूम है, बहुत से लोग रोज़ मुझसे यही बात कहते हैं।' यह कहकर उसने अपने होठों पर जीभ फिराई और नथुनों से धुआँ निकाला। मैंने सोचा, 'यह आदमी भी वासु से मिला हुआ लगता है,' और निराश होने लगा। फिर उसने अपने हाथ इस तरह घुमाये जैसे किसी का गला मरोड़ रहा हो और कहा, 'मैं तो ऐसे आदमी को बख़्श ही नहीं सकता...। अगर रास्ते में इन्सपेक्टर चेकिंग करने आ जाता है तो मेरी तो नौकरी पर बन आयेगी और मैं अपने बीवी-बच्चों के साथ हाथ में कटोरा लिये दर-दर भीख माँगता फिरूँगा।'

इस आदमी की कल्पना-शक्ति सचमुच विलक्षण थी। अपने प्रेस के अंदर ही जीवन बिताने के कारण मैं मनुष्य की वास्तविक प्रकृति को समझ नहीं पाया था-जो बड़ी कठोर, असहनशील और अकारण शत्रुता से भरपूर थी। मैं अब सीना आगे करके, जो खुला ही हुआ था, उसके सामने जा खड़ा हुआ और बोला, 'मैं गारन्टी लेता हूँ कि आपको भीख का कटोरा नहीं लेना पड़ेगा। आज ही मैं किसी वजह से

यहाँ आकर फँस गया हूँ लेकिन मैं कभी बस में सफ़र नहीं करता, मेरे पास कार है–मेरी नहीं, मित्र की ही सही, जो एक तरह से मेरी अपनी ही है।'

'कौन-सी कार चलाते हैं आप?'

'जी...,' मैं सोचने लगा, फिर कहा, 'मॉरिस,और कौन सी!' जो नाम पहले दिमाग़ में आया, वही बता दिया।

'उसका मॉडेल?' उसने बात को आगे बढ़ाया।

'इक्यावन की, शायद...'

'चार दर वाली?'

'जी हाँ।'

'अच्छा, तब तो आप भाग्यशाली हैं, यह मॉडेल तो सोने की क़ीमत के बराबर है। मैं ऐसे कई लोगों को जानता हूँ जो इसी मॉडेल की तलाश में हैं। आप उसे बेचना चाहेंगें?'

मैंने सिर हिला दिया। 'मुझसे भी दर्जनों लोग रोज़ यही पूछते हैं लेकिन मैं उसे आख़िर तक इस्तेमाल में लाऊँगा, जब तक उसका एक-एक पुर्ज़ा टूटकर बिखर नहीं जाता। मैं उसे कभी नहीं बेचूँगा।'

अब उसके मन में मेरे लिए ज़बर्दस्त इज़्ज़त पैदा हो गई थी, क्योंकि मैं गाड़ी वाला था और इस तरह उसी के पेशे से जुड़ा था। अब वह मेरी उजड़े हुए हुलिया, बटनहीन कमीज़ और टिकटहीन दशा को दर-गुज़र करने को तैयार था। मैं सोचने लगा कि इस पेशे के बारे में मुझे और भी कुछ जानकारी होती तो इसे और ज़्यादा प्रभावित करने के लिए उसका इस्तेमाल करता, लेकिन मुझे उतनी ही थोड़ी-बहुत जानकारी से संतोष करना पड़ रहा था जो मुझे रामू सर्विस स्टेशन के मालिक रामू का इश्तहार छापने से मिली थी, जो अक्सर मोटरों की दुनिया की राजनीति पर बातचीत करने के लिए कभी-कभी प्रेस में आ भी जाया करता था।

बस वाले ने कहा, 'जब भी आप अपनी मॉरिस को निकालना चाहें तो मुझसे ही बात करें।' फिर मुत्थू की तरफ़ मुड़कर धीरे-धीरे कहने लगा, 'आज नहीं तो कल मैं यह टिकट काटने का काम छोड़कर खुद की बेबी टैक्सी चलाना शुरू कर दूँगा–मैं एक आदमी को जानता हूँ जो छोटी-गाड़ी चलाकर पचास रुपये रोज़ की कमाई करता है। अब मैंने गाड़ी ख़रीदने के लिए पैसा भी जमा कर लिया है।'

मुत्थु ने उसकी कमर में कुहनी मारी और धीरे से कहा, 'मैं जानता नहीं क्या?–इस पर दोनों दाँत निकालकर हँसे। मैं समझ गया कि कंडक्टर सवारियों से मिलने वाले पैसों में से भी अपनी जेब भरता है। मैंने भी उन्हें ख़ुश करने के लिए कहा, 'आदमी जब तक ठीक-ठाक है, उसे पैसा इकट्ठा कर लेना चाहिए। नहीं तो बुढ़ापा आने पर हाथ-पैर चलने बंद हो जाएंगे तब पैसा कहाँ से आयेगा!'

आधे घंटे बाद जब कन्डक्टर चलने को तैयार हुआ तो मैं भी बड़ी शान से उसके साथ जा कर उसके बगल की सीट पर बैठ गया। जाने से पहले मैंने मुत्थू से भी भावपूर्ण विदाई ली और उसने विश्वास दिलाया कि ज़रूरत पड़ने पर वह मुझे पत्र लिखेगा। कंडक्टर ने मेरे कान से मुँह लगा कर कहा, 'अगले स्टॉप पर आप यहाँ से हट जाना। सर्किल साहब आयें शायद...।' यहाँ 'सर्किल' का मतलब था इस इलाक़े का पुलिस इंस्पेक्टर जिसके लिए सामने की सीट हमेशा रिज़र्व होती थी। इस पर अगर कोई और सवारी बैठी होती तो सर्किल के आने पर या तो वह उठ जाता था, या ड्राइवर के पास सरककर बहुत थोड़ी जगह में बैठ जाता था जिससे काफ़ी जगह ख़ाली हो जाये। बहुत दिन पहले एक बाग़ान का मालिक इस सीट पर बैठ गया था और सर्किल के आने पर उसने जगह नहीं छोड़ी थी, बल्कि काफ़ी उत्पात भी मचाया था, जिस कारण सर्किल को किसी और सीट पर बैठना पड़ा, जहाँ वह बैठ तो गया लेकिन यात्रा की समाप्ति पर उसने ज़्यादा सवारियाँ बिठाने के आरोप में बस का चालान कर दिया था।

बस घंटे-भर चली। मैं ख़ुश था कि वासु से छुटकारा तो मिला। मैंने कई दफ़ा मुड़कर पीछे देखा कि कहीं उसकी जीप तो नहीं आ रही है। शेर का पीछा करने के बाद अब वह सोच सकता था कि एक काम पूरा कर लिया, अब मुद्रक का पीछा करके जो चाय की दुकान से भाग लिया है उसे भी दबा लिया जाये।

बस सड़क पर एक पेड़ के नीचे रुकी और कंडक्टर ने चेतावनी दी, 'यहाँ हम एक मिनट से ज़्यादा नहीं रुकेंगे। इसलिए कोई यहाँ से बाहर न आये, जिसे हमेशा के लिए जाना हो, वह ज़रूर जा सकता है। फिर कोई शिकायत मत करना।' लेकिन इस के बाद भी कई सवारियाँ नीचे उतरीं और झाड़ियों के पीछे ग़ायब हो गईं। एक वर्दी पहने सिपाही मक्के के खेत से इधर आ रहा था, उसका शरीर पसीने से लथपथ था और हाथों में ढेर सारी फ़ाइलें थीं। वह ड्राइवर की तरफ़ इशारे कर रहा था जिससे वह उसे भी ले ले। उसके पहुँचने तक बस रुकी रही और वह मेरे बग़ल की सीट पर आ बैठा। मैंने कंडक्टर की तरफ़ सरककर उसके लिए जगह कर दी। मैं ख़ुद बिना टिकट चल रहा था, इसलिए मेरे लिए यही काफ़ी था।

सिपाही ने ड्राइवर से कहा, 'सर्किल आ रहे हैं। उनका इन्तज़ार कर लो।'

'कितनी देर?' कंडक्टर ने पूछा। सिपाही ने जवाब देने के बजाय सीट का हत्था पकड़ा, अपनी पगड़ी ऊपर खिसकाई और ड्राइवर की तरफ़ हाथ बढ़ाकर कहा, 'एक बीड़ी देना।' ड्राइवर ने जेब में से बीड़ी और माचिस निकालकर उसे पकड़ाई। उसने बीड़ी सुलगाकर धुआं छोड़ा–तंबाकू और धुएँ की तीखी महक पेट्रोल की बू से ऊपर उठकर हवा में फैलने लगी। उसके चेहरे पर पसीना ही पसीना था। वह बोला, 'मुझे डर था कि कहीं बस छूट न जाये। सर्किल तो मेरी गर्दन

ही उड़ा देता। दो-तीन बच्चों ने रोना शुरू कर दिया, एक औरत बेसुरी आवाज़ में लोरी गाकर अपने बच्चे को सुलाने की कोशिश करने लगी, एक आदमी मुँह फाड़कर जँभाई लेने लगा, एक दूसरा गाली बक रहा था, दो किसान मुक़दमे की बातें कर रहे थे, किसी एक ने पूछ लिया, 'क्या बस सचमुच यहाँ से हिलेगी?' उसके साथ बैठे आदमी ने इसी बात को उठाकर एक मज़ाकिया फ़िक़रा कहा। मैंने फिर पीछे नज़र डाली कि कहीं वासु की जीप तो नहीं आ रही है। मैं सिपाही का चेहरा और सड़क को देखते-देखते थक चुका था, मुझे कुछ भी अच्छा नहीं लग रहा था। मुझे फिर से भूख लगने लगी थी क्योंकि काफ़ी देर पहले खाये तीनों बंद मेरे शरीर में पूरी तरह घुल-मिल चुके थे। सभी मुसाफ़िर एक समान स्थिर, इन्तज़ार की मुद्रा में आ चुके थे।

अंत में सर्किल साहब पधारे। मोटे-से आदमी ख़ाकी वर्दी पहने, अचानक बस के बग़ल में आकर खड़े हो गये–वे साइकिल पर आये थे। वे जैसे ही साइकिल से उतरे, काम शुरू हो गया–सिपाही ने उसका हैंडिल थामा, कंडक्टर ने पहिये पकड़े और उसे बस की छत पर पहुँचा दिया। सर्किल अपनी सीट पर जा बैठे और बोले, 'चलो।' ड्राइवर ने रबर के भोंपू को दबाया और एक संक्षिप्त घुरघुरी आवाज़ सड़क और पहाड़ी पर गूंजी-उसे सुनते ही एक दर्जन के क़रीब यात्री झाड़ियों में से निकले और बस की तरफ़ दौड़े। बस के भीतर भी आवाज़ आ रही थे, 'यह मेरी सीट है 'नहीं, यहाँ मैं बैठा था–फिर कंडक्टर की आवाज़ सुनाई दी। 'अब सब चुप हो जाओ'–यह सर्किल की इज़्ज़त में कहा गया था। सर्किल सख़्त मुँह बनाए सीधे सामने देखते रहे–जिसका मतलब यह था कि वह ज़्यादा सवारियाँ ले जाने के लिए कुछ नहीं कहेंगे।

मैं इस महापुरुष की नज़दीकी से सराबोर हो रहा था, उसका पसीना और चमड़े की बू भी परेशान कर रही थी। मैं उम्मीद कर रहा था कि मेरे फटीचर हाल पर इसकी नज़र नहीं जायेगी ओर यह मुझे भगोड़ा अपराधी समझकर बाहर नहीं कर देगा। उसकी छोटी-सी नीचे झुकी मूंछ मुझे अच्छी लग रही थी। उसकी आँखों पर काला चश्मा चढ़ा था, नाक काफ़ी नुकीली थी और गले की हड्डी निकली पड़ रही थी। ड्राइवर, जो अब तक बड़े उलटे-सीधे ढंग से गाड़ी चला रहा था–जिसे सहन करने का मुझे वासु की जीप पर काफ़ी अभ्यास हो गया था–अब बड़े सधे ढंग से उसे चलाने लगा था। अब उसकी रफ़्तार बीस मील फ़ी घंटे से ज़्यादा नहीं थी, सामने कोई काग़ज़ उड़कर आया तो उसने ब्रेक लगा दिए और सड़क के बीचों-बीच आ जाने पर भी उसने एक किसान को सख़्त डाँट नहीं पिलाई। लेकिन इस रफ़्तार से तो वह आधी रात से पहले मालगुडी नहीं पहुँच सकता था। ड्राइवर रफ़्तार तभी बढ़ाता जब सर्किल कहीं उतर जाते, इसलिए मैंने उनके गन्तव्य का नाम

जान लेना उचित समझा। मैंने फ़ौरन उनसे सवाल कर दिया, 'मेरा ख़्याल है, आप शहर जा रहे हैं?' यह पूछने में हर्ज ही क्या था? इसके ख़िलाफ कोई कानून तो था नहीं।

उन्होंने अपना मुखड़ा मेरी तरफ़ घुमाया और कहा, 'मैं तालपुर जा रहा हूँ।'

'आप वहीं रहते हैं?'

'नहीं, मैं वहाँ एक जाँच के सिलसिले में जा रहा हूँ।' मैं सोचने लगा कि जिस आदमी की ये जाँच करेंगे, उसकी क्या गत बनेगी? उन्होंने इस क्षेत्र में बढ़ते अपराधों पर रोशनी डालनी शुरू की : 'यहाँ जानवर उठाने के अपराध बहुत हो रहे हैं और जब माल बरामद हो जाये तो उसकी पहचान की समस्या खड़ी हो जाती है; वे जानवर का हुलिया बदल देते हैं और केस बर्ख़ास्त कर दिया जाता है, जिससे चार्जशीट तैयार करने के लिए की गई सारी मेहनत बेकार चली जाती है। कुछ हत्याएँ भी होती हैं और निषिद्ध इलाकों में शराब बनाने के मामले भी होते रहते हैं।' मुझे लगा कि गंभीर शक्ल-सूरत के बाबजूद दोस्त-मिज़ाज का आदमी है। अंत में उसने कहा, 'यह सर्किल काफ़ी मुश्किल है।... अपराधी मेम्पी के जंगलों में ग़ायब हो जाते हैं और उनकी तलाश में कई दिन तक डेरा डालना पड़ता है।'

तालपुर बस स्टैंड पर जो एक पेड़ के नीचे था और जहाँ मुत्थू जैसी चाय की एक दुकान भी थी, एक सिपाही सर्किल का स्वागत करने और उनकी साइकिल उतारने के लिए तैनात था। सर्किल साहब उस पर सवार होकर फ़ुर्ती से चलते बने। तालपुर मेम्पी से ज़्यादा बड़ा क़स्बा था और इसका महत्त्व भी उससे ज़्यादा था। सड़क के किनारे दुकानें भी वहाँ से ज़्यादा थीं। कंडक्टर ने सवारियों को हमेशा वाली चेतावनी दी और दौड़कर चाय की दुकान में घुस गया। ज़्यादातर सवारियाँ भी वहीं जा पहुँचीं और कुछ बाज़ार में घूमने लगे। मैं बस में चुप बैठा अपनी भूख को सह रहा था क्योंकि यहाँ मेरी कोई पहचान नहीं थी।

बस जब चली तो ज़ाहिर था कि अब सर्किल जैसी बाधा उसके लिए नहीं है। अब इसने बेतहाशा भागना शुरू किया। हर दस मिनट बाद यह किसी सवारी को लेने के लिए रुकती। कंडक्टर किसी से 'ना' नहीं कहता था। 'अगर हम इन्हें ले न चलें तो ये बेचारे रास्ते में ही पड़े रहेंगे। आखिरकार ये भी तो मनुष्य हैं।' वह दयालु व्यक्ति था। हालांकि इन सवारियों से पैसे लेकर वह टिकट नहीं काटता था। मैं सोचने लगा, 'इस तरह तो यह मॉरिस माइनर ही नहीं, रॉल्स रॉयस भी ख़रीद लेगा। बस मुख्य सड़क छोड़कर ऊबड़-खाबड़ रास्तों पर सवारियों की तलाश भी करती। यह जगह-जगह रुक जाती और ड्राइवर आवाज़ लगाता, 'आओ... चलो... मालगुडी की आख़िरी बस... ।' यही नहीं, वह गाँवों में घुसकर भी सवारियाँ इकट्ठी करता, और सवारियाँ बड़े धीरज से अपनी सीटों पर बैठी कंडक्टर और ड्राइवर का यह

करतब देखती रहतीं–वे जानती थीं कि इसका कोई उपाय नहीं है क्योंकि पैसों का इन्होंने जो कोटा तय किया हुआ है, उसे पूरा किए बिना ये मालगुडी में क़दम नहीं रखेंगे। इसलिए जो सफ़र मैंने जीप में तीन घंटे में तय कर लिया था, वह अब नौ घंटे में पूरा हुआ और बस रात के ग्यारह बजे मालगुडी मार्केट के समीप ख़ाली पड़े मैदान में पहुँचकर रुकी।

दूसरे दिन सवेरे आठ बजे मैं प्रेस में बैठा स्थगन–वकील के निमंत्रण का प्रूफ़ ठीक कर रहा था। मैंने प्रेस का दरवाज़ा खोला, उसके आधे घंटे बाद शास्त्री वहाँ पहुँचा। वह मुझे देखकर पत्थर की तरह खड़ा हो गया और बोला, 'हम रात को नौ बजे तक इन्तज़ार करते रहे।'

मैंने शान दिखाते हुए कहा, 'मैंने कहा है कि समय पर प्रेस बंद कर दिया करो। मुझे तो और भी काम होते हैं।'

'लेकिन वकील साहब तो उठने को तैयार ही नहीं थे। कहते रहे कि आपने पाँच मिनट में आने का वादा किया है, सिर्फ़ पाँच मिनट में, और फिर वह जूस वाला लेबिल भी था। के. जे. बहुत नाराज़ था, कहने लगा...'

'अब चुप करो, शास्त्री,' मैंने धीरज खोते हुए कहा। मुझे उसका ढंग बर्दाश्त नहीं हो रहा था, जैसे सब परेशानी उसी को हुई। घर पर बीवी भी मेरी लानत-मलामत कर चुकी थी क्योंकि उसे आधी रात को उठकर मुझे खिलाना-पिलाना पड़ा था। अगर अपने काम-काज से मैं अचानक कहीं ग़ायब हो जाऊँ तो क्या मुझे हरेक को इसकी सफ़ाई देनी पड़ेगी? अगर जूस वाला कहीं और अपने लेबिल छपाना चाहता है, तो मेरी बला से! मैं हरेक के सामने नाचता तो नहीं रह सकता। लेकिन सारे दक्षिण भारत में ऐसा कोई भी प्रेस नहीं है जो मेरे यहाँ जैसा मैजेन्टा रंग छाप सके...'

शास्त्री ने मेरा वाक्य पूरा होने का इन्तज़ार नहीं किया और भीतर चला गया; मेरा ख़्याल है, वह अकड़ दिखला रहा था। मैं फिर प्रूफ़ ठीक करने लगा, वह वैसा ही पड़ा था जैसा मैं कल उसे छोड़कर गया था। मि० '... रिक्वेस्ट दि प्लीज़र आफ़ योर ... कई जगह फ़ॉन्ट ग़लत थे और दूल्हे का नाम ही ग़लत छपा था। 'कंपनी' शब्द कंवहीं' हो गया था। मैं पहले प्रूफ़ों में हमेशा बेहद ग़लत शब्द देखकर चकित रह जाता हूँ। 'कंवही' पढ़कर मैं पागलों की तरह हँसने लगा। इससे मेरा सिर हल्का हो गया। इतना शांत कि मानो मुझे उस स्थिति में चाय वाले से बिना पैसे दिये चाय माँगने की और बिना बटन की कमीज़ पहनकर घूमने की आवश्यकता पड़ी ही न हो। मैं सोचने लगा कि मैं तो बहुत सौभाग्यशाली हूँ और मेरी स्थिति बड़ी ही सुदृढ़ है, और मैं शास्त्री या और किसी को भी 'दफ़ा हो' कह सकता हूँ। मेरे सामने

मार्केट रोड की ज़िदंगी पहले की तरह चल रही थी। फ़व्वारे के इर्द-गिर्द गाड़ियाँ और साइकिलें चली जा रही थीं, लोग फ़व्वारे के इर्द-गिर्द मजमा लगाये बैठे बातचीत कर रहे थे और पान खाकर थूक रहे थे। यही सब देखकर मुझे फिर से सुरक्षा महसूस होने लगी।

लेकिन यह भाव ज़्यादा देर टिक नहीं सका। कुछ मिनट बाद स्थगन-वकील हमेशा की तरह बिना हजामत किये कंधे पर मैला-सा खादी का शॉल डाले, घुटनों से ऊपर धोती चढ़ाये, एक बाँह पर छाता लटकाये, मुझे घूरकर देखता सामने आकर खड़ा हो गया।

'क्या सोचते हो तुम...,' उसने कहना शुरू किया। उस पर एक नज़र डालते ही मैं समझ गया कि वह क्या कहेगा, इसलिए मैं बोला, 'पहले भीतर आओ और कुर्सी पर बैठो...'

'क्यों बैठूँ?' वह बोला, 'मैं यहाँ वक़्त बर्बाद करने नहीं आया हूँ।'

मैं उसे कुर्सी पर बैठने की ज़िद करने लगा, लेकिन शायद वह इतना डर गया था कि मैं फिर कहीं उसे छोड़कर दिन-भर के लिए ग़ायब न हो जाऊँ।

वह बोला, 'अब मैं निमंत्रण पत्र कहीं और छपवा रहा हूँ, इसलिए तुम इसे भूल जाओ।'

'कोई बात नहीं। यह स्वतन्त्र देश है, आप जो चाहें, करने को स्वतन्त्र हैं। हमारे संविधान ने हमें कई मौलिक अधिकार दिये हैं। मैं आपको या किसी और को कोई काम करने के लिए विवश नहीं कर सकता।' मैं जानता था कि वह ग़लत कह रहा है, क्योंकि अगर कल रात वह नौ बजे तक प्रेस में बैठा मेरा इन्तज़ार करता रहा और आज सवेरे भी इतनी जल्दी यहाँ आ धमका, तो उसे किसी और प्रेस में जाने का वक़्त ही कहाँ मिला? जो हो, इस सबसे मेरा कोई लेना-देना नहीं था; यह स्वतन्त्र देश है, हरेक को कुछ मौलिक अधिकार प्राप्त हैं, कोई भी व्यक्ति अपनी बेटी के विवाह का निमंत्रण-पत्र जहाँ चाहे छपवा सकता है, लेकिन अगर उसमें बुद्धि होगी तो उसे यह भी देखना होगा कि मुझसे अच्छा यहाँ कौन छाप सकता है।

'शास्त्री,' मैंने चिल्लाकर कहा, 'वकील साहब के निमंत्रण की कॉपी लाओ... जल्दी करो।' शास्त्री ने 'हाँ' तो कर दी लेकिन उसके आने के कोई आसार दिखाई नहीं दिये। इससे वातावरण शांत होने लगा, वकील साहब ने कुर्सी की तरफ़ एक क़दम बढ़ाया।

'आप बैठ तो जाइये। शास्त्री अभी सब कुछ लेकर आ रहा है,' मैंने फिर उससे कहा। वह बैठ तो गया लेकिन ग़ुस्सा उसका कम नहीं हुआ था। मैंने पूछा, 'और सब तैयारियाँ तो ठीक-ठीक चल रही हैं?'

उसने सिर हिलाया। कहने लगा, 'बुज़ुर्गों ने यह ठीक ही कहा है...' उसने एक

कहावत दोहराई जिसका अर्थ यह था कि मकान बनाना और शादी का इन्तज़ाम करना ज़िंदगी के दो सबसे कठिन काम हैं। इसमें मैंने अपनी तरफ़ से भी एक भाव यह जोड़ा कि जो व्यक्ति अपनी बेटी का विवाह कर देता है तो उसे और कोई पुण्य करने की आवश्यकता नहीं है, क्योंकि वह अपनी सबसे क़ीमती वस्तु दूसरे को दे रहा है। यह सुनकर वकील की आँखों में आँसू आ गये। उसने अपनी नाक साफ़ की और कहा, 'सुशीला मेरी सबसे अच्छी संतान है। उसे सास की तरफ़ से कोई कष्ट नहीं होगा' यह कहकर उसने गहरी साँस ली तो मैं बोला, 'सास की बात ठीक है। लेकिन आज की लड़कियों का, आधुनिक और पढ़ी-लिखी लड़कियों का, नारा है, ''सासों का नाश हो।'' '

उसने उदास भाव से कहा, 'मैंने बेटी को सबसे अच्छी शिक्षा दी है। इससे ज़्यादा क्या कर सकता हूँ। उसके संगीत-मास्टर को पंद्रह रुपये महीने देता हूँ, इतने ही रुपये स्कूल की फ़ीस के जाते हैं, दस रुपये स्कूल बस के...'

मैंने मन में सोचा और आप यह पैसा मुक़दमों की तारीख़ें बढ़वाते रहकर कमाते हैं,' लेकिन ऊपर से यह कहा, 'हाँ, ज़िंदगी महँगी होती चली जा रही है।'

इस दोस्ताना बातचीत के बाद मैं एकदम ज़ोर से बोल उठा, 'अरे शास्त्री, इन साहब के निमंत्रण की कॉपी ले आओ ये किसी और प्रेस में छपाने ले जा रहे हैं।'

यह सुनकर वह चिहुँक डठा, 'अरे नहीं, बिल्कुल नहीं। मुझे शादी रोकना भी पड़े तो भी मैं कहीं और छपाने नहीं जाऊँगा।'

मैंने कहा, 'मैं यहाँ इसीलिए हूँ कि लोगों की सेवा कर सकूँ। मैं किसी को कभी न नहीं करता। जब भी मुझसे कोई सेवा चाहें, हुक्म दे सकते हैं।' उसने फ़ौरन ही मेरी बात समझ ली। बोला, 'एक हज़ार कार्ड-या इससे कम में काम चल जायेगा, आपका क्या ख़्याल है?'

शाम के वक़्त वासु की जीप प्रेस के सामने आकर रुकी। आठ बजे थे और सड़क पर यातायात कम हो गया था। वासु ने गाड़ी में बैठे-बैठे ही मुझ पर नज़र डाली। उसके बाल धूल-मिट्टी से भरे थे और भयंकर दिखाई दे रहे थे। उसने मुझे वहीं बुलाया। मैं इस वक़्त स्थगन-वकील के काम में बेहद व्यस्त था और अगर वह चाहता तो निमंत्रण पत्रों को बाँटने की ज़िम्मेदारी लेने के लिए भी तैयार हो जाता। उसे मुझ पर इतना विश्वास हो गया था कि सब काम मेरे ऊपर छोड़कर घर चला गया था।

मैंने चिल्लाकर वासु को जवाब दिया, 'तुम ही यहाँ क्यों नहीं आ जाते?' अब मैं अपने दफ़्तर में था इसलिए उसका डर ख़त्म हो गया था। लेकिन वह बोला, 'नहीं, तुम आओ देखो, मैं क्या लाया हूँ?' मैं उठकर बाहर आया, मैंने फ़ैसला कर

लिया था कि कुछ भी हो जाये, मैं गाड़ी में नहीं चढूँगा। मैं दूर से ही खड़ा होकर उसकी लाई चीज़ देखूँगा। उस के चेहरे पर धूल और पसीना था, लेकिन ख़ुशी की चमक भी थी जिससे उसके दाँत बाहर निकले पड़ रहे थे, और आँखें भी काफ़ी बड़ी हो गई थीं। मैं सावधानी से जीप की तरफ़ बढ़ा। मैं डर रहा था कि कहीं वह हाथ आगे बढ़ाकर मुझे जीप में न डाल ले और गाड़ी चला दे। उसने पीछे की सीट पर टॉर्च की रोशनी डाली जिससे शेर का बड़ा-सा सिर चमक उठा, 'इसे कैसे ले आये?' मैंने चौंककर पूछा-क्योंकि यह काम कर दिखाने वाले से और क्या सवाल किया जा सकता था? राह चलते दो-चार लोग भी वहाँ रुके। वासु उन पर चिल्लाया, 'भागो और अपना काम करो।' फिर उसने जीप स्टार्ट की कि उसे बगल के मैदान से अपने कमरे की सीढ़ी के पास ले गया। मैं अपनी सीट पर वापस लौट आया और काम में लग गया। मुझे लकड़ी की सीढ़ी से उसके ऊपर चढ़ने की आवाज़ सुनाई दी। जब उधर से हवा का झोंका आया, तब मुझे उसमें माँस की गंध आई—या हो सकता है कि यह मेरी कल्पना ही हो।

फिर पर्दा हटा और वह भीतर आकर कुर्सी पर बैठ गया। सिगरेट जलाई और पूछने लगा इसकी लंबाई-चौड़ाई क्या है, जानते हो? पूरे साढ़े दस फुट, और सिर भी पूरे अट्ठारह इंच। मुझे उसी ब्लॉक में यह मिल गया, अब जब कभी वे वहाँ के शेरों की गिनती करेंगे, एक कम पाकर ताज्जुब करेंगे।' फिर उसने बताया कि किस तरह उसने बहुत से लोगों से जानकारी इकट्ठी की और पैरों के निशानों के सहारे वहाँ पहुँच गया। उसे क़रीब छह मील जंगल में चलना पड़ा, फिर एक जलस्रोत के पास इसे पाया। तब रात के दो बज रहे थे। उसने अपने पैरों पर झाड़ियों में चलने से बने निशान दिखाये, जहाँ कहीं से भी शेर उस पर अचानक हमला कर सकता था। 'मैं हाथों से ही उसे गिरा देने के लिए तैयार था: और ज़रूरत पड़ती तो राइफ़ल भी उसके मुँह में घुसेड़ देता', ज़ाहिर था कि वह दूसरों को अपनी प्रशंसा का अवसर देने को तैयार नहीं था-वह ख़ुद अपना बखान बेहिचक किये जा रहा था।

'लेकिन परमिट तो तुम्हारे पास था नहीं, फिर यह कैसे किया?' मैंने प्रश्न किया।

'शेर ने इसके बिना ही मरना स्वीकार कर लिया,' यह कहकर वह ज़ोरों से हँसा, 'उस सुअर ने मेरे साथ धोखा किया। शायद इस कारण कि तुमने उसकी 'श्रेष्ठ विचार' नहीं छापी।' वह मुझे दोष देने का कोई अवसर नहीं छोड़ता था। मैंने कोई जवाब नहीं दिया लेकिन जानवर को देखने की मेरी इच्छा जाग उठी।

वह मुझे कमरे में ले गया। जब से उसने यहाँ डेरा जमाया था, मैं पहली बार उसमें जा रहा था। उसने अपनी खाट पर मच्छरदानी लगा रखी थी, कोने में एक मेज़ पड़ी थी, जिस पर चिट्ठियाँ और कपड़े लदे थे, एक बक्स खुला पड़ा था जिसके

कपड़े बाहर फैले हुए थे। कमरे में आर-पार एक रस्सी बँधी थी जिस पर और भी कपड़े लटक रहे थे। छोटे-से छज्जे पर कुछ खालें सूख रही थीं, कोने में एक टब रखा था जिसमें शेर की खाल भीग रही थी। छोटे जानवरों की कई खालें इधर-उधर बिखरी पड़ी थीं, कमरे के कोनों में जंगली गिलहरियों और पक्षियों के शरीर रखे थे। तरह-तरह की लकड़ी की चीज़ें, साँचे और औज़ार इधर-उधर पड़े था। जब से मैंने उसे यह अटारी दी थी, मैंने उसके कामों में ज़रा भी दख़ल नहीं दिया था जिससे उसे यह न लगे कि मैं दख़लंदाज़ी कर रहा हूँ, और इस पूरे समय वह लाशें ही इकट्ठी करता रहा था। कमरे में चारों तरफ़ सूखते हुए माँस की बू भर गई थी, जिससे ज़ाहिर था कि वह अपनी बंदूक़ का पूरा उपयोग करता रहा है—जो इस समय उसके बिस्तर पर पड़ी थी। वह कहता भी था, 'मैं व्यापारी आदमी हूँ और अपना समय बर्बाद नहीं कर सकता, जिस दिन भी मैं कुछ कर नहीं पाता, उसे बेकार गया दिन मानता हूँ।'

हवा में फैली दुर्गंध से मेरा जी मिचलाने लगा था। मैं सोच भी नहीं सकता था कि कोई आदमी ऐसे वातावरण में रह सकता है। शास्त्री ने पिछले हफ़्तों में कई दफ़ा कहा भी था कि कहीं से ज़बर्दस्त दुर्गंध आती है। हमने प्रेस के ही कोनों-आँतरों में उसके स्रोत की खोज की थी, कि कहीं हमारी लेई सड़ न रही हो। एक दफ़ा मैंने अपने जिल्दसाज़ को डाँटा भी था कि कहीं वह अपनी लेई में कोई खाने का सामान तो इस्तेमाल नहीं करता। उसने माफ़ी माँगी थी—हालांकि वह दोषी नहीं था। उसने अपनी चीज़ों को बदला भी लेकिन बदबू ख़त्म नहीं हुई। कभी-कभी यह इतनी तेज़ हो जाती थी कि शास्त्री को मशीन पर काम करना भी मुश्किल हो गया थ। वह न टाइप कंपोज़ कर पाता था, न छपाई कर पाता था। फिर हमने सोचा कि कहीं कोई चूहा मर गया होगा और फिर सारे प्रेस की जाँच की, लेकिन कुछ नहीं निकला, इसलिए हमने स्वास्थ्य विभाग को ही दोषी मान लिया। 'अगली दफ़ा जब कोई वोट माँगने आयेगा तो मैं उसे मशीन पर खड़ा करके प्राणायाम करने को कहूँगा।' ग़ुस्से में भरकर मैंने घोषणा की।

कई दफ़ा मेरे पड़ोसी, असली हाईडेलबर्ग के मालिक ने आकर पूछा कि आपको तो यह बदबू नहीं आ रही । मैंने कहा कि ज़रूर आ रही है और हमेशा आती है, और उसका क्या विचार है कि क्या इसके लिए म्युनिसपेलिटी का शासन ज़िम्मेदार है? तब मैंने यह कभी नहीं सोचा था कि मेरे अपने प्रेस के ऊपर की अटारी ही इस सबका कारण है।

मैं एक लोहे की कुर्सी पर जमकर बैठ गया और इस समस्या की अतिशय गंभीरता पर विचार करने लगा। अगर यह आदमी यहाँ रहता रहेगा—और मुझे पता ही नहीं था कि यह यहाँ कब तक रहने का गौरव मुझे प्रदान करना रहेगा—तो मेरा और मेरे पड़ोस का भविष्य क्या होगा?

वासु एक काफ़ी बड़े टब में एक डंडे से उसमें भरे घोल को हिला रहा था, जिसके कारण दुर्गंध बढ़ती जा रही थी। मैंने अपने नथुने दबा लिये तो उसने मुझे हुक्म-सा दिया, 'नाक खोलकर रखो। अरे, आदमी बनो, आदमी!' मैं हिचकिचाया तो उसने ख़ुद आकर मेरे हाथ अलग कर दिए और बोला, 'तुम सोच क्या रहे हो? कि टब में क्या है? शेर का ख़ून? हॉ! हॉ! यह फ़िटकरी का घोल है–और कुछ नहीं! अब वह मुझे लाश को साफ़ करने के बारे में बताने लगा। 'सच बात यह है कि किचेन में सब्ज़ियों की सफ़ाई करने की तुलना में लाशों की सफ़ाई करने का हमारा यह काम कहीं ज़्यादा स्वच्छ और वैज्ञानिक है।' मैं उसकी इस तुलना को सुनकर काँप उठा।' होता यह है कि जानवर का ख़ून निकालने का काम बड़े ध्यान से किया जाता है। और यहाँ सिर्फ़ खाल ही लाई जाती है। यह सब काम मैं ख़ुद करता हूँ, किसी और पर नहीं छोड़ता, जिससे कोई कमी न रहे। पंजे और सिर सबसे ज़रूरी होते हैं।' यह कहकर उसने मृत जानवर का एक पंजा उठाकर दिखाया, 'अगर कोई नस ज़रा भी ग़लत कट जाये तो दोनों हिस्से मिलाना असंभव हो जायेगा। सुलेमान ने मुझे यही सिखाया था। वह ज़बर्दस्त कलाकार था, बिल्कुल किसी मूर्तिकार या सर्जन की तरह काम करता था, इतना साफ़-सुथरा और बारीक था उसका काम। यह बाघ मैंने कल रात को मारा था। तुम क्या सोच रहे थे मेरे बारे में?'

मैंने सोचा, 'मैं जानता हूँ जंगल के गार्डों से छिपा रहे थे, अपने को और अपने इस शिकार को।'

वह बोला, 'मैं इसका ख़ून निकालकर खाल धो-पोंछ कर साफ़ कर रहा था कि कमज़ोर दिमाग़ वालों को शिकायत न हो। इसे बिल्कुल पक्का करने के लिए ख़ून निकालने के एकदम बाद हम खाल को बहुत से नमक में रखते हैं, या कह लो अचार की तरह सिझाते हैं। इसलिए तुम्हें यह समझ लेना चाहिए कि यह सब काम बड़ी वैज्ञानिक रीति से किया जाता है।' फिर अपना हाथ हवा में घुमाते हुए बोला, 'मैं ये सारे काम ख़ुद करता हूँ, इसलिए नहीं कि मैं किसी की आलोचना से डरता हूँ, बल्कि...'

'यहाँ थोड़ा-सा माँस चिपका रह गया है,' मैंने बाघ की खाल पर एक जगह इशारा करते हुए कहा।

'रह गया है तो क्या हुआ? तुहारी खाल के भीतर माँस नहीं हैं? क्या वहाँ गुदगुदा रेशम लगा है?' उसका मज़ाक़ इसी ढंग का होता था, और मैं उसका मुकाबला नहीं कर सकता था। मैंने सिर घुमा कर चारों तरफ़ देखा। एक कोने में रखी बेंच पर एक मरा हुआ कौआ, सुनहरा बाज़ और एक बिल्ली रखे थे। मैंने बिल्ली को पहचान लिया–यही बिल्ली-प्रेस में चूहे पकड़ने के लिए दौड़ती रहती थी। 'तुमने यह बिल्ली क्यों मार डाली? यह तो मेरी बिल्ली थी?' मैं काँपते हुए

कहने लगा। मुझे याद आया कि कैसे यह बिल्ली ट्रेडिल के नीचे मेरे पैरों को छूकर 'म्याऊँ' करती थी।

'मुझे यह पता नहीं था,' उसने कहा। 'मैं इसे अध्ययन के लिए ही मारना चाहता था, क्योंकि कि यह भी चीते के परिवार की ही है। मैं इस जानवर का पूरा शरीर भरकर बना रहा हूँ। इस परिवार के पशुओं के शरीर-शास्त्र में कुछ ऐसी समस्याएं हैं, जिनका अभी अध्ययन किया जाना है। उसके छोटे रूप से मैं यह काम करता चाहता हूँ। मेरी इस लाइन में बिना मेहनत किए कुछ पाना संभव नहीं हैं।'

'और इस कौए ने तुम्हारा क्या बिगाड़ा था?' मैंने पूछा।

'यह कौआ दूसरे कौओं को चेतावनी देने के लिए है कि जब वासु की चीज़ें बाहर सूख रही हों तब उनपर चोचें न मारें।'

'और यह सुनहरी बाज़?'

'चार दिन पहले यह इसी छत पर उड़ रहा था, यह सिर्फ पाँच दिन का बच्चा है और देखो, इसमें तुम्हें कोई गंध आती है?' यह कहकर उसने बड़े संतुष्ट भाव से मेरी तरफ़ देखा, जैसे बड़ी जीत हासिल की हो—कि मुझे उसके घमंड में छेद करने की इच्छा होने लगी।

'हाँ, गंध तो आ रही है।'

'मज़ाक़ मत करो, तुम समझते हो कि तुम्हारे नथुने दूसरों से ज़्यादा अच्छे हैं। हम सबसे अपने को ज़्यादा श्रेष्ठ मत समझो। यह लोकतंत्र का ज़माना है, जानते हो?' मैं उसकी लोकतंत्र की समझ से परेशान हुआ जिसमें दुर्गंध को स्वीकार करना पड़े।

'इस बेचारे बाज़ ने तुम्हारा क्या बिगाड़ा था?' मैंने पूछा। मैं इस पक्षी की एकटक चमकती दृष्टि को देखकर परेशान हो रहा था। 'देखो, कैसी घूरती नज़र है?' मैंने चीख़कर कहा।

'अहा!' यह कहकर वह उठा और पक्षी को लेकर मेरे पास आया। तुम्हारा ख़्याल है कि यह तुम्हें देख रही है? उसकी मुड़ी हुई पुतलियाँ, सफ़ेदी से घिरी, जैसे हमें कोंच रही थीं। वह हँसकर लोट-पोट हो रहा था और आवाज़ बदल गई थी। 'तो तुम घबरा गये। बेवक़ूफ़ हो तुम! उसकी ये आँखें ईश्वर की दी आँखें नहीं हैं, इन्हें मैंने लगाया है। इसीलिए मैं इस काम को कला का दर्जा देता हूँ।' यह कहकर उसने एक लकड़ी का बक्सा खोला और उसमें से एक छोटा-सा डिब्बा निकाला। 'इधर देखो—और उसमें रखी कई आँखें मुझे दिखाईं—बड़ी आँखें, छोटी-छोटी आँखें, काले रंग से घिरी लाल आँखें। तरह-तरह की आँखें भरी थीं इस डिब्बे में—बाघ की ख़तरनाक, डरावनी, बड़ी-बड़ी आँखें, उल्लू की चालाकी से भरी गोल खुली आँखें, हिरन की मुलायम नज़र वाली दर्द-भरी आँखें, क्या-क्या नहीं था इस

डिब्बे में। 'ये सब जर्मनी से आई हैं। लड़ाई से पहले आती थीं, अब तो कितना भी पैसा दो नहीं मिलेगी। ये शीशे की बनी हैं। कभी-कभी ज़्यादा असर पैदा करने के लिए मैं इनमें एकाध ब्रश और मार देता हूँ। जानवर को मारने के बाद सबसे पहले उसकी आँखें ही निकाली जाती हैं, क्योंकि ये ही सबसे पहले सड़ती हैं। फिर डॉक्टर की तरह इनमें नई आँखें लगाई जाती हैं। अब शायद तुम समझ सकोगे कि इनको नया बनाने में कितनी मेहनत लगती है। हमें हर क्षण प्रकृति के नियमों से जूझना पड़ता है। जानवर की हर चीज़, उसकी नज़र, बैठने का ढंग, पूरा व्यक्तित्व, सब कुछ नए सिरे से तैयार करना पड़ता है।' यह आदमी अपने को प्रकृति का प्रतिद्वंद्वी मानकर उसे मात देने के लिए निरंतर काम करता रहता था।

'इसमें कोई शक नहीं कि तुमने इस पक्षी को एक बिल्कुल नई शक्ल दे दी है, लेकिन यह तो मर चुका है। तुम जानते हो कि यह गरुड़ पक्षी है?'

'तो क्या हुआ?'

'तुम्हें पता नहीं, इसे पवित्र मानते हैं? यह विष्णु भगवान का वाहन है।'

'मैं चाहूँगा कि विष्णु कभी-कभी अपने पैरों का भी इस्तेमाल किया करें।'

'तुम भले ही न मानो लेकिन तुमने नहीं देखा कि राह चलते लोग जब इसे आसमान में उड़ते देखते हैं, तब रुककर इसे नमस्कार करते हैं।' मैं जान बूझकर उसे परेशान करना चाहता था।

वह चुप हो गया, फिर कुछ सोचते हुए बोला, 'मेरा ख़्याल है कि इसका व्यापार किया जा सकता है। मैं ऐसे भरे हुए पक्षी पचास रुपये में बेच सकता हूँ। हर परिवार इसे अपने पूजा घर में रखना चाहेगा, और मैं गारंटी दूँगा कि यह उड़ नहीं जायेगा। इस तरह उनकी आँखें आकाश की चौंध से भी बच जायेगी। मैं इस तरह अपने धार्मिक लोगों की सेवा करूँगा?

मैं उसका यह विचार सुनकर परेशान हुआ, और मैं जान गया कि उसका दिमाग़ किस तरह काम करता है। उसे कोई भावना नहीं छूती थी। कोई भी पशु या पक्षी जिस पर उसकी नज़र पड़ जाए, उससे सुरक्षित नहीं था। मैंने उसे अपने यहाँ रहने देकर भूल की थी। मुझे उसे समय रहते हटा देना चाहिए। उसके कारण मेरा स्थान अपवित्र हो गया था। मेरे दिमाग़ में विचार दौड़ने लगे कि उसे किस तरह वहाँ से हटाया जाये—लेकिन उसे यह दिखाई नहीं पड़ रहा था। वह आराम से कुर्सी पर जमकर बैठ गया, पैर फैला लिये और लंबी बातचीत के लिए तैयार हो गया। 'यह तो बहुत मामूली काम है। मैं इसे महत्त्व नहीं देता। मेरा काम तो तुम तब देखोगे जब इस बाघ को भरकर तैयार कर दूँगा, अभी तो तुम्हें इसका सिर और खाल ही दिखाई पड़ रहे है, जो फिटकरी में भीग रहे हैं, जब यह पूरी तरह बनकर खड़ा हो जायेगा, तब इसमें देखना मेरा कमाल।'

5

वह अपनी दुनिया का आदमी था। कहता था कि मैं समय बर्बाद नहीं करता। मुझे पता था कि वह न अपना समय बर्बाद करता है और न गोलियाँ। जब भी उसकी जीप की आवाज़ सुनाई देती, अगर मैं बाहर झाँकने की तवालत उठाता तो पाता कि छोटी या बड़ी कोई न कोई ख़ूनी चीज़ उसके साथ आई है। लेकिन अब मैं, जहाँ तक संभव होता, अपनी आँखें बंद रखता था। परंतु अब बहुत हो चुका था। मैंने सपने में भी यह नहीं सोचा था कि मेरा प्रेस किसी दिन लाशों का घर बन जायेगा, लेकिन अब यही हो रहा था और मैं असहाय होकर सब देख रहा रहा था। कई दफ़ा मुझे ज़बर्दस्त गुस्सा आता। मैं इसे यहाँ से निकल जाने के लिए क्यों नहीं कह सकता? यह बिल्डिंग मेरी अपनी थी जिसे मैंने सालों ख़ून-पसीने की कमाई ख़र्च करके बनाया था, जो मुझे अपने अच्छे मुस्लिम दोस्त के कारण प्राप्त हुई थी जो पाकिस्तान जाने से पहले इसे बेचना चाहता था और पहला ऑफ़र उसने मुझे ही दिया था। मैं इस का पीछे का दरवाज़ा खोलता तो कबीर स्ट्रीट में पहुँच जाता था जिसे पार करते ही मेरा घर आ जाता था। लेकिन इस सबके बावजूद अब वह निर्दोष प्राणियों की क़ब्रगाह बन गया था।

मैं ऐसे परिवार में पला और बड़ा हुआ था जिसमें सिखाया जाता था कि कभी किसी को मारना नहीं चाहिए। जब कभी हम बच्चे मक्खियों को मारते तो ध्यान रखते कि कोई बड़ा तो हमारे आसपास नहीं है। मुझे अच्छी तरह याद है कि मेरे एक बड़े चाचा, जो बाहर की एक कोठरी में रहते थे, हर रोज़ मुझे एक पैसा देते थे जिससे चीनी ख़रीद कर मैं चीटियों को खिलाऊँ, और इस बात की निगरानी भी करते थे कि मैं घर के कोने-कोने में घुसकर चीटियों को ढूँढ-ढूंढकर उन्हें चीनी खिला रहा हूँ या नहीं। वे सबके सामने खुलेआम यह कहते थे, और सब उनसे सहमत भी थे, कि हमें कौओं और दूसरे पक्षियों को भगाना नहीं चाहिए और खेतों में वो जो खाते हैं, खाने देना चाहिए, क्योंकि उनमें उगने वाले अन्न पर उनका भी उतना ही अधिकार है जितना हमारा है। घर के गोदाम में चूहे, गिलहरियाँ और चिड़ियाँ जब अनाज पर हाथ साफ़ करतीं तब वे खुश होकर यह दृश्य देखते रहते थे। आजकल की तरह हमारे अनाज के गोदाम सीमेंट के बने नहीं होते थे, बल्कि

बाँस और लकड़ी के होते थे जिनको बड़े-बड़े गोलाकार बर्तन से बनाकर मिट्टी से जोड़ दिया जाता था, और जब भी बैलगाड़ियों पर लदकर अनाज खेतों से आता उसे इनके बड़े-बड़े मुँहों में भर दिया जाता था। यह उससे पहले की बात है जब मेरे चाचा आपस में लड़-भिड़कर एक-दूसरे से अलग हो गये।

मैं यह सोचकर बहुत दुखी था कि मेरे घर में यह हत्यारा रह रहा है, लेकिन जिससे कहने की मुझमें हिम्मत नहीं है कि बहुत हुआ, अब तुम अपना यह अजायबघर लेकर यहाँ से दफ़ा हो जाओ, वह कुछ भी कर सकता था, मुझ पर हँस सकता था, लड़ सकता था, मेरा सामान तोड़-फोड़ दे सकता था। उसके सामने मैं बौना बन जाता और मेरी ज़बान पर ताले लग जाते। इसके अलावा, अब उससे मिलना भी मुश्किल हो गया था, वह सवेरे तड़के ही निकल जाता और रात को देर से लौटता था, कई दफ़ा वह तीन-चार दिन तक ग़ायब रहता था। रात को वह देर से इसलिए आता था कि कोई उसके लाये माल को देख न पाये। जब कभी वह घर पर होता तो ऊपर ही अपने घोल और साँचों के साथ काम किया करता, जिनको काटने पीटने और दूसरी तरह की आवाज़ें नीचे सुनाई देती रहतीं, और कभी-कभी वह ऊपर से लकड़ी के बंद बक्से उठाकर भी लाता जिन्हें मालगाड़ी पर चढ़ाने वह स्टेशन ले जाता था। मैं प्रेस में अपनी कुर्सी पर बैठा यह सब देखता रहता और स्वयं से कहता—इस साधारण से मालगुडी कस्बे से लाशों से भरे डिब्बे दुनिया के सब कोनों को भेजे जाते हैं।'

ये सब तरह के काम वह अकेले ही करता। मैं इसकी प्रशंसा करता था, कि अचानक मैंने सोचा कि मैं भी तो प्रेस के सारे काम अकेले ही करता हूँ, फ़र्क सिर्फ़ शास्त्री है जो मेरी मदद करता है; और इस तरह देखें तो वासु के साथी वे बहुत से बदमाश हैं जो मेम्पी के जंगल में उसका हाथ बँटाते हैं। मैं नहीं जानता कि मैंने उससे अपनी तुलना क्यों की, लेकिन की ज़रूर। अब मेरे दिमाग़ का नक़्शा बदलने लगा था। मैं सब काम ख़ुद करता था, इसलिए ऐसा कोई नहीं था, जिसपर मैं विश्वास कर सकूँ। मेरे मित्र दो ही थे, कवि और पत्रकार, जो परामर्शदाता के रूप में मेरे लिए बेकार थे। फिर भी, मैंने उनसे बात करने का निश्चय किया।

पत्रकार यह कहानी सुनकर भौंचक्का रह गया, क्योंकि उसके लिए यह पहला मामला था जिसकी ज़िम्मेदारी वह सीधे सरकार पर नहीं डाल सकता था। इसलिए वह मुझ पर ही बरस पड़ा, 'तुम इसे बर्दाश्त ही क्यों करते हो? राष्ट्र के रूप में आज हम जो हैं उसका कारण यही है कि हमारा अपने जीवन पर नियंत्रण नहीं है। हम नहीं जानते कि हम किधर जा रहे हैं और क्यों जा रहे हैं। हमारी नीति धारा में बहते रहना है, जो एक अभिशाप है।' मैंने उसकी बात पर ध्यान नहीं दिया क्योंकि ये बहुत अस्पष्ट और गोल-मोल थीं और वर्तमान समस्या से सीधे संबंधित भी नहीं

थीं। वासु के विचार ने उसे असंबद्ध और परस्पर विरोधी वक्तव्यों की दिशा में मोड़ दिया था। मैंने उसे अकेला छोड़ दिया। आख़िरकार हर आदमी को अपना बोझा ख़ुद ही ढोना पड़ता है।

फिर भी, दो दिन बाद मेरे दिमाग़ की परेशानी इतना ज़्यादा बढ़ गई कि इस बार मैंने कवि को जा घेरा जो उस समय अपने महाकाव्य का सातवाँ अध्याय आंरभ करने जा रहा था। मैंने उससे पूछा कि मेरी स्थिति में वह होता तो क्या करता? मुझे डर था कि कहीं वह यह सुझाव न दे कि उसके सामने कविता पढ़ना शुरू कर दो तो वह भाग निकलेगा। वह चुप होकर मेरी समस्या को समझने की कोशिश करने लगा—और सच बात तो यह है कि मैं ख़ुद अपनी समस्या पर जितना विचार करता, उतनी ही कठिन वह होती जाती और मैं उसे ठीक से समझ नहीं पाता था। अंत में मैं यह सोचने लगता कि मैं एक मामूली-सी बात को इतना ज़्यादा तूल दे रहा हूँ।

कवि जब समझ पाया, उसने सवाल पूछा, 'आपने किराया क्यों नहीं बढ़ा दिया?'

मैंने अपना माथा पीट लिया। 'अरे कविवर, क्या तुमको भी यह बताना पड़ेगा कि यह मैंने किराये पर नहीं दिया है? मैंने उसे मित्र की तरह यहाँ रहने दिया है, किरायेदार की तरह नहीं। तुम मुझे शहर में बदनाम करना चाहते हो कि मैं अटारी तक को किराये पर उठाता हूँ?'

यह सुनकर तो कवि एकदम भड़क उठा, 'तब तो आप एकदम उसे निकाल सकते हैं। हाँ, और क्या?'

मुझे लगा कि किसी को समझाना संभव नहीं हैं। मेरी पत्नी ने भी समस्या सुनकर यही उत्तर दिया था। मैं अपनी समस्याओं पर कभी उससे बात नहीं करता था लेकिन मैं इतना त्रस्त हो चुका था कि उससे बात करने लगा। वासु के बारे में मैं इतना सोचने लगा था कि मेरा व्यवहार असामान्य हो उठा था। लकड़ी की सीढ़ियों पर उसके चढ़ने की आवाज़ सुनते ही मेरा दिल धकधक करने लगता था। मैं जानता था कि यह मेरा दबा हुआ भीतरी ग़ुस्सा है जो इस तरह प्रकट होने लगता है। मुझे खाना खिलाते-खिलाते उसने बड़ी साधारण आवाज़ में कह दिया, 'उसे जाने को कह दो बस। बाबू भी उससे डरने लगा है और तुम्हें बुलाने जाने को तैयार नहीं होता।'

इस सबका मुझ पर असर पड़ा। मैं ऐसे अवसर की तलाश करने लगा जब उससे बात कर सकूँ। यह ऐसा इन्तज़ार था, जैसा मैं बचपन में अपने पिता के लिए किया करता था। मुझे कई दफ़ा एक के बाद एक कई दिन गुज़ारने पड़ते कि उनका मूड अच्छा हो तो उन के सामने अपनी माँग रखूँ, जैसे बॉल या बल्ला ख़रीदने के लिए पैसे या स्काउटिंग में भाग लेने की आज्ञा। ज़्यादातर वे किसी न किसी काम में व्यस्त रहते और उनका मूड देखते-देखते मेरा खाना-पीना भी हराम हो जाता। तब मैं अपने बड़े चाचा की सहायता लेता जो सही वक़्त देखकर मेरी बात उनके

सामने रखते जैसे कि खाने के बाद जब वे आराम से पान चबाते होते। फिर जब मेरे पिता इस ज़रूरत के बारे में सवाल करते तो मेरी ज़बान पर ताला पड़ जाता और अपनी ज़रूरत बता नहीं पाता था। अब भी मेरी वही हालत हो गई थी, साथ ही यह कमी भी हो गई थी कि बड़े चाचा जैसा मेरा कोई सहायक भी नहीं था। मुझे वह दिन याद आया जब उनका देहांत हुआ और टिकटी पर बँधी उन की लाश घर के आँगन में रखी थी, तब मेरे मन में पहला विचार यही उत्पन्न हुआ कि हे भगवान, अब मेरा पक्ष कौन लेगा?

अंत में मैंने वासु के दरवाज़े पर एक नोट लिखकर लटका दिया, जब आपके पास समय हो तो मैं कुछ बात करना चाहूँगा। और इसके परिणाम की प्रतीक्षा करने लगा। तीन दिन बाद जब मैं ट्रेडिल के पास था, वह मेरे कमरे में आया। मैं एकाक्षरी काव्य के फर्मे छाप रहा था। अब मैंने अटारी से प्रेस में दाख़िल होने के रास्ते में रोक लगा दी थी, इसलिए उसे अगर मेरे पास आना होता तो वह सामने के दरवाज़े से ही आ सकता था। उसने मुझ से पहली बात यही कही, 'तुम्हें मुझे चक्कर लगाकर यहाँ आने देने में मज़ा आता है, है ना।' मेरा दिल उसे देखते ही बैठ गया। उसकी भौहों पर ज़बर्दस्त बल पड़े हुए थे। मैंने सोचा कि 'शायद इसकी कोई खेप बेकार गई या वापस लौट आई! अपने पिता से कुछ माँगने के सामने यहा ज़्यादा ख़तरनाक स्थिति थी। उसने मेरा नोट हवा में लहराया और पूछा, 'यह मेरे लिए है?' लगता है, उसमें एक छठी इंद्रिय भी थी। शायद इसीलिए वह ज़्यादा खतरनाक लग रहा था। हो सकता है किसी ने उसे बता दिया हो। मैंने प्रूफ़ से सिर उठाया और कहा, 'कोई ख़ास बात नहीं है। अगर इस वक़्त व्यस्त हो तो फिर कभी बात कर लेंगे।'

'अगर तुम व्यस्त हो तो और बात है लेकिन मेरी व्यस्तता की बात मत करो। मैं तो हमेशा व्यस्त रहता हूँ।'

मैंने मन में सोचा, 'क्यों नहीं होगे... जब तक जंगल में जानवर रहेंगे, व्यस्त ही रहोगे'

वह कहता रहा, 'मैं गपशप के लिए वक़्त नहीं निकाल सकता, मेरा मतलब समझ रहे हो? यदि मैं तुम्हारे और तुम्हारे दोस्तों की तरह भाग्यशाली होता जैसे कवि जी कविता लिखते रहते हैं और पत्रकार बहस में लगे रहते हैं, तो मैं...'

अब बात साफ़ हो गई। वह चुनौती के मूड में था। मैंने अपनी भावनाओं को दबाया और शान्ति से कहा, 'तुम बैठो, तो मैं अभी आता हूँ।' दो मिनट बाद जब मैं लौटा तब वह कुर्सी पर बैठा था, हाथ का काग़ज़ उसने मेज़ पर रख दिया था। उसने कहा, 'तुमने लोगों को यहाँ बैठने-बिठाने का तमाशा बना लिया है!' यह एक तरह से मुझ पर हमला था।

'मुझे सामाजिक व्यवहार के नियमों का पालन करना पसंद है,' मैंने कहा।

'तो तुम्हारा मतलब यह है कि दूसरे ऐसा नहीं करते।' यह कहते हुए उसके चेहरे पर टेढ़ी-मेढ़ी लाइनें बनने लगीं और मैं समझ गया कि वह अपने शैतानी व्यवहार पर उतर रहा है। यह देखकर मुझे सुकून का अनुभव हुआ। मैं उसके मर रहे जानवरों के बारे में सवाल करना चाहता था, लेकिन मैं रुक गया, क्योंकि मुझे इस विषय से अरुचि थी, इसलिए मैंने पूछा, 'वासु, मुझे ग़लत मत समझना। क्या तुम्हें मकान मिल गया है?'

'क्यों?' अचानक वह जम-सा गया।

'कोई ख़ास बात नहीं। मैंने सोचा, पूछ लूँ।'

'यह ऐसा सवाल नहीं है जो किसी अच्छे मेज़बान को अपने मेहमान से पूछना चाहिए। यह तो मेरा अपमान है।'

मेरा दिल तेज़ी से धड़कने लगा था और ज़बान कुछ बोलने को बाहर लपक रही थी, लेकिन मैंने धीरज से कहा, 'मैंने इसलिए पूछा क्यों कि मुझे जगह की ज़रूरत थी...'

'किसलिए?' उसने मुर्गे की तरह गर्दन आगे करके कड़क आवाज़ में पूछा।

'कोई बाहर से आ रहा है और चाहता है कि...'

'तुम्हारे घर में कितने कमरे ख़ाली पड़े हैं?'

'यह गिनती मुझे तुम्हें बतानी होगी?'

'हाँ, मैं जानना चाहूँगा,' उसने उद्दंडता से कहा, 'नहीं तो दुनिया-भर के तुम्हारे रिश्तेदार तुम्हारे साथ रहने लगें, मुझे कोई मतलब नहीं है।'

मैंने जवाब देना ठीक नहीं समझा। कठोर शब्दों से और भी ज़्यादा कठोर शब्द मुँह से निकलते हैं। महात्मा गाँधी ने हमें विचार और वाणी दोनों में पूरी तरह अहिंसक रहने का निर्देश दिया है, जिसका मुख्य कारण यह भी हो सकता है कि कठोर वाणी को समय रहते रोक देने से उसका और आगे विस्तार नहीं होता। इसलिए मैंने अपने उत्तर पर लगाम लगाई और व्यापारी लहज़े में कहा, 'मेरा मेहमान आज़ादी से रहना चाहता है।'

'तो वह इस घड़घड़ाते प्रेस में क्यों रहना चाहता है?'

इसका मेरे पास कोई जवाब नहीं था, और वह कुछ सोचने के बाद कहने लगा, 'सालों तक तुम इसमें कूड़े-कबाड़े के ढेर ही इकट्ठा करते रहे और अब जब मैंने उसे साफ़-सूफ़ कर के रहने लायक बना लिया है, तब तुम्हें विचार आने लगे हैं। तुम्हें पता है, इसे रहने लायक़ बनाने में मेरा कितना ख़र्चा हुआ है। यहाँ तुम्हें मच्छर-मक्खी और कीड़े-मकौड़े खा जाते, छत तुम्हारे सिर से टकराती, उसमें जाले और धुआँ भरा रहता, और वह गर्मी में भट्ठी की तरह जलता। मेरे जैसे मूर्ख के अलावा उसमें कोई और रहने के लिए तैयार नहीं होता।'

मैंने कोई जवाब नहीं दिया। मैं जो जवाब दे सकता था, वे सब साफ़ हैं, जैसे, 'सहारा देने का तुम यह बदला चुका रहे हो?' या 'तुम्हें याद होगा कि तुम ख़ुद यहाँ रहने आये थे!' और सबसे महत्त्वपूर्ण यह कि 'जो हो, तुम मेरी उदारता के कारण ही यहाँ रह रहे हो, ऐसा बुरा है तो छोड़ दो,' या तुम्हें यहाँ रहने का कोई दबाव नहीं डाल रहा। वग़ैरह, वग़ैरह। लेकिन ये सब जवाब मैं गले के भीतर ही निगल गया। यही नहीं, मीठे स्वर में बोला, 'मुझे नहीं पता था, तुम इतने परेशान हो जाओगे।'

'कौन कहता है कि मैं परेशान हूँ। तुम्हें ख़्याल आ रहे है। मुझे परेशान करने के लिए और भी ज़्यादा चाहिए। ख़ैर, और कोई बात?' यह कहकर वह उठने लगा।

जब तक उसकी जीप वहाँ से चली नहीं गई, मुझे यह समझ नहीं आया कि उसने मेरे सवाल का कोई जवाब नहीं दिया है। उसने इसे हल्के ढंग से लिया था, तल्ख़ी भी दिखाई थी, लेकिन नतीजा कोई नहीं निकला था। वह जा चुका था, और मेरी समस्या जहाँ की तहाँ थी। उसे ग़ुस्सा दिलाने के कारण वह बिगड़ ज़रूर गई थी। अब हिरनों के सींग और सिर, शेर-चीतों की खालें और मृत पक्षियों के पंख हमेशा के लिए मेरे सिर के ऊपर सवार रहने वाले थे। मेरा घर नूह की नाव बनता जा रहा था, जिसके बारे में मैंने एलबर्ट मिशन स्कूल में पढ़ा था। कहीं से मेरे लिए कोई सहायता नहीं आनेवाली थी। मेरी समस्या किसी की भी समझ में नहीं आ रही थी। सभी मुझे एक ही जवाब देते थे, 'तुमने ही तो उसे यहाँ रहने दिया था!' मैं बिल्कुल असहाय महसूस करने लगा था। अकेला शास्त्री ही कुछ हद तक मेरी परेशानी समझता था और कभी-कभी यह कहकर मुझे ढाढ़स बँधाने की कोशिश करता था, 'ये चीज़ें हमेशा इसी तरह नहीं बनी रह सकतीं, कभी-न-कभी तो ख़त्म होती ही हैं।' कभी-कभी वह मुझसे यह भी कह बैठता, 'आप उसे निकालना ही चाहें तो वह कर भी क्या सकता है?' और यह कहते हुए कंपोज़िंग स्टिक पर अक्षर भी जोड़ता रहता। आजकल वह मुझे खुश रखने की ज़रा ज़्यादा ही कोशिश करता था क्योंकि मैं उसे काफी बड़े-बड़े कामों में शामिल करता चला जाता था। जैसे, कोऑपरेटिव सोसायटी की रिपोर्ट और हिसाब अब तक छाप कर नहीं दिया जा सका था क्योंकि इसमें दिये अंकों की जाँच करने लायक स्पष्टता मैं अपने दिमाग़ में नहीं ला पा रहा था। इसी कारण आनंद भवन होटल के कैश बिल भी अधूरे पड़े थे, और उसी को ग्राहकों का सामना करना पड़ता था और संतोषजनक उत्तर देकर वापस करना पड़ता था। जो हो, इस ऐसी दुनिया में जिसमें कहीं ज़रा-सा भी सुख नहीं है, यह भी काफ़ी महत्त्वपूर्ण सुख था। मैं एक तरह से जीवन से विरत हो चुका था। वासु का मुझसे मिलना भी कम हो गया था। अब वह सीढ़ियों पर पैर पटकते हुए ऊपर चढ़ता था। उसके इस व्यवहार में मुझे विरोध के साथ यह भावना भी झलकती थी कि मैं इसका मालिक हूँ। जब भी मुझे उसकी आवाज़ें सुनाई देतीं, मैं

क्रोध से उबलने लगता, मैं जानता था कि अब वह मेरा मित्र नहीं है। इसके बाद हमारे संबंधों में ठंडक आने लगी थी। मैं कृतज्ञ होता यदि वह मुझे अकेला छोड़ देता और मेरे सामने मुक्का न तानने लगता।

लेकिन बहुत जल्द यह पता लग गया कि इतने दिन वह चुप नहीं बैठा है। पाँच दिन शांति से गुज़र गये, इसके बाद कचहरी का आदमी मुझे एक भूरे रंग का लिफ़ाफ़ा पकड़ा गया। मैंने मशीन की तरह उसे ले लिया और पावती पर दस्तख़त कर दिये। खोलकर देखा तो उसमें लिखा था : आप से यह पूछा जा रहा है कि आपके ऊपर कार्यवाही क्यों न की जाय...है। यह सम्मन मकान किराये के कंट्रोलर की तरफ़ से था, जो क़स्बे का सबसे डरावना अफ़सर था। मेरे ख़िलाफ़ ये आरोप थे : एक—कि मैंने प्रेस का एक हिस्सा किराया कंट्रोलर की अनुमति के बिना मि. वासु नामक व्यक्ति को दिया है; दो—कि आप किरायेदार को ग़ैरकानूनी ढंग से निकालने का प्रयत्न कर रहे हैं। मुझे इसका पूरा अर्थ समझने में कुछ वक़्त लगा। वासु ने मकान-मालिक बनकर मेरे ऊपर दावा ठोंका था। इसके अलावा छोटी-मोटी और भी शिकायतें थीं, जैसे कि मैं घर को अच्छी तरह नहीं रखता हूँ, और इस कारण किरायेदार को कई नुक़सान हो रहे हैं।

इस घटना के कारण मेरा काम और भी ज़्यादा बढ़ गया। अब तक तो मुझे यह पता ही नहीं था कि कचहरी का सम्मन क्या होता है। मैं सचमुच यह नहीं जानता था कि इसका क्या किया जाये और कहाँ से कुछ शुरू किया जाये। मुक़दमेबाज़ी मेरे स्वभाव में नहीं थी। मैं अब तक इससे बचता ही आया था। मुझे कचहरी और वकीलों से ज़बर्दस्त डर लगता था, जिसका कारण वह झगड़े और मुक़दमे थे जब मेरे चाचाओं ने मेरे पिता पर वकीलों की फ़ौज छोड़ दी थी और घर में महीनों तक इसके सिवा कोई और बात नहीं होती थी। मैंने सम्मन का काग़ज़ छुपाकर रख दिया—उसमें मुझे जवाब देने के लिए तीन दिन का समय दिया गया था, इसी से मुझे काफ़ी चैन मिला। मुझे लगा कि मैं जेल से पैरोल पर छूटकर आया हूँ। मैंने शास्त्री से भी इसकी बात नहीं की। मुझे लगा कि इसके बारे में किसी से भी बात करने का कोई मतलब नहीं होगा, क्योंकि कोई मेरी बात नहीं समझेगा। सब यही सोचेंगे कि मैंने चुपचाप कुछ ग़ैरक़ानूनी काम किया है और अब पकड़ा गया हूँ, और मुझे यही सलाह दी जायेगी: 'उस आदमी को रखने वाले तो तुम्हीं हो, इसलिए दोष भी तुम्हारा ही है।'

स्थिति इतनी ख़राब हो गई कि मैंने उस पर अपना पूरा आत्मसमर्पण कर दिया। इससे मुझे आराम महसूस होने लगा। मैं फिर से अपने काम में लग गया, लोगों के मज़ाक़ में शामिल होने लगा और उनकी बातों का जवाब भी देने लगा। मैं दिन भी गिनने लगा—बहत्तर घंटे बाक़ी हैं, साठ, अब चौबीस—कल शायद मुझे

कचहरी से सीधे जेल भेज दिया जायेगा।' तब सब लोग आश्चर्य में डूब जायेंगे, वासु शास्त्री और दूसरे लोगों को यहाँ से बाहर निकाल देगा, मेरे दफ़्तर में खुद बैठ जायेगा और चारों तरफ़ उसकी कलाकृतियाँ रखी दिखाई देंगी। कुछ समय बाद लोग इसके अभ्यस्त हो जायेंगे, भूल जायेंगे कि यहाँ कभी कोई प्रेस हुआ करता था, और इसे संग्रहालय कहने लगेंगे। मेरी बीवी और बच्चा खुद अपनी देखभाल करने लगेंगे और निश्चित दिनों में मुझसे मिलने जेल आया करेंगे, मेरा अंत क्या होगा यह पूरी तरह जानकर मेरे मन में एक अजीब-सी शान्ति उत्पन्न हो गई। लोग मुझसे सहानुभूति भी दिखाएंगे लेकिन अंत में यही कहेंगे, 'उसे किसने कहा था कि इस आदमी को अपना यहाँ रखे! वह ख़ुद ही इसके लिए ज़िम्मेदार है। उसे किसी और को दोष देने का हक़ नहीं है।'

अपनी आज़ादी के आख़िरी दिन मैं हमेशा की तरह नदी-स्नान के लिए गया और साढ़े पाँच बजे वहाँ से वापस लौट रहा था, तो देखा कि स्थगन-वकील भी नदी की तरफ़ जा रहा है, मुझे एक विचार आया। अब तक मैंने यह नहीं सोचा था कि यह आदमी मेरे लिए उपयोगी हो सकता है। अब तक मैंने उसे प्रेस के ग्राहक के रूप में ही देखा था। जब से मैंने उसके हज़ार कार्ड छापे थे, वह मुझसे बच रहा था—क्योंकि उसने पैसा नहीं चुकाया था। शादी कब की हो गई थी, और बिल भी बासी पड़ गया था—मैंने भी हज़ार कार्डों के केवल नब्बे रुपये ही लगाये थे। इन दिनों हमेशा की तरह नदी से लौटते हुए वह मुझे कभी नहीं मिलता था। शायद उसने रास्ता बदल दिया था और बग़ल की सड़क से निकल जाता था। लेकिन आज यह भाग्य की ही बात थी कि वह मेरे सामने पड़ गया।

उसे देखते ही मेरे मन में ख़ुशी की लहर दौड़ गई। मैंने चिल्लाकर कहा, 'अरे, मेरे दोस्त! मैं तुमसे ही मिलना चाहता था।'

मेरी आवाज़ सुनते ही वह डर-सा गया, लेकिन मैंने उसे कबीर स्ट्रीट के मोड़ पर जहाँ नाई की दुकान उससे निकली पड़ती है, और दूसरे किनारे पर नाले का पानी इस तरह भरा रहता है कि कोई आदमी पकड़ा जाने पर भाग कर नहीं जा सकता, पकड़ा। उसने घबड़ाते हुए कहा, 'मैं आज ही आपसे मिलने की सोच रहा था, कि प्रेस जाऊँ, लेकिन बेटी की शादी के बाद इतने काम निकल आते हैं, आप तो जानते ही हैं...'

मैं सचमुच उससे मिलकर बहुत प्रसन्न हो रहा था। मैंने पूछा, 'बेटी कैसी है आपकी? पति के साथ खुश तो है? दामाद साहब कैसे हैं? आपको ससुर बनकर कैसा लग रहा है?'

उसने उत्तर दिया, 'लोग तो यह सोचते हैं कि शादी से सारी समस्याएं हल हो गईं। लेकिन यह तो आधी ही लड़ाई है!' 'हॉं! हॉं!' मैं भी उसे ख़ुश करने के लिए

उसके साथ हँसा। मैं उसे यह नहीं सोचने देना चाहता था कि बिल के पैसे वसूलने के लिए मैंने उसे इतने सवेरे धर-पकड़ा है। उसने कहा, 'यह शादी के बाद ही पता चलता है कि आप के रिश्तेदार कितने शैतान हैं, वे कितनी माँगें रखते हैं और माँगते ही चले जाते हैं। हे भगवान।'

'ठीक बात है,' मैंने कहा 'अपनी बेटी को बार-बार ससुराल लाना-ले जाना!'

'मुझे इससे कोई परेशानी नहीं होती,' वह बोला, 'आख़िर वह हमारी बेटी है और हमारा कर्तव्य है कि हम उसे आराम से पहुँचायें।'

'हाँ, हाँ,' मैंने कहा और सोचने लगा कि वह बात क्या है जिससे उसे परेशानी होती है।

वह जैसे मेरी बात समझ गया और बोला, 'बहुत-सी बातें होती हैं, बहुत-सी।' अब तक सवेरा हो गया था और सूरज की पहली किरणें नाई के घर की दीवार पर चमकने लगी थीं। चिड़ियाँ और कौए खाने-पीने की तलाश में पेड़ों के इर्द-गिर्द उड़ने लगे थे। मैं उनको देखते हुए यह सोचने लगा कि ये कितने भाग्यशाली हैं कि वासु की नज़र और बंदूक़ों से दूर हैं। वकील बात कर रहा था क्योंकि उसे कचहरी बंद होने तक कुछ-न-कुछ बोलते रहने की आदत पड़ चुकी थी। वह कह रहा था, 'उपहार इतने देने पड़ते हैं कि आदमी उनके भीतर दब जाये। नए दामाद की साल भर तक हमेशा सेवा करनी पड़ती है।' यह कहकर वह हँसा। उसे इसलिए उपहार देना है कि यह छठवाँ महीना है शादी का, यह अडी का महीना है, इस महीने दिवाली है, आज यह है, कल वह है, वग़ैरह, वग़ैरह; इस महापुरुष का नाम लेते ही आपको सौ रुपये का पत्ता ख़र्च करना पड़ जाता है। ये बेकार पुराने रिवाज हैं, जिनके लिए हमारी औरतें ज़िम्मेदार हैं। मैं दामादों को दोष नहीं दूँगा, उन्हें कैसे दोष दिया जा सकता है? यह तो उसकी माँ होती है जो रोज़ नई-माँग रखती है और दुल्हिन की माँ अपने पति के पीछे पड़ जाती है कि तुरंत यह चीज़ लाकर दो। औरतें जानती हैं कि पति के पीछे पड़ जाएं तो वह कहीं न कहीं से पैसे का इन्तज़ाम ज़रूर करेगा।'

यह सुनकर मैंने सोचा कि इसकी पत्नी से कहकर इस पर मेरा बिल चुकाने का दबाव डलवाया जा सकता है।

वकील ने शायद मेरे मन की बात समझ ली और वह बोला, 'अब आप समझ गये होंगे कि मैं आपके पैसे चुकाने के लिए क्यों नहीं आ पाया! बहुत कोशिश करने पर भी छोटे-छोटे भुगतान रह ही जाते हैं—कुल मिलाकर मुझे शादी के लिए दस हज़ार रुपये जुटाने पड़े-कुछ बैंक से कर्ज़ा लिया, और कुछ दूसरी चीज़ों से। ख़ैर, अब यह ख़त्म हुआ। ग़नीमत है, अब मुझे दस बरस तक यह समस्या नहीं झेलनी पड़ेगी। दूसरी बेटी इस वक़्त छह बरस की है।'

'तो फिर काफी वक़्त है।' मैंने कहा और आशा की कि अब वह मुझे अपनी समस्या बताने के लिए वक़्त देगा। लेकिन वह बोला, 'मुझे अफ़सोस है कि मैं आपका बिल अभी तक नहीं चुका पाया। यह तो मेरे दिमाग़ से ही निकल गया।'

'कोई बात नहीं', मैंने धीरज दिखाते हुए कहा, 'मैं जानता था कि आप व्यस्त होंगे। मेरे कई ग्राहक सेफ़ डिपॉज़िट की तरह हैं, उनसे मैं जब चाहूँ पैसा ले सकता हूँ। आप चिंता न करें, सर, मैं आपको समझता हूँ। आप प्रेस आने की ज़ेहमत न करें, मैं शास्त्री को आपके घर भेज दूँगा।' आख़िरी वाक्य मैंने इसलिए कहा कि कहीं वह यह न समझ ले कि मैंने बिल माफ़ कर दिया है। सूरज काफ़ी ऊपर चढ़ आया था और अभी तक मेरी समस्या जहाँ की तहाँ थी। इसकी शुरुआत मैं कैसे करूँ, यह समझ नहीं पा रहा था। अपनी बात पूरी करके वह चलने को ही हुआ, तभी मैंने जल्दी से अपनी बात शुरू की, 'मैं एक क़ानूनी मामले में आपसे मिलना चाहता था।'

यह सुनकर वह रुक गया और तन कर मेरे सामने खड़ा हो गया। अब वह वकील बन गया था। उसने ख़ुशी से पूछा, 'जायदाद के मामले अभी तक ख़त्म नहीं हुए हैं क्या? कोई नई समस्या है? मैं तो समझता था कि हमेशा के लिए फ़ैसला हो गया है।'

'नहीं, नहीं, वह समस्या नहीं है,' मैंने शुरुआत की।

'तो क्या किसी पार्टनरशिप का सौदा बनाना है? आजकल बहुत सारे व्यापारी यह कर रहे हैं'

'अरे नहीं, मैं इतना बड़ा व्यापारी नहीं हूँ।'

'तो संपत्ति कर का मामला है?'

मैं हँसा। 'सौभाग्य से मेरे पास ऐसा कुछ नहीं हैं कि मुझ पर यह क़ानून लागू हो।'

'या सेल्स टैक्स या दुकान कर्मचारी एक्ट का कोई मसला? पता है, सेल्स टैक्स की आधी से ज्यादा समस्याएं एक्ट की अस्पष्टता के कारण हैं। आज मैं किसी भी सेल्स टैक्स अफ़सर की, जो मेरे किसी मुवक्किल के साथ कोई छेड़खानी करे, नाक मरोड़कर रख देता हूँ क्योंकि वे अपने क़ानून को ठीक से नहीं समझते।'

'मुझे रेंट कंट्रोलर के दफ़्तर से सम्मन मिला है।'

'किसलिए?' उसने पूछा, 'पता है आजकल कितने ही लोग...।' उसने कहना शुरु किया लेकिन मैंने उसकी बात काटकर बीच में ही कहा, 'यह बड़ा मज़ेदार सम्मन है, मैं आपसे घर पर मिल सकता हूँ?'

'नहीं,' वह बोला, 'मेरे दफ़्तर आइए।' उसका दफ़्तर एक रूई के गोदाम के

ऊपर था, जो दरअसल एक गद्दे बनाने वाले की दुकान थी जिसमें रूई चारों तरफ़ उड़ती रहती थी। जो मुवक्किल एक दफ़ा वहाँ जाता, दोबारा लौटने की हिम्मत न करता क्योंकि वहाँ घुसते ही छींकते-छींकते उसकी शामत आ जाती थी और तेज़ जुकाम शुरू हो जाता था, और अस्थमा के मरीज़ तो फिर बीमार पड़ जाते थे। उसके मुवक्किल कचहरी के अहाते में ही उसे बातचीत करना पसंद करते थे जहाँ वह नए मामलों की तलाश में इधर-उधर घूमता फिरता था, और वह कचहरी के बरामदे में या सामने लगे इमली के पेड़ के नीचे खड़े-खड़े ही उनकी समस्याओं का हल करता रहता था। लेकिन नए आदमी को वह एक दफ़ा अपने दफ़्तर में ज़रूर बुलाकर बीमार करता था। मैंने उसका यह प्रस्ताव टालने की कोशिश की, लेकिन उसने मुझसे और कहीं मिलने का मौक़ा नहीं दिया।

मैं छींकें मारता हुआ उसके दफ़्तर की सीढ़ियों पर चढ़ने लगा। सीढ़ियाँ मेरी अटारी की सीढ़ियों से भी ज़्यादा, जिसके ऊपर मृत पशु-पक्षियों का जमावड़ा था, सँकरी थीं और उससे भी इतनी ज़्यादा चरमर करती थीं कि उनकी आवाज़ में छीकों की आवाज़ें बिल्कुल दब जाती थीं। हालांकि इस ज़िले में ही मेरा जन्म हुआ था, अबू लेन में पहली दफ़ा मेरा प्रवेश हो रहा था, जो मेरे प्रेस से चार ब्लाक दूर ही थी, और मार्केट रोड की गहमा-गहमी से एकदम अलग और सुरक्षित थी। वहाँ एक खंभे पर उसका धूल-पानी से घिसा-पिटा साइनबोर्ड लटका था–''मि... प्लीडर', जिसके ऊपर काफी बड़ा 'नंदी कॉटन कॉरपोरेशन' का बोर्ड लगा हुआ था। भीतर घुसने पर चारों तरफ़ रूई के बड़े-बड़े गट्ठों के अलावा और कुछ दिखाई नहीं देता था, बस, एक कोने में कुछ औरतें ज़मीन पर बैठी रूई को कूट रही थीं जिससे उसे गद्दों में भरने लायक बनाया जा सके। इसी कुटाई का परिणाम होता था, यहाँ से होकर गुज़रने वालों पर खाँसी और दमे का प्रकोप। इसी के बिल्कुल ऊपर वकील साहब का कमरा था, जिसमें एक मेज़, एक कुर्सी और एक अलमारी थी जिसमें कुछ क़ानून की किताबें रखी थीं। उसके मुवक्किल को सामने खड़े होकर बात करनी पड़ती थी। मेज़ पर पीले काग़ज़ों के बंडल रखे थे, क़ानूनी रिपोर्टों की पुरानी प्रतियाँ, एक सूखी-सी दवात और टूटा-फूटा क़लम, और उसका काला कोट जो गर्द और पसीने से चिकट कर हरा हो रहा था, दीवार पर एक कील से लटक रहा था। नीचे से रूई धुनने की दनादन आवाज़ आ रही थी, उस के पीछे एक बहुत छोटी-सी खिड़की थी जिसमें लकड़ी की सलाख़ें और जिसमें से पड़ोस के एक घर में लगा नारियल का पेड़, धुआँ उगलती चिमनी, ढालू छत पर लगे टूटे-फूटे टाइल और इधर-उधर बिखरी कुछ गंदगी दिखाई देती थी।

'एलर्जी है?' उसने मुझे देखते ही कहा। मेरी छीकों ने मेरे आगमन की सूचना दे दी थी। मैं नाक सिनकता और आँखें मलता भीतर घुसा। उसके चेहरे पर खूबसूरत

मुस्कान फैली हुई थी और एक दाँत बाहर चमक रहा था। वह बैठ गया और बोला, 'कुछ लोगों को धूल और रूई से एलर्जी होती है। लेकिन मुझे कुछ नहीं होता।' वह सोचता था कि उसके और ईश्वर के बीच एक विशेष योजना के तहत उसे इतना पुष्ट शरीर प्राप्त हुआ है, और अपने ऊपर रूई की इस कृपा को भी वह इसका प्रमाण मानता था। वह बोला, 'लोग कहते हैं, एलर्जी एक मानसिक प्रभाव है।' इसके बाद उसने सिर उठाकर घोषणा की, 'आप दृढ़ निश्चय के द्वारा इस पर विजय प्राप्त कर सकते हैं।'

मैं याचक की तरह उसके सामने खड़ा था। मैंने पूरा लिफ़ाफ़ा उस के सामने रखा। उसने अपनी आँखों पर चश्मा चढ़ाया, काग़ज़ को खोला, हथेली के सहारे उसे मेज़ पर अपने सामने फैलाया, उसे एक वज़न रखकर दबाया–सूखी स्याही की बोतल से–सिर पीछे करके नज़र उस पर जमाई और पढ़ना शुरू किया। उसकी हल्की दाढ़ी के बाल चाँदी की तरह चमक रहे थे।

पढ़ने के बाद उसने गहरी साँस ली और कहा, 'ठीक तो है। आपने उसे रसीद नहीं दी है।'

'रसीद? किस बात की?' मैंने पूछा।

'मेरा मतलब है, किराये की। मेरा ख़्याल है, आपने उससे चेक भी नहीं लिया होगा?'

मैं परेशान हो उठा। वह भी दूसरों की तरह, जिनमें मेरी बीवी भी शामिल थी इसी ग़फ़लत का शिकार था। मैंने उसे बताया, 'मैंने उसे कमरा किराये पर नहीं दिया है।'

'तो एकमुश्त रक़म वसूल की होगी?' उसने पूछा।

'देखिए, वह मेरा किरायेदार नहीं है।'

'फिर किसका किरायेदार है?' उसने फिर पूछा, जैसे मुझसे सच्चाई उगलवा रहा हो।

'यह मैं नहीं जानता, मुझे कुछ नहीं पता।' मैं अपना संतुलन खोने लगा था। लोग इतने मूर्ख क्यों हैं कि मेरी स्थिति को समझ नहीं पाते या समझने की कोशिश नहीं करते। सीढ़ियों पर चढ़ने से मेरे पैरों में दर्द होने लगा था और वहाँ मेरे बैठने के लिए कुछ भी नहीं था। शायद उसे अपने मुवक्किलों को परेशान करने में मज़ा आता था। मेरी आवाज़ ही बदल गई थी, रूई के मुँह में भरते चले जाने से वह भारी पड़ गई थी।

वकील सवाल पूछे चला जा रहा था, 'यह तुम्हारा किरायेदार नहीं है तो क्या है?'

'वह किरायेदार नहीं... दोस्त है मेरा' और कोई शब्द न मिलने के कारण मैंने उसे दोस्त ही कहा।

उसने तुरंत ही मेरे शब्द को पकड़ लिया। 'दोस्त! अच्छा! ठीक है! अब यह कैसा दोस्त है जिसने तुम्हारे ख़िलाफ़ यह शिकायत की है। वर्तमान गृह कानून के तहत यह गंभीर अपराध है। लेकिन आपने इसकी ज़रूरी कार्यवाहियाँ क्यों नहीं की यानी...'

'सुनिए, मेरी बात सुनिए, मैं चीख़कर बोला, 'मैं क़सम खाकर कहता हूँ कि मैंने कमरा उसे मुफ़्त दिया था, क्योंकि उसने उसे माँगा था।'

'मैं जज होता तो आप की बात पर विश्वास नहीं करता। आपने उसे अपने यहाँ क्यों रहने दिया? रिश्तेदार है कोई?'

'नहीं, और ख़ुदा का शुक्र है कि नहीं है। इस स्थिति की यही एक अच्छी बात है।'

'आप किसी तरह उसके क़र्ज़दार हैं?'

'हरगिज़ नहीं। इसके विपरीत, वही कई तरह से मेरा क़र्ज़दार है, लेकिन उसका यह बदला चुका रहा है!' मैंने चीख़ कर कहा। मैंने उसे विस्तार से बताया कि वासु किस तरह मेरे पास आया था और बाद में अब तक क्या हुआ। यह सोचकर कि वकील मेरी अपेक्षा मेरे दुश्मन से ज़्यादा सहानूभूति रखता है, मैंने यह कहकर उसे अपने पक्ष में करने की कोशिश की, 'आपको वह दिन याद है जब आप निमंत्रण छपवाने प्रेस में आये थे,यह किस तरह मुझे उठाकर ज़बर्दस्ती ले गया था–वह इसी तरह हर काम करता है। अब आप समझ लेंगे कि वह क्या कर सकता है।'

इससे उसकी भावना बदल गई। वह बड़ी कड़ुवाहट से बोला, 'और इसीलिए मुझे दिन भर प्रेस में बेकार बैठकर इन्तज़ार करना पड़ा।' इसके बाद उसने इस मामले की कई क़ानूनी बारीकियाँ मुझे बताईं और सम्मन अपने क़ब्ज़े में ले लिया। दराज़ खोलकर एक काग़ज़ निकाला और उस पर मेरे हस्ताक्षर लिये। फिर सब चीज़ें एक तरफ रख दीं और बोला, 'अब मैं सब देख लूँगा। आप चिन्ता करना छोड़ दो। आपके पास इस वक़्त कितना पैसा है?'

'एक पैसा भी नहीं है,' यह कहकर मैंने अपनी जेब उलटकर उसे दिखा दी। मेरे इस दिवालियेपन पर उसे आश्चर्य हुआ।

'मैं आप से कम से कम फ़ीस लूँगा, यह तो आप जानते ही हैं। लेकिन कुछ ज़रूरी ख़र्च करने ही होते हैं–जैसे स्टांप, एफ़िडेविट, और कचहरी के क्लर्क की कॉफ़ी वगैरह है...। वही हमारी मदद करता है, जानते हैं न?'

'मैं कैसे जान सकता हूँ?'

'ज़्यादा सवाल मत पूछिए। अब मैं सोचता हूँ, यह बहुत कम, पर ज़रूरी खर्चा कैसे किया जायेगा। अगर आप पाँच रुपये भी दे सकें...।'

'मैं सोच रहा था... चूंकि आपने ... आपने मुझसे कुछ काम कराया है... उस हिसाब में आप काट सकते हैं।'

यह सुनकर तो वह चीख़ उठा, 'अरे नहीं, हरगिज़ नहीं... ये दोनों बातें अलग हैं, बिल्कुल... आप और जो भी करें, दोनों हिसाब एक में न मिलायें। इस तरह हमेशा परेशानी पैदा होती है। क्या आप किसी को प्रेस भेजकर अपना बटुआ यहाँ नहीं मँगवा सकते?'

मेरा मन हुआ कि मेज़ पर मुक्का दे मारूँ और अभी अपना पैसा वसूल कर लूँ, लेकिन परिस्थितियों के कारण मैं चुप हो गया; वकील ही मुझे जेल जाने से बचा सकता था। इसलिए मैंने कहा, 'अगर अभी आप ख़र्चा कर दें तो मैं प्रेस पहुँचते ही आपका पैसा भिजवा दूँगा।'

'मैं अभी घर नहीं जा रहा हूँ। अगर घर जाऊँगा तो कचहरी जाने का समय नहीं मिलेगा। इसलिए मैं आपको और ज़्यादा तकलीफ़ नहीं देना चाहूँगा; लेकिन यह भी अजीब बात है कि कोई इस तरह का काम कराने निकले और जेब ख़ाली करके चले।'

'मैं तो सिर्फ़ सलाह लेने आया था,' मैं बोला।

'मेरा ख़्याल है, आपको संतोषजनक सलाह प्राप्त हुई है', उसने आडंबर के साथ कहा। 'जी हाँ, बिल्कुल,' मैं बोला। मुझे लगा मैं भिखारी की तरह याचना कर रहा हूँ। यह मुझे कब तक यहाँ खड़ा रखेगा लेकिन मैं आलोचना नहीं कर सकता था। इसलिए मैंने उत्साह दिखाते हुए कहा, 'पर अब क्या किया जाए?'

'पहला काम यह होगा,' उसने सम्मन देखते हुए कहना शुरू किया, 'सम्मन 24 तारीख़ मंगलवार के दिन 11 बजे के लिए है। आज सोमवार 23 तारीख़ है और इस वक़्त 10.30 बजे हैं। पेश न होने की आपकी अपील मुझे अभी दाख़िल करनी होगी। अगर सम्मन के अनुसार कार्य न किया जाये, तो कोर्ट 24 घंटे की मोहलत देती है। अगर आप सम्मन को टाल देते तो और बात थी। आपने पर्ची पर दस्तख़त किये थे?'

'हाँ, किये तो थे।'

'बस, अनुभव की कमी, और क्या? उस काग़ज़ को छूने से पहले आपको मुझसे सलाह कर लेनी थी।'

'मुझे पता ही क्या था कि यह आ रहा है,' यह कहते हुए मैंने अपनी आवाज़ में वह सब आश्चर्य भरने का प्रयत्न किया जो मुझे वासु की धोखेबाज़ी से हुआ था।'

'ठीक कहते हो, बिल्कुल ठीक है। आपने तो यही सोचा है कि ज़िला कचहरी से कोई काग़ज़ छपाई कराने के लिए आया है।'

'अब सब हो गया?' मैंने पूछा।

'हाँ, बस, हो गया', उसने कहा, 'कोर्ट क्लर्क मेरी हमेशा सहायता करता है।

मैं उसपर निर्भर कर सकता हूँ। मैं जो भी कर सकता हूँ, करूँगा। कल पेशी की लिस्ट में आपका नाम नहीं होगा। मैं अर्ज़ी में कहूँगा कि आप बाहर गये हैं और ज़्यादा टाइम चाहिए।'

'लेकिन प्रेस में तो लोग मुझे हर वक़्त देखेंगे।' मैंने शक ज़ाहिर किया।

'हाँ, यह एक प्वाइंट ज़रूर है। लेकिन कोर्ट इसका जायज़ा कैसे ले सकेगी? जो हो, अच्छा होगा अगर आप कोर्ट बैठने के समय में ज़्यादा दिखाई न पड़ें।'

'जब तक कोई मुझे बुलाता नहीं है, मैं नीले पर्दे के भीतर ही रहता हूँ,' मैंने कहा।

'यह अच्छी बात है, इससे भी मदद मिलेगी,' वह बोला।

'फिर अगला क़दम क्या होगा?'

'आपको कम से कम चार हफ़्ते की मोहलत मिल जायेगी। रेंट कोर्ट के पास आजकल बहुत काम है। तब तक उन्हें दूसरा सम्मन जारी करने का वक़्त ही नहीं मिलेगा।' मुझे अच्छा लगा कि इतने वक़्त तक मैं महफ़ूज़ रहूँगा। लेकिन उसने एक बात और कही, 'पर हो सकता है कि दूसरी पार्टी इसका विरोध करे।'

'वह कह सकता है कि मैं कहीं नहीं गया हूँ क्योंकि वह मेरे ऐन सिर पर रहता है।'

'लेकिन कोर्ट उसके विरोध को मंजूर करने के लिए बाध्य नहीं है। इस तरह आपको मेलाफ़ाइड नहीं मान लिया जायेगा।'

'मैं समझ नहीं पाया कि इसका मतलब क्या है।'

'अब मुझे कुछ काम हैं,' उसने माफ़ी-सी माँगते हुए कहा। मैं उसे ज़रा यह भी दिखाना नहीं चाहता था कि इतनी देर खड़े-खड़े बात करने से मेरे पैरों में बहुत दर्द होने लगा है और मुझे उसका यह व्यवहार पसंद नहीं आया।

'अब आप जा सकते हैं,' उसने शान से कहा। 'मैं तीन बजे घर आऊँगा। मैं सब कुछ ठीक-ठीक कर लूंगा। किसी को मेरे घर भेजें तो एक लिफ़ाफ़े में दस रुपये भी रख दें। जब केस ख़त्म हो जायेगा तो मैं आपको पैसे-पैसे का हिसाब लिखकर दे दूँगा।'

अब वकील साहब के काम का नतीजा बताता हूँ : पेशी के भयानक दिन के बाद दूसरे दिन मैं प्रेस में सुरक्षित बैठा तिरंगें लेबिल की छपाई करवा रहा हूँ। मैंने ख़ुशी से दस रुपये का नोट उसे शास्त्री के ज़रिए भेज दिया था, जिसका पूरा हिसाब वह मुझे मुक़दमे के अंत में बनाकर देगा। मुझे दोनों हिसाब मिलाने नहीं चाहिए। अपनी इस कठिनाई में मुझे ये शब्द बहुत ज्ञानपूर्ण और चमत्कारी प्रतीत हुए।

6

पंद्रह दिन आराम से गुज़र गये। हम दोनों एक-दूसरे से अलग रहे। मैं वासु का आना-जाना सुनता रहता था। उसकी जीप बाहर अहाते में खड़ी होती, उसके ज़ोर से ब्रेक लगाने की आवाज़ सुनाई देती, फिर पैर पटक-पटक कर सीढ़ियां चढ़ने की। इस सब धमाचौकड़ी के बावजूद उसमें एक अच्छाई भी थी: वह कभी मेरे कमरे की तरफ़ आने की कोशिश नहीं करता था और मुझे परेशान किये बिना आता-जाता रहता था। बस, सूखे चमड़े की बू बढ़ती जा रही थी। इससे पड़ोसियों को भी मुश्किल होती थी। एक दिन स्वास्थ्य विभाग से ख़ाकी वर्दी पहने एक आदमी मेरे पास आया। यह सफ़ाई का इन्स्पेक्टर था जिसका काम शहर को साफ़ रखना था, जो बहुत ही मुश्किल काम था, ख़ास तौर से मालगुडी जैसे शहर में जहाँ हर आदमी अपने अधिकारों के प्रति बहुत ज़्यादा सचेत था।

सफ़ाई इन्स्पेक्टर अक्सर मेरे प्रेस में आता रहता था और मार्केट रोड के झंझटों से थककर किसी कुर्सी पर पैर फैलाकर आराम कर लिया करता था। वह अपना गूदे का टोप सावधानी से उतारता–दरअसल शहर भर में अकेले उसी के पास गूदे का यह मोटा सा टोप था जो ज़रूर उसने सेना के बचे हुए सामान की दुकान से ख़रीदा होगा--, उसे बग़ल की कुर्सी पर रखता, एक चारख़ाने रूमाल से माथे का पसीना पोंछता और हाँफता हुआ एक गिलास पानी की माँग करता। मैं उसे अपना दोस्त तो नहीं कह सकता, हाँ,उसे दोस्ताना आदमी ज़रूर कह सकता हूँ। आज उसने दरवाज़े के सामने अपनी साइकिल टिकाई और मेरे सामने आकर बोला, 'आपके ख़िलाफ़ एक शिकायत है।' फिर उसने जेब से एक लिफ़ाफ़ा निकाला और उसमें से एक काग़ज़ निकालकर मुझे पकड़ा दिया।

आजकल मुझे भूरे रंग के लिफ़ाफ़ों से डर लगने लगा था। मेरे पड़ोसियों की एक संयुक्त दरख़्वास्त जिस पर छह लोगों ने दस्तख़त किये थे, म्युनिसिपल अधिकारियों को दी गई थी। उन्होंने शिकायत की थी कि मेरी अटारी पर ग़लत क़िस्म के काम होते दिखाई देते हैं और जानवरों की खालें पकाई जाती हैं। अर्ज़ी देने वालों की माँग थी यह इलाक़ा व्यापारिक न होकर रिहायशी है इसलिए इसमें इस तरह के कार्य वर्जित हैं क्योंकि इनसे तीव्र दुर्गंध उत्पन्न होती है। यह शिकायत भी

की गई है कि इस कारण इलाक़े में माँसभक्षी पक्षी भी उड़ने लगे हैं। मेरे दिमाग़ के एक हिस्से ने पड़ोसियों के इस क़दम का स्वागत किया, लेकिन दूसरा हिस्सा गहरी निराशा से भर उठा।

मैंने इन्स्पेक्टर से बैठने को कहा और पूछा कि अब मुझे क्या करना होगा। इन्स्पेक्टर ने कहा, 'मुझे एक गिलास पानी मँगवा दीजिए।' मैंने शास्त्री को पानी लाने के लिए कहा। एक घूँट में पूरा गिलास पेट में उतारने के बाद–उस जैसा प्यासा और ख़ुश्क चमड़ी वाला आदमी मैंने जीवन में इससे पहले कभी नहीं देखा, वह बोला, ''उपक़ानून 'क' के अनुसार रिहायशी इलाक़ों में चमड़े का यह सब काम एकदम मना है, और उपक़ानून 'ख' में ऐसे स्थानों का निर्देश है जहाँ इस तरह के काम किये जा सकते हैं। लेकिन मुझे यह पता नहीं था कि आप यह काम भी करते हैं। क्यों? क्या प्रेस के काम से काफ़ी आमदनी नहीं होती?'

मैंने माथे पर हाथ मारा और कहने लगा, 'मैं चमड़े का काम नहीं करता। मैं तो छपाई का काम ही करता हूँ। आपको यह संदेह क्यों हुआ?'

'लेकिन इसमें बुराई भी क्या है?' इन्स्पेक्टर ने पूछा। 'हर पेशा गौरवपूर्ण होता है। आपको इसके लिए शर्मिंदा होने की बिल्कुल ज़रूरत नहीं है, बस, उपक़ानून के अनुसार उन्हीं जगहों में आप इसे करें जहाँ इन का करना वर्जित नहीं है।'

'ठीक है, मैं यही करूँगा,' मैंने विनम्रता से कहा।

'यह तो अच्छी बात है कि आप हमारा सहयोग करेंगे। पढ़े-लिखे और अनपढ़ों में यही तो फ़र्क़ होता है। आप हमारी समस्या एकदम समझ गये। लोग इसलिए भी ग़लत काम करते हैं क्योंकि उन्हें क़ानून की जानकारी नहीं होती। हम हर आदमी से यह उम्मीद भी नहीं कर सकते कि म्युनिसिपल क़ानूनों और उपक़ानूनों को जानें। लेकिन मुझे तब सचमुच तकलीफ़ होती है जब लोग नोटिस दिये जाने के बाद भी सुधार नहीं करते। अच्छा, एक गिलास पानी और मँगवा देंगे?'

'हाँ, क्यों नहीं, जितना चाहें-पानी पियें। अरे, शास्त्री जी, आपको पानी और पिलवाइये।' मुझे सुनाई दिया कि शास्त्री हाथ का काम रखकर पानी लाने को उठा है।

इन्स्पेक्टर ने दूसरा गिलास भी एक ही घूंट में गले के नीचे उतार दिया और जाने को उठा। चलते-चलते बोला, 'मैं शिकायत करने वालों को लिख दूँगा। वे चुप हो जायेंगे।'

'आप उन्हें क्या बतायेंगे?' अचानक इस बात में मेरी रुचि उत्पन्न हो गई थी।

'हमारा एक छपा हुआ फ़ार्म होता है जिसमें लिखा होता हैं कि उनकी प्रार्थना पर विचार किया जा रहा है। ज़्यादातर पार्टियाँ इसी से संतुष्ट हो जाती हैं। नहीं तो बार-बार लिखते रहते हैं।'

मैं उसे बाहर तक पहुँचाने गया। उसने साइकिल का हैंडिल सँभाला, एक क्षण रुका और बोला, 'इसे धीरे-धीरे यहाँ से हटा दें, लेकिन बहुत ज़्यादा वक़्त न लें। आपको नोटिस मिले तो जवाब में यह लिखें कि हटाने के काम की शुरूआत हो गई है लेकिन कुछ वक़्त और दिया जाये।'

'ठीक है, सर', मैंने कहा, 'आपने जैसे कहा है, वैसे ही सब किया जायेगा।' अब मैं यह समझने लगा था कि किसी बारे में किसी को कुछ बताना सही नहीं होता। लोगों के अपने निश्चित विचार होते हैं और वे दूसरे की बात समझना भी नहीं चाहते। इसलिए अच्छा यही होता है कि वे अपने मूर्खतापूर्ण विचारों में ही मगन रहें।

तभी एक सत्तर वर्षीय वृद्ध छड़ी खटखटाता हुआ वहाँ आया। सामने सड़क पर ही खड़े होकर उसने चश्मा लगाकर देखा, एक हाथ से आँखों को ढका और झगड़े की आवाज़ में खड़े-खड़े पूछा, 'नटराज भीतर है?' हमेशा के लोग दफ़्तर में जमा थे। पत्रकार कह रहा था, 'यह नेहरू जी के लिए परीक्षा का समय है। अगर हमारी सीमा पर से चीनी नहीं हटाये जाते...' कवि अपने महाकाव्य का अगला अध्याय लिख लाया था और मुझे उसका विषय बताने का इन्तज़ार कर रहा था। वृद्ध ने फिर सवाल किया, 'नटराज है क्या?' क्योंकि चमक के कारण वह भीतर नहीं देख पा रहा था।

'हाँ, हाँ, मैं यहीं हूँ,' मैंने ज़ोर से कहा और उसे सीढ़ी से चढ़ाकर ऊपर ले आने के लिए आगे बढ़ा।

वह कुर्सी पर बैठ गया और दोनों को देखकर बोला, 'शायद तुम्हारे दोस्त हैं..., मैं इनके सामने बातें कर सकता हूँ?' मैंने उससे इन दोनों का परिचय कराया, जिसके बाद उसने पहले अच्छे कवि के गुणों को विस्तार से बताया, उसके कर्तव्यों और सामाजिक संबंधों की चर्चा की, फिर जिस काम से वह आया था, उसके बारे में फिर बताना शुरू किया, 'नटराज, तुम जानते होगे कि मेरे पोते का एक पालतू कुत्ता है–जो उसके पास दो साल से है। यह उसे बहुत प्रिय था और स्कूल से लौटते ही उसके साथ खेलने लग जाता था।' मैं समझ गया कि अगली बात क्या होगी कल रात किसी ने उसे मार डाला। वह लैंप के खंभे के नीचे पड़ा था, गोली दिल में लगी थी। किसी ने उसे बंदूक़ से मारा है। इस इलाके में बंदूक़ किसके पास है? मेरा तो ख़्याल था कि बंदूक़ पुलिस के ही पास होती हैं, और किसी के नहीं।'

'आपने उसे छोड़ क्यों दिया था?'

'पता नहीं। वह अक्सर दीवार फाँदकर बाहर निकल जाता है और मुहल्ले में घूमता-फिरता है। बहुत अच्छा कुत्ता था, किसी को नुक़सान नहीं पहुँचाता था, बस भौंकता रहता था और खंभे के नीचे बैठा रहता था। पता नहीं कुत्ते रात भर भौंकते

क्यों रहते हैं? कहते हैं, कुत्तों को भूत-प्रेत दिखाई देते हैं। यह सच बात है क्या? तुम भूतों में यक़ीन रखते हो?'

'आज तक तो मुझे कोई नहीं दिखाई दिया,' मैं बोला।

'यह बात ठीक है। ज़्यादातर लोगों को दिखाई नहीं देते। क्यों दिखाई दें?... मैं क्या कह रहा था?' वह अपनी बात का सिलसिला भूल चुका था और मुझे भी उसे याद दिलाने में कोई दिलचस्पी नहीं थी। मैं इधर-उधर करने लगा और सोचने लगा कि यह कुत्ते की बात भूलकर भूतों की ही बात करता रहे। लेकिन पत्रकार ने उसे याद दिला दी, 'आप कुत्ते की बात कर रहे थे, सर!'

'अरे हाँ, हाँ। मैं उसकी लाश को बर्दाश्त नहीं कर सका और मैंने सवेरे ही भंगी को बुलाकर लाश उठवा दी। मुझे नहीं पता किस ब्रीड का कुत्ता था, हमने टॉम उसका नाम रख दिया था और उसका रंग काला था, बाल घुंघराले, बहुत ही ख़ूबसूरत। कोई उसे बंबई से लाया था और मेरे पोते को दे गया था—कौन लाया था उसे?—बड़ा स्मार्ट कुत्ता था, मजाल है कोई गेट के भीतर घुस आये, भौंक-भौंक कर दिल दहला देता था; मेरे लिए हमेशा इन्तज़ार करता था कि कब पूजा से उठूँ, क्योंकि मैं उसके बाद जो ब्रेड खाता उसी में से उसे भी एक टुकड़ा देता था। पिछले तीन साल से डाक्टरों ने मुझे सिर्फ़ ब्रेड खाने को कहा है, और मैं एक ही स्लाइस लेता हूँ। इससे पहले मैं रोज़ इडली खाता था लेकिन उनका कहना है कि अब मेरे लिए यह अच्छी नहीं है। मेरे पिताजी सौ साल तक ज़िन्दा रहे और आख़िरी दिन तक इडली खाते रहे।' यह कहकर वह चुप हो गया और उन्हीं की बातों को सोचने लगा।

मुझे ख़ुशी हुई कि वह मुख्य विषय पर नहीं आया।

मुझे उम्मीद थी कि अब वह उठेगा और चला जायेगा। दूसरे लोग भी उदासी और इज़्ज़त से उसे देखते रहे। इस तरह एकाध मिनट और गुज़रता तो वह जाने के लिए उठ भी जाता और मैं उसे सीढ़ियों से उतार कर बाहर भी पहुँचा आता, लेकिन तभी शास्त्री मुझसे पास करवाने के लिए प्रूफ़ लेकर आ गया। वह जैसे भीतर घुसा और मुझे प्रूफ़ देकर तुरंत वापस लौटने के बजाय उसे वहाँ बैठे देखकर अचानक रुक गया और पूछने लगा, 'आज सवेरे आपके फाटक पर क्या हंगामा हो रहा था? मैं उस वक़्त प्रेस आ रहा था इसलिए रुकने का समय नहीं था, लेकिन मैंने आपके पोते को रोते देखा था।'

'अच्छा, शास्त्री, तुम हो?' बूढ़े ने पूछा और दोनों आँखें मिचका कर उसका चेहरा ठीक से देखने की कोशिश की। फिर पूछा, 'तुम कैसे हो, शास्त्री? बहुत दिन बाद दिखाई दिये। क्या कर रहे हो तुम? यह तो मैं जानता था कि तुम नटराज के यहाँ काम करते हो। नटराज, तुम्हें इसका काम कैसा लगता है? अच्छा है? अच्छा ही होना चाहिए। इसका चाचा मेरे साथ पढ़ता था, और उसने... की तीसरी बेटी से

शादी की थी। मेरे भतीजे के साथ खेलने आता था। तुम रहते कहाँ हो, शास्त्री ? हमारे पास?' शास्त्री ने उसे अपना पता बताया। 'अरे, यह तो विनायक स्ट्रीट से बहुत दूर है, उधर से निकले मुझे सदियाँ बीत गईं। कभी मेरे घर आना, मुझे बहुत ख़ुशी होगी।'

इस तरह निमंत्रण पाकर शास्त्री बहुत खुश हुआ। बोला, 'ज़रूर आऊँगा। कभी ज़रूर आऊँगा।'

'तुम्हारे कितने बच्चे हैं?' शास्त्री ने संख्या बताई जिसे सुनकर बूढ़ा संतुष्ट प्रतीत हुआ और बोला, 'उनको भी साथ लाना। मैं सबको देखना चाहूँगा।'

'हाँ' कहकर चुप हो जाने की जगह शास्त्री ने कहा, 'आज सवेरे भी मैं ज़रा देर के लिए आ सकता था लेकिन फाटक पर ज़बर्दस्त भीड़ थी।'

मैं अपने मन में भुनभुनाया, 'अरे बेवक़ूफ़ शास्त्री! तुम बिला वजह क्यों इतनी ज़बान चलाये जा रहे हो! अब इसे छोड़ दो और सवेरे की भीड़ को भूल जाओ।'

लेकिन उसने तो शैतान को जगा दिया था।

'तुम्हें मालूम है, यह भीड़ वहाँ क्यों जमा थी?'

'नहीं, मैंने तो आपके पोते को रोते हुए ही देखा था। उस वक़्त मुझे प्रेस पहुँचने की जल्दी थी।'

पोते की बात सुनकर सत्तर वर्षीय बूढ़ा बहुत दुखी हो उठा और सिसकियाँ लेने की नौबत आ गई। 'बच्चा अब हँस ही नहीं रहा है। मैं उसकी तकलीफ़ देख ही नहीं पाता हूँ।'

'क्यों? क्यों? बात क्या हुई?' शास्त्री ने पूछा।

'किसी ने उसके पालतू कुत्ते को गोली मार दी,' पत्रकार ने बताया।

'गोली मार दी? अच्छा?' शास्त्री इस तरह चीख़ा जैसे उसे ही गोली लगी हो। 'कब? क्या वह मर गया? हाय, हाय, बेचारा...। मैंने उसे अक्सर आपके फाटक पर देखा था, वही काला वाला न?,' अब शास्त्री आग में ईंधन डालने का काम क्यों कर रहा था? 'आपको पता है, यह काम किसने किया?' उसने ख़तरनाक ढंग से मुँह बनाते हुए पूछा।

'अब इसका क्या फ़ायदा है?' बूढ़े ने जवाब दिया। 'टॉम तो अब वापस आयेगा नहीं।'

लेकिन शास्त्री सब बताने के लिए अडिग था। उसने बूढ़े को उसका नाम, पता और उसकी पूरी स्थिति बयान की और अंत में जोड़ा, 'यही आदमी ऐसा काम कर सकता है।'

बूढ़े ने अपनी छड़ी ज़मीन पर ठकठकाई और मुझसे बोला, 'फिर भी तुमने मुझे कुछ नहीं बताया? क्यों? क्यों?'

मैंने खोखली आवाज़ में कहा, 'मुझे यह बात सूझी ही नहीं।' बूढ़े ने फिर छड़ी ज़मीन पर पटकी और चीख़ा, 'मुझे बताओ, वह कहाँ हैं। मैं उससे निबटूँगा। मैं उसे पुलिस में दे दूँगा। और तुम्हारा उससे क्या संबंध है? रिश्तेदार है तुम्हारा? या दोस्त है?'

मैंने बूढ़े को शांत करने की कोशिश की लेकिन वह नहीं माना। 'मेरी ज़िंदगी के अस्सी सालों में यह पहली दफ़ा हमारी सड़क पर गोली मारने का यह वाक़या हुआ है। कौन है यह आदमी? तुम उसे यहाँ क्यों रखे हुए हो? कल वह सड़क पर खेल रहे बच्चों पर गोली चलायेगा।'

बच्चों के बारे में वासु की बातचीत को याद कर मुझे भी लगा कि बूढ़े की बात सच हो सकती है। उसके हाथ-पैर काँप रहे थे, चेहरा लाल हो उठा था। मुझे डर लगा कि कहीं उसे दौरा न पड़ जाये और वह यहीं न गिर पड़े, आज कल मेरे प्रेस में कुछ भी हो सकता था। मैंने कहा, 'सर, आप शांत हो जायें। उत्तेजित होने से काम नहीं चलेगा, यह आपके लिए भी अच्छा नहीं है।'

'कोई बात नहीं, मैं मरने को तैयार हूँ। मेरे लिए अब कुछ क्यों अच्छा होना चाहिए? पोते का ग़म देखने की जगह मेरा मर जाना ही अच्छा है।'

'सर, मैं उसके लिए एक और अच्छा-सा कुत्ता ला दूँगा। वैसा ही काला कुत्ता। मैं वादा करता हूँ।'

'सचमुच!' इस बात से बूढ़े को शान्ति मिली। 'वादा करते हो? तुम्हें मालूम है, वैसे कुत्ते कहाँ मिलते हैं?'

'हाँ, हाँ, जानता हूँ', मैंने कहा, 'मेरे लिए यह बहुत आसान है। बाग़ान के मालिकों के पास ये कुत्ते होते हैं। मैं किसी से भी आपके पोते के लिए एक माँग लाऊँगा।'

'अभी मेरे साथ चलकर उससे यह बात कहोगे?'

'हाँ, अभी चलता हूँ,' यह कहकर मैं उठने लगा।

इसी वक़्त शास्त्री ने प्रूफ़ मेरे सामने पेश कर दिया, 'तो अब इसे छाप दूँ?'

मैं नहीं चाहता था कि बूढ़ा किसी भी कारण प्रेस में और बैठा रहे और यहाँ से बाहर न निकले, इसलिए मैंने कहा, 'कुछ देर इन्तज़ार करो। मैं अभी लौटकर आता हूँ।' लेकिन शास्त्री ने जाने न दिया, 'अगर आप इसे पास कर दें, तो मैं छाप दूँ, सब कुछ तैयार है। आज ग्यारह बजे बिजली बंद हो रही है। अगर हम समय पर छापकर दे नहीं देते...'

'अरे, शास्त्री, बस भी करो। कुछ भी हो, मुझे परवाह नहीं। पहले मैं बच्चे से मिलूँगा।' मैं बैचैन था कि किसी भी तरह बूढ़े को यहाँ से दफ़ा करूँ, जिससे कोई उसे वासु के बारे में न बता दे।

वासु जैसे-जैसे मुझसे अलग होता गया, मेरे प्रति उसका व्यवहार ऐसा होता गया मानो चुनौती दे रहा हो। मैं यह मानता हूँ कि मैं ख़ुद भी ज़रा ज़्यादा ही सतर्क हो उठा था, उसके पैरों की ज़रा सी भी आवाज़ मुझे बहुत ज़्यादा ख़तरनाक लगने लगी थी, जिसे रेट कंट्रोल कोर्ट के क़ानूनों का समर्थन प्राप्त था। वह अब ऐसा व्यवहार करने लगा था जैसे मेरा अस्तित्व ही नहीं है। वह इस तरह अकड़ता हुआ चलता जैसे कह रहा हो, 'तुम्हें स्थगन भले ही मिल गया हो लेकिन गले के लिए असली फंदा तैयार हो रहा है।'

वह पहले से ज़्यादा मृत प्राणी यहाँ लाने लगा था और अटारी तथा छज्जा दोनों उनसे भर गये थे। मुझे लगता था कि एक-एक इंच जगह पे लाशें ही नहीं, उनको भरने के लिए बक्स और डिब्बे और कीलें और हथौड़े भी रखे होंगे। मैं अपने दफ़्तर से सीढ़ियों तक नज़र डाल सकता था, अब उनपर भी बक्से दिखाई देने लगे थे और नीचे की आख़िरी सीढ़ी तक पहुँच रहे थे—उसने इतनी ही जगह छोड़ी थी कि ऊपर आने-जाने का रास्ता बना रहे। इन दिनों वह व्यस्त भी बहुत हो गया था, आने-जाने के अलावा वह अकेले ख़ुद ही डिब्बे वग़ैरह ढोने का काम भी करता था। मुझे पता नहीं था कि ये सब वह कहाँ बेचता है। पहले तो मैं उससे यह पूछ सकता था, पर अब हम दोनों एक-दूसरे के जानी दुश्मन थे। मैं काम करने की उसकी क्षमता का प्रशंसक था, और इसका भी कि सारे ख़तरनाक काम भी वह अकेले ही करता था। अगर अब भी हम दोनों बातचीत करते होते, तो मैं चमड़ा-विशेषज्ञ के रूप में उसकी सफ़लता की खुलकर प्रशंसा ही करता—उसका उस्ताद सुलेमान भी, जैसे वह उसके बारे में बताता था, महान व्यक्ति रहा होगा। उसने अपने प्रमुख शिष्य को सब कामों में निपुण बना दिया था। यह पशुओं को जन्म देने के अलावा उनसे संबंधित और सब काम कर सकता था।

वासु शत्रु भी एकदम बढ़िया था। कभी-कभी जब मैं मशीन पर खड़ा होता और उस पर मेरी नज़र पड़ जाती, तो वह शायद मन ही मन मुझे गाली देते हुए, सिर घुमाकर निकल जाता। उसकी लगातार उन्नति होती जा रही थी। मुझे आश्चर्य होता था कि इतनी आमदनी के बाद भी उसने आज तक कार्ड और लेटरहैड छपाने के पैसे क्यों नहीं चुकाए हैं। यह उससे कैसे पूछा जाये? मैं उससे ऐसी कोई बात नहीं करना चाहता था जिससे वह पागल हो उठे और हमारे संबंध और भी बिगड़ जायें।

अब मैं उसकी अपनी विशेष प्रकार की कठोर कंपनी भी मिस करने लगा था। मैं अक्सर सोचता कि क्या कोई ऐसा उपाय हो सकता है कि मैं उससे कह सकूँ कि हमारे बीच सब ठीक-ठाक है, वह यह भूल जाये कि हमारे बीच अब तक क्या हुआ है, वह मेरे घर में जब तक चाहे ठहर सकता है—मैं उससे कहूँ कि 'बहुत ज़्यादा लाशें वह यहाँ न लाये और न ज़्यादा दिनों तक रखे, क्योंकि यहाँ के लोग

बात का बतंगड़ बना देते है...' दरअसल मुझमें अच्छा शत्रु बनने की योग्यता ही नहीं थी। कोई भी दुश्मनी होती तो मैं रात-दिन परेशान रहता था। स्कूल में पढ़ने के समय अगर किसी से मेरा झगड़ा हो जाता तो मैं हर समय उसकी जासूसी करता था कि वह क्या कर रहा है, और जब तक यह दुश्मनी ख़त्म न होती, परेशान रहता था। स्कूल से घर लौटते समय मैं उससे चार क़दम पीछे ही बना रहता, और स्कूल में भी एकदम उसके पीछे की बैंच पर ही बैठता था और खाँस कर या पीठ में पेंसिल चुभाकर-और फिर उसे ज़मीन पर नीचे गिराकर जिससे उसे शक नहीं कि मैं जान बूझकर ऐसा कर रहा हूँ—उसका ध्यान अपनी तरफ़ आकर्षित करने की कोशिश करता रहता था। उससे एक दोस्ती की नज़र पाने या एक मीठा शब्द सुनने के लिए मैं किसी भी हद तक नीचे गिरने को तैयार रहता था और उस अवसर की प्रतीक्षा करता रहता था जब मैं उससे कह सकूँ कि मैं फिर से उसकी दोस्ती हासिल करना चाहता हूँ। दाँत के दर्द की तरह यह बात मुझे परेशान करती रहती थी।

इस समय भी मुझमें कुछ उसी तरह का भाव उत्पन्न होने लगा था। मैं वासु से बात करने का अवसर चाहने लगा था। मैं ट्रेडिल पर बच्चे की तरह खड़ा उसकी दिशा में देखता रहता कि वासु मेरी तरफ़ देखकर ज़रा-सा सिर हिला दे जिससे लगे कि सब ठीक-ठाक हो गया है। वह निश्चय ही बहुत ख़तरनाक क़िस्म का मनुष्य था लेकिन मैं उससे बातचीत शुरू करना चाहता था। यह बड़ी उलझी हुई स्थिति थी। मैं यह नहीं कह सकता कि वह मुझे अच्छा लगता था या जो भी वह कहता या करता था, वह मुझे पसंद था लेकिन वह मुझसे नफ़रत करे यह मुझे स्वीकार नहीं था। मेरा दिमाग़ ऐसी योजनाओं से गूँजता रहता जिनसे मैं फिर उसके पास पहुँच सकता था। कभी-कभी मैं यह सोचता कि उसका छपाई का बिल रद्द करके मैं अपनी मित्रता व्यक्त करूँ हालांकि मुझे कोई भी बिल रद्द करना कभी अच्छा नहीं लगा। मैं हमेशा अपने मन को यह सोचकर धोखा देता कि मैं अपने सभी बिल का एक-एक पैसा वसूल कर लेता हूँ और किसी को कभी नहीं बख़्शता। इसलिए, अब मैंने यह तय किया कि जब तक वासु के साथ दोस्ती फिर से क़ायम नहीं हो जाती, मैं बिल का मसला नहीं उठाऊँगा, इससे बाद कभी मज़ाक़िया ढंग से इसकी चर्चा कर दूँगा।

इस तरह मेरी मानसिक उठापटक जारी थी कि शास्त्री एक नई समस्या लेकर हाज़िर हो गया। सीढ़ियों के नीचे एक लकड़बग्घा था जिसे देखकर वह इतना भयभीत हो गया कि एलबर्ट मिशन हाई स्कूल के एडमिशन कार्ड कंपोज़ करने में उसे कठिनाई होने लगी। मैं अपनी हमेशा की जगह पर बैठा था कि उसने पर्दा थपथपाया और ज़ोर से कहा, 'मैं कैसे काम करूँ यहाँ, यह भेड़िया मुझे टकटकी लगाये घूर रहा है। और इसी के बगल में इतना ज़बर्दस्त सांप रेलिंग से लटक रहा है।'

'शास्त्री, मैं भी इसे देख रहा हूँ। यह भेड़िया नहीं है, लकड़बग्घा है। तुम्हें यह नहीं लगता कि यहाँ इतनी क़िस्म की ज़िंदगियाँ होना क़स्बे के लिए बड़े मज़े की बात है? ये सब प्राणी पेम्पी पहाड़ियों के हैं?'

मेरे कथन का शैक्षिक पहलू शास्त्री की समझ में नहीं आया। वह बोला, 'हो सकता है। लेकिन ये सब यहाँ किसलिए हैं? आप इस बारे में कुछ कर नहीं सकते? इनसे घिन आती है। और चमड़े की बू चारों तरफ़ फैलती है—मैंने प्रेस को झकाझक साफ़ रखने में सारी ज़िंदगी लगा दी।'

मैं शास्त्री की परेशानी समझ रहा था। इस बात को मज़ाक़ में उड़ाकर उसका मूड हल्का करने का प्रयत्न करना बेकार था। मुझे डर था कि अगर मैंने ध्यान नहीं दिया तो वह ख़ुद ग्रिल के पीछे से वासु को आवाज़ लगाकर इसे हटाने के लिए कह सकता था। मैं नहीं चाहता था कि वह अपनी जान ख़तरे में डाले, इसलिए मैंने समझाने के ढंग से कहा, 'शास्त्री, तुम्हें वह पुरानी कहावत याद है कि अगर कभी आपके कपड़े झाड़ी के काँटों में उलझ जायें, तो उन्हें बहुत धीरे-धीरे सँभल-सँभल कर निकालना चाहिए, नहीं तो कपड़ा साबुत नहीं निकलेगा।'

पुराने विचारों का होने और संस्कृत का चलताऊ ज्ञान रखने वाले शास्त्री को यह कहावत पसंद आई और जिन शब्दों में उसे कहा गया था वह और भी ज़्यादा अच्छे लगे, और इसके बदले में उसने एक और संस्कृत का श्लोक पढ़कर बताया कि राक्षस से पार पाने के लिए व्यक्ति में शिकारी का अचूक निशाना, पंडित की तेज़ बुद्धि और वेश्या जैसी चतुराई होना चाहिए।

'यह तो ठीक है लेकिन इसमें कठिनाई यह है कि अचूक निशाने का गुण उसके पास है, हमारे पास नहीं। जो हो, अब बहुत जल्द वह जंगल के सारे जानवर और पक्षी मार डालेगा, फिर बेकार होकर वह यहाँ रहने लगेगा और ये सीढ़ियाँ भी ख़ाली हो जाएंगी।'

लेकिन शास्त्री चुप रहने वाला आदमी नहीं था, वह बोलता रहा, 'वासु में राक्षस के सारे लक्षण मौजूद हैं। वह देखने में ही दानव है, इसलिए उसमें अपार बल है, आश्चर्यजनक शक्तियों का वह मालिक है, विलक्षण बुद्धि तो है ही, लेकिन जो मनुष्य या ईश्वर के किसी नियम को नहीं मानता।... हर राक्षस का अहं गुब्बारे की तरह होता है। वह भी समझता है कि कोई उसका बाल भी बाँका नहीं कर सकता। उसपर कोई क़ानून लागू नहीं होता। लेकिन आज नहीं तो कल, कोई बात ऐसी होगी कि वह ख़त्म हो जायेगा। इसके बाद उसने पुराणों की वे कहानियाँ सुना दीं जिनमें राक्षसों का नाश किया गया था। मुझे आश्चर्य हुआ कि उसे धर्मग्रंथों की इतनी अधिक जानकारी है। उसकी बातों से मेरे ज्ञान की भी वृद्धि हुई, लेकिन चाह अब भी यह रहा था कि वह स्कूल के एडमिशन कार्ड

छापने में लग जाये, जिन्हें बहत्तर घंटे बाद देना था। पर उसे जानवरों की याद दिलाने की मेरी इच्छा नहीं हुई।

वह बोलता रहा; पूरा विश्वकोश उसके दिमाग़ में भरा था। उसने चाँदी की कमानी वाला अपना चश्मा उतारा, धीरे से पोंछ कर जेब में रखा, जैसे भाषण देने के लिए यह कोई बाधा हो, और कहता रहा : 'आप जानते हैं कि रामायण का मुख्य चरित्र रावण था, जिसके दस सिर और बीस हाथ थे, ज़बर्दस्त शारीरिक और योग की शक्ति थी, और देवताओं से वरदान प्राप्त था कि कोई उसे मार नहीं सकता। उसके अत्याचार से पृथ्वी काँपती थी। लेकिन उसका भी अंत हुआ। या महिष का उदाहरण लीजिए, उसने तपस्या करके वरदान प्राप्त कर लिया था कि उसका कोई नाश नहीं कर सकता, यही नहीं, उसके शरीर से निकले रक्त की एक-एक बूँद से एक-एक असुर पैदा हो जायेगा और हरेक की शक्ति उसी के बराबर होगी। लेकिन उसका भी अंत हुआ। छह भुजाओं की देवी, जिसके हर हाथ में एक हथियार था, उसके सामने शेर पर बैठ कर प्रकट हुई, उसने पहले राक्षस के शरीर की एक-एक रक्त की बूँद पी डाली, फिर उसे नष्ट कर दिया। एक और राक्षस भस्मासुर था, जिसे यह वरदान प्राप्त था कि वह जिस को भी छुएगा, वह भस्म हो जायेगा, और कोई भी वस्तु उसे नष्ट नहीं कर सकेगी। मानवता उससे परेशान थी। तब भगवान विष्णु मोहिनी का रूप धारण करके आये, जिसपर वह मोहित हो गया। मोहिनी ने उसे अपने साथ सिर पर हाथ रखकर नृत्य करने को कहा तो वह तैयार हो गया। इसका तुरंत परिणाम हुआ और अपने सिर पर अपना हाथ रखते ही वह तुरंत जलकर भस्म हो गया। हर आदमी सोच सकता है कि वह महान है और दुनिया की कोई शक्ति उसे नष्ट नहीं कर सकती, लेकिन वह यह नहीं जानता कि किस दिशा से उसका काल प्रकट होकर उसे क्षण-भर में नष्ट कर देगा।'

वासु ने शास्त्री को दार्शनिक बना दिया था। भीतर जाने से पहले उसका आख़िरी वक्तव्य यह था: और दक्ष की कहानी भी सुनिए, उसका विनाश सांप के काटने से होना था, जिससे बचने के लिए उसने एक द्वीप के बीचोंबीच क़िला बनवाया था। लेकिन अंत में....।' इन सब कहानियों का परिणाम मुझ पर अच्छा ही हुआ, मुझ में हिम्मत तो आई ही, अब मैं यह सोचने लगा कि कभी न कभी इस संकट का अंत होगा और मेरी अटारी ख़ाली हो जायेगी। मैं तो चाहता था कि हम मित्र की तरह ही एक-दूसरे से अलग हों-लेकिन शास्त्री का विचार कुछ और था, वह इसे ज़रूरी नहीं मानता था। लेकिन तभी वह अचानक लकड़बग्घे की फिर बात न करके मेरे सामने से ग़ायब हो गया, क्योंकि उसे याद आ गया कि वह मशीन को खुला छोड़ आया है और उस पर लगी स्याही सूख जायेगी।

अब मेरा उद्देश्य यह था कि स्थिति को बदतर होने से बचाऊँ और वासु के साथ

'हलो' करना फिर से शुरू कर दूँ। मुझे ख़ुशी थी कि मैंने शास्त्री के कारण उत्पन्न होने वाला ख़तरा टाल दिया था, लेकिन यह संतोष ज़्यादा दिन नहीं चला। शास्त्री ख़ुद अब लकड़बग्घे और दूसरे जानवरों के प्रति निरपेक्ष रहना सीख गया था और एडमिशन कार्ड वग़ैरह छापने में लगा रहता था जिससे मुझे भी काफ़ी शांति मिल गई थी और मैं सोचने लगा था कि शीघ्र ही वह समय आ जायेगा जब वासु के साथ दुआ-सलाम फिर शुरू हो जायेगी। लेकिन ऐसा होना ही नहीं था। एक दिन फ़ॉरेस्ट अफ़सर फिर प्रेस में आ पहुँचा और पूछने लगा कि वासु क्या अब भी यहीं रहता है। मैंने समझा कि वह अपनी श्रेष्ठ सूक्तियों की पुस्तक छपवाने के सिलसिले में आया है, इसलिए मैंने कहा, 'मुझे अपना वादा याद है और जब भी आप पांडुलिपि मुझे दे देंगे...'

लेकिन उसने इस बात को आगे नहीं बढ़ाया और कहने लगा, 'ठीक है, लेकिन मुझे कोई जल्दी नहीं है। आज तो मैं सरकारी काम से यहाँ आया हूँ। वासु यहीं है? हो तो मैं उनसे बात करना चाहूँगा।' मुझे एकदम संदेह हुआ और मैं सोचने लगा कि मुझे इस झमेले से दूर ही रहना चाहिए। यह अफ़सर मित्र के रूप में भी आया हो सकता है, या किसी और रूप में भी। इसलिए मैंने कहा, 'आजकल मुझे वह ज़्यादा नहीं दिखाई देता, वैसे रहता ऊपर ही है। लगता है, बहुत व्यस्त रहता है... '

'किस काम में?'

मैं सतर्क हो उठा। बोला, 'मुझे पता नहीं। मुझे तो आता-जाता ही दिखाई देता है। उसका अपना कुछ व्यवसाय होगा।'

'अपना व्यवसाय? मैं यही जानने आया हूँ कि वह क्या है। आप मेरे कुछ सवालों का जवाब देंगे?'

'जी नहीं,' मैंने छूटते ही जवाब दिया, 'मैं उसके किसी भी काम से कोई भी संबंध नहीं रखना चाहता।'

'अजीब बात है!' वह बोला। कुछ महीने पहले जब वह यहाँ आया था, बहुत मीठी नैतिकतावादी बातें कर रहा था। अब उसका इतना सख़्त रुख देखकर मुझे आश्चर्य हुआ। वह कहने लगा, 'वह आपका किरायेदार है, यह सब जानते हैं, और वह अपने को आपका दोस्त भी बताता है, फिर भी आप कह रहे हैं कि आप उसके बारे में कुछ नहीं जानते? इस पर कैसे विश्वास किया जाय?'

'जी। आपको मेरी बात पर विश्वास करना चाहिए। लेकिन पहले तशरीफ़ रखिए, फिर बात करेंगे।'

'नहीं, मेरा समय सरकारी है। मैं यहाँ सरकारी काम से आया हूँ, और मुझे आपकी कुर्सी पर आराम करने के पैसे नहीं मिलते हैं। मुझे जल्द से जल्द अपना काम पूरा करना है।' अब मुझे पता लगा कि मरियल-सा लगने वाला यह आदमी, जिसकी गर्दन

उसकी ख़ाकी वर्दी से पाइप की तरह निकली पड़ रही है कितना सख़्त आदमी है! वह बोला, 'जो भी आदमी शिकार के नियमों को नहीं मानेगा, वह मेरा शत्रु है। उसे देखते ही गोली मार देने में मुझे कोई हिचक नहीं होगी। हमारे जंगलों से बहुत से जानवर ग़ायब हो रहे हैं, जिनमें शेर भी शामिल हैं। ये कहाँ जा रहे हैं?'

'ये किसी और जंगल में घूमने-घामने भी जा सकते हैं,' मैंने कहा।

यह सुनकर वह ज़ोर से हँसा। उसे यह अच्छा मज़ाक़ लगा। मैंने सोचा, हँसी-मज़ाक़ के द्वारा भी इससे मित्रता की जा सकती है।

वह बोला, 'इससे लगता है कि आप वन्यजीवन के बारे में कुछ नहीं जानते।'

यह बात सुनकर मुझे संतोष हुआ। इससे यह आदमी मेरे प्रति ज़्यादा सहनशीलता दिखा सकता है और वासु के कारनामों में मेरे सहयोग की बात भी इसके ज़ेहन में नहीं उतरेगी। लेकिन तुरंत ही उसने यह सोचकर अपना रुख़ बदला कि ज़्यादा मुस्कराने का मुझपर खराब असर पड़ सकता है, इसलिए फिर वह तनकर खड़ा हो गया और होठों को बिचका कर मेरी तरफ़ देखने लगा। बोला, 'मज़ाक़ छोड़िए, मैं अगर जंगल से ग़ायब हो रहे जानवरों की सच्चाई का पता नहीं लगाता तो मेरी नौकरी ख़तरे में पड़ जायेगी। कोई बंदूक़ से यह खेल खेल रहा है।'

'आप जंगल की चौकीदारी नहीं करते?' मैंने पूछा।

'करते हैं, लेकिन सैकड़ों मील में फैले इस घने जंगल में एक-एक इंच की चौकीदारी संभव नहीं हैं, ख़ास तौर पर तब जब चोर रात के समय काम करते हों। हमारे बहुत-से गार्ड भी ईमानदार नहीं हैं। कई जगह हम वहाँ के निवासियों से यह काम करवाते हैं लेकिन वे इनसे भी ज़्यादा बेईमान हैं। मुझे पहले आपके इस किरायेदार से बात करना है।'

'यह मेरा किरायेदार नहीं है। मैं उससे किराया नहीं लेता।'

'तो ज़रूर वह तुम्हारा दोस्त है।' मैंने देखा कि वह भी, दूसरे लोगों की तरह, मुझे अपने जाल में फँसाने की कोशिश कर रहा है।

मैंने कहा, 'वह मेरा दोस्त भी नहीं हैं। यहाँ उसके आने से पहले मैं उसे जानता भी नहीं था। लेकिन यह बात ख़ुद मुझे सही नहीं लगी, व्यापार में उसका भागीदार बनने की अपेक्षा दोस्त या मकान-मालिक बनना ही ठीक होगा। मैंने देखा कि इस मरियल आदमी का चेहरा सख़्त हो गया है।

वह एक मिनट कुछ सोचता रहा, फिर बोला, 'आप मेरी सहायता क्यों नहीं करते?'

'किस तरह?'

'मैं इस आदमी को पकड़ना चाहता हूँ क्योंकि यह मेरे जानवर ख़त्म कर रहा है। आप मुझे कुछ सुराग़ दे सकते हैं।'

हम उसी जगह आ पहुँचे थे जहाँ से शुरू किया था। मैं बोला, 'मैं इस मामले से एकदम दूर रहना चाहता हूँ। मुझे इसमें मत घसीटिए। आपको यह क्यों लगता है कि मैं इस मामले में पड़ूँ?'

'क्योंकि आप उसके दोस्त नहीं हैं... इसलिए मेरी मदद कर सकते हैं।'

'लेकिन मैं आपका दोस्त भी तो नहीं हूँ।'

सुबह के इस वक़्त जब मार्केट रोड पर आवागमन शुरू हो गया था और मेरी ट्रेडिल मशीन स्कूल के एडमिशन कार्ड मज़े से छापे जा रही थी, दोस्ती के विषय पर इस तरह बातें करना मूर्खतापूर्ण ही था। मैंने कुछ ठहरकर कहा, 'आप आराम करना चाहें तो भीतर आ जायें और कुर्सी पर बैठें।'

'उसके कमरे में मुझे प्रेस के भीतर से जाना होगा?'

'नहीं, इधर से रास्ता बंद हैं। उसका अलग दरवाज़ा उधर से है...'

वह चुपचाप नीचे उतरा और उधर गया। मैं उसका दिमाग़ पढ़ रहा था। अब उसे विश्वास हो गया था कि मैं इस सारे व्यापार में उसका साझीदार हूँ। चलते समय उसके रुख़ से साफ़ था कि समय आने पर वह पूरे गैंग को गिरफ़्तार कर लेगा।

मैंने सुना कि वह सीढ़ियों पर चढ़ रहा है और दरवाज़ा खटखटा रहा है। वासु के यहाँ कोई नहीं आता था इसलिए उसे आगन्तुकों का अभ्यास नहीं था। उसने ज़ोर से पूछा, 'कौन है?'

मुझे इसका जवाब सुनाई दिया, 'मैं एक मिनट आपसे मिलना चाहता हूँ। दरवाज़ा खोलिए।'

उसने पूछा, 'आप कौन हैं? नाम क्या है?'

'रामस्वामी। मिलना चाहता हूँ।'

'तुम जो भी रामस्वामी वग़ैरह हो, नीचे जाकर जीप के पास मेरा इन्तज़ार करो। मैं कुछ देर बाद वहाँ आऊँगा।'

'इस वक़्त मुझे क्यों नहीं आने दे रहे?'

वासु और ज़ोर से चीखा, 'बहस मत करो और यहाँ से हटो। वहीं जाकर इन्तज़ार करो।'

मैंने सुना कि अफ़सर नीचे उतरा, फिर लकड़बग्घे को देखने लगा। आधे घंटे बाद सीढ़ियों पर से फिर किसी के उतरने की आवाज़ आई, इसके बाद जीप के पास से दो लोगों की बातें करने की आवाज़ें आने लगीं। 'तो आप हैं, रामस्वामी? मुझे आप से मिलने का यह सौभाग्य क्यों प्राप्त हो रहा है?'

मुझे दोनों की बातचीत मेरे पीछे खड़ी पूरी दीवार से होकर सुनाई देने लगी, जिसकी आवाज़ एकदम धीमी हो गई थी, मैंने कुर्सी पर खड़े होकर ऊपर लगे एक रोशनदान को खोला जिससे आवाज़ ज़रा और साफ़ सुनाई पड़े। मरियल आदमी

बार-बार अपनी बात दोहराये जा रहा था कि जंगल से जानवर ग़ायब होते जा रहे हैं और वासु का जवाब होता था, 'तो फिर?' इसके जवाब में अफ़सर ने कहा, 'ये जानवर सुरक्षित रखे जाने के लिए होते हैं।'

वासु ने इसपर मज़ाक़िया लहजे में कहा, 'इन्हें ज़रूर सुरक्षित रखा जा सकता है, बशर्ते आप इस के लिए चमड़ा-विशेषज्ञ की सेवाएं प्राप्त करें।'

मरियल अफ़सर वासु से कम नहीं था। उसने कहा, 'हम चमड़ा-विशेषज्ञ की सेवाएं नहीं लेंगे, ख़ुद उसे ही ले जायेंगे।'

इस समय तक वासु जीप में अपनी सीट पर जाकर बैठ चुका था, और अफ़सर उसके पास खड़ा था। यह दृश्य उस पहले दिन के दृश्य से कितना भिन्न था जब वासु उसे मुझसे मिलाने लाया था और बड़ी लल्लो-चप्पों की बातें कर रहा था और उसे महान लेखक बता रहा था।

'हम चौकसी कर रहे हैं और जैसे ही आदमी हमारी पकड़ में आ जाता है, उसके साथ क्या किया जाये, क़ानून इस बारे में एकदम स्पष्ट हैं...'

वासु ने अपनी हमेशा की चिड़चिड़हाट के साथ जवाब दिया, 'आपके डिपार्टमेंट को जब कभी मेरी आवश्यकता हो, संपर्क कर लें... '

अफ़सर ने इस बात को नज़रअंदाज़ करके पूछा, 'यह लकड़बग्घा यहाँ कैसे टंगा है इसका आपके पास क्या जवाब है?'

'यह ख़ुद मेरी तलाश में आया था। जहाँ आप इसे देख रहे हैं, वहीं मैंने इसे मार दिया,' उसका उत्तर था।

'किसलिए...?'

'किसलिए क्या? किसी लिए नहीं। मैं कोई जवाब देने को बाध्य नहीं हूँ।'

'इन्हें आप किस जंगल से लाये हैं?'

'आपके जंगल से नहीं। इन्हें ध्यान से देखिए कि कहीं आपके मेम्पी जंगल का इन पर ठप्पा तो नहीं लगा है। भारत बहुत बड़ा देश है और इसमें बहुत सारे जंगल हैं और हर जगह हर तरह के जानवर मिलते हैं। आपको मैं बताऊँ कि मेरे पास शेर की खालें भी हैं, ये भी आपकी हैं? कर सकें तो इन पर दावा कीजिए।... अच्छा, अब मुझे भूख लगी है और मैं नाश्ता करने जा रहा हूँ। मेरे पास बर्बाद करने के लिए समय नहीं है। जब तक कोई ख़ास बात न हो तब तक मेरे पास न आयें।' यह कहकर वह चल पड़ा। अफ़सर एक क्षण वहाँ रुका, फिर वह भी रवाना हो गया।

अगले दो दिन कुछ नहीं हुआ। इसके बाद की शाम को जब मैं अपनी सीट पर बैठा था, वासु की जीप मेरे दरवाज़े के सामने आकर रुकी। मेरा दिल धड़क उठा। जीप

में बैठे ही उसने आवाज़ दी, 'नटराज, यहाँ आओ।' मेरी पहली इच्छा यह हुई कि सब काम रोककर उसके पास पहुँच जाऊँ और अवसर का फ़ायदा उठाकर इस राक्षस से फिर दोस्ती कर लूँ। लेकिन मेरा गर्व सामने आ गया। मुझे एकाएक चिढ़ हुई कि यह आदमी मुझे कितना परेशान करता रहा है। 'बात करनी है तो भीतर आओ।' मैंने कहा और मुझे ख़ुद अपनी बहादुरी पर ताज्जुब हुआ।

वह दाँत निपोर कर हँसा, 'अच्छा, अब तुम भी बहादुरी दिखाने लगे। अच्छी बात है।'

मुझे उसके बड़प्पन दिखाने से नफ़रत हुई। मैंने कहा, 'तुम्हें मुझसे क्या काम है? मैं इस वक़्त व्यस्त हूँ।'

'अच्छा, ठीक है,' उसने मज़ाक़िया लहज़े में कहा 'मैं देख रहा हूँ, मुझे मेहनत करके कमाने वाले लोग अच्छे लगते हैं, न कि वो जो दूसरों के दफ़्तर में बैठकर गप-शप करते रहते हैं।' उसका इशारा मेरे दोनों मित्रों की तरफ़ था जो आज कई दिन बाद यहाँ आकर बैठे थे। वासु जीप में बैठा चिल्लाता रहा, 'नटराज, मैं तुम्हारी हिम्मत की तारीफ़ करता हूँ। मैं तुम्हें बिना हड्डी का इंसान समझता था। अब पता लगा कि तुम्हारे रीढ़ की हड्डी भी है। मैं नहीं जानता था कि तुम ख़ाकी वर्दी वाले उस भूत को मेरे पीछे लगा दोगे। बहुत चालाक निकले तुम। यह तुम्हारी चाल है। अब मैं क्या करूँगा, यह जानता चाहते हो?'

'मुझे इसमें कोई दिलचस्पी नहीं है। मैं व्यस्त हूँ।'

'तुमने उसे मेरे कमरे का रास्ता दिखाया। उसने वहाँ की चीज़ें देख लीं। फिर क्या हुआ। अपने दोस्त से कहो कि मेम्पी में जो भी जानवर वग़ैरह हैं, उन सब पर रबर स्टाम्प लगवा दे, जिससे बाद में न वह ख़ुद बेबक़ूफ़ बने और न तुम बनो।' यह कहकर वह चल पड़ा।

सेन बोला, 'तुम ख़ुद ऐसे आदमी को अपने यहाँ रखकर बर्दाश्त कर रहे हो, यह मुझे पसंद नहीं है।'

मैं सोचने लगा कि वासु की इस धमकी का मतलब क्या है? उसने मुझे रेंट कन्ट्रोलर के जाल में फँसा दिया था, और यह मामला स्थगन वकील संभाल रहा था, जो बार-बार मुझसे पाँच या दस रुपये माँग बैठता था, हालांकि दो रुपये देने पर भी वह संतोष कर लेता था, जिसके बदले मैं उससे शादी के कार्ड छपवाने के पैसे देने की चर्चा नहीं करता था। मुझे डर था कि वासु मेरे बेटे को न उठा ले जाये और फिरौती की माँग करे। वह ऐसा आदमी था जो कुछ भी कर सकता है। इसलिए उसी शाम मैंने अपनी बीवी को हिदायत दी, 'अगर मुझसे कुछ काम हो तो मेरे लौटने का इन्तज़ार करना। बेटे को मुझे बुलाने मत भेजना।'

वह बेचैन हो गई और पूछने लगी, 'लेकिन क्यों ?'

मैंने हल्के मन से कहा, 'मैं नहीं चाहता कि वह वहाँ आये और शोर-शराबा करे।'

उसने शिकायत की, 'तुम उसे देखते ही कहाँ हो। उसके जागने से पहले चले जाते हो और सोने के बाद लौटते हो। इसपर भी वह अपने पिता से दिन में मिलना चाहे तो तुम उसे इस तरह रोक रहे हो!' अब मुझे उसे सब बात बतानी पड़ी तो वह डर गई।

अब वह सामने का दरवाज़ा हर वक़्त बंद रखती। बेटा अगर छह बजे के बाद ज़रा भी देर से आता, तो वह बेहद परेशान हो उठती। उसे डर था कि यदि प्रेस का पीछे का दरवाज़ा खुला रहेगा तो राक्षस वहाँ से घर में घुस आयेगा और परिवार को खा डालेगा। लेकिन, जब तक दिन की रोशनी रहती, बेटे को यह देखकर मज़ा आता। वह अपने दोस्तों को बताने लगा कि इन दिनों वह किस ख़तरे से घिरा है, और मैंने देखा कि बच्चों के गिरोह मेरे प्रेस आते हैं और ऊपर अटारी की तरफ़ देखते रहते हैं–दोपहर की छुट्टी के वक़्त इन की तादाद ज़्यादा होती थी। पहले तो मेरी समझ में नहीं आया और मैंने उन्हें बुलाकर पूछना शुरू किया, 'तुम लोग यहाँ क्या करने आते हो?'

'कुछ नहीं,' उनमें से एक बोला, 'हम स्कूल से घर जा रहे हैं।'

'ऊपर क्या देख रहे थे?' मैंने फिर पूछा।

'बाबू कह रहा था कि यहाँ... यहाँ एक .... राक्षस रहता है।'

'तो तुम उसे देखना चाहते हो!' मैंने पूछा। उन्होंने सिर हिलाया। मैं बोला, 'यहाँ कुछ नहीं है। तुम सब घर जाओ। यहाँ कोई राक्षस नहीं रहता।' मुझे डर था कि ये वासु को यहाँ से निकलते देखकर उसे घेर न लें और शोर मचाने लगें तो उसे ग़ुस्सा न आ जाए। बच्चों के प्रति उसका रुख़ मैं जानता था। इसलिए किसी को ख़तरे में नहीं डालना चाहता था। एक बच्चे ने धीरे से पूछा, 'यह कुत्ते भी खाता है?'

'अरे नहीं,' मैंने तुरंत उत्तर दिया। 'हम सब की तरह चावल और दूसरी चीज़ें ही खाता है यह बात ग़लत है।'

'फिर उसने रामू के कुत्ते को क्यों गोली मारी?'

'अच्छा, यह बात है। वह तो ग़लती से मार दी थी, उसे लगा कि यह भालू आ रहा है इसलिए उसने बंदूक़ तैयार कर ली, लेकिन वह तो कुत्ता था।'

एक और बच्चा बोला, 'उसका नाम लिली था, 'तो दूसरा बोला, 'नहीं, टॉम था।'

'नहीं, लिली था,' पहले ने फिर कहा।' अच्छा, अगर लिली नाम निकले तो तुम मुझे क्या दोगे। चलो, रामू से पूछ लेते हैं।'

'हाँ, हाँ, चलो,' यह कहकर दोनों दौड़ गये–दो चिड़ियों की तरह जो छत से

नीचे आये और फिर ऊपर उड़ जायें। दो-तीन और बच्चे, जो खड़े सुन रहे थे, वे भी उनके पीछे दौड़े, 'हम भी रामू के पास चलते हैं।'

दो दिन बाद एक शाम मेरा बेटा रामू को लेकर मेरे पास आया। रामू बोला, 'मेरे बाबा ने बोला है कि आपसे मिलूँ।' बाबू ने इसमें जोड़ा, 'यह कुत्ता लेने आया है।'

कई हफ़्ते पहले मैंने उस सत्तर वर्षीय बूढ़े से कहा था कि मैं आपके पोते को कुत्ता ला दूँगा। हालांकि उस वक़्त मुझे लगता था कि यह करना आसान होगा, लेकिन वक़्त के गुज़रने के साथ यह लगने लगा था कि यह काफ़ी मुश्किल काम है। कठिनाई के समय उससे निजात पाने के लिए मैंने यह वादा कर दिया था लेकिन बाद में पाया कि यह मुश्किल ही नहीं, असंभव कार्य है। मैं नहीं जानता था कि घरेलू कुत्ते कैसे प्राप्त किये जाते हैं, या कहाँ मिलते हैं। मैंने किसी बाग़ान-मालिक का ज़िक्र भी किया था जिसके पास कुत्ता है। तब मेरे दिमाग़ में अचप्पा था, जिसके पहाड़ियों में काफी बाग़ान थे और तब जिसके लिए मैं छपाई का काम किया करता था। उसने एक बार मुझे बताया था कि उसके पास डेन जाति के दो बढ़िया कुत्ते हैं जिनके नौ पिल्ले हैं। मैं उनमें से एक लेना चाहूँगा, यह सालों पहले की बात हैं। अब अचप्पा तो बिल्कुल दिखाई नहीं देता था, हाँ, उसका मैनेजर ज़रूर पड़ोस के प्रेस में कभी-कभी दिख जाता था।

यह याद कर मैं उस प्रेस में गया और बोला, 'अगर कभी कंसोलिडेटेड एस्टेट्स से कोई यहाँ आये तो मुझे बताना।' उसने बताया कि कई महीने से अब यहाँ कोई नहीं आया और लगता है कि अचप्पा ने मद्रास में अपना काम कराना शुरू कर दिया है। यह बात ख़त्म हो गई। कुत्ता प्राप्त करने का स्रोत सूख गया था। अब मुझे किसी विशेषज्ञ की ज़रूरत थी। मेरी ईमानदारी पर कोई शक नहीं कर सकता था। लेकिन मेरे साधन कम थे फिर मेरे पास समय भी नहीं था। हर रोज़ यह बच्चा प्रेस आता और कहता, 'बाबा ने भेजा है।' और हर दिन में उसे कुछ न कुछ कहकर वापस भेज देता था। यह काम मशीनी हो गया था। लड़का भी, जो भी मैं उत्तर देता, उससे संतुष्ट होकर वापस लौट जाता था। मेरे इरादे नेक थे लेकिन आजकल प्रेस का काम भी बहुत बढ़ गया था और मेरे पास एक क्षण भी ख़ाली नहीं बचता था। दूसरे कामों के अलावा सेन मुझे घोषणा-पत्र जैसी चीज़ें छापने के लिए लाकर देता था और कवि का महाकाव्य भी बड़ी फुर्ती से लिखा जाने लगा था जिसके अध्याय मैं छापता था। इन सब कामों के बीच मेरा समय जैसे उड़ता चला जाता था। मुझे ज़्यादा मेहनत से ज़्यादा पैसा भी कमाना पड़ रहा था जिससे स्थगन वकील की माँगें पूरी करता रह सकूँ। मैंने अब भी उम्मीद नहीं छोड़ी थी कि उसके कार्ड छापने का पैसा मुझे मिल जायेगा लेकिन उसकी राय मानकर मैं दोनों हिसाब एक-दूसरे से मिलाने से परहेज़ करता था।

हालांकि बाहर जाकर बच्चे के लिए कुत्ते की तलाश करने का मेरे पास समय नहीं था लेकिन इस काम की मैंने और कई योजनाएं बनाई थीं। मैंने अपने ऐसे सभी दोस्तों की सूची बनाई थी जिसके पास कुत्ते थे, हरेक की नस्ल को उनके सामने नोट किया था, उनके ब्याने का समय सही-सही पता करके लिखा था। उन से कह दिया था कि जब कोई नए बच्चे पैदा हों तो उनमें से एक मुझे दें, और पता करने के लिए हर इतवार शाम ऐसे दोस्तों के घर जाता था, जिससे जल्द से जल्द एक कुत्ता बच्चे के लिए मुझे मिल जाये। रात के वक़्त जब मेरा बेटा सोने के लिए मेरे पास सरक आता—दरअसल रात को ही राक्षसों का डर लगता भी है, इसलिए वह अलग बिस्तर पर सोने के लिए कभी तैयार नहीं होता था—तो वह मुझसे कुत्ते के बारे में पूछता और यह भी कहता, 'पापा, जब आप रामू के लिए कुत्ता लायें तो एक मेरे लिए भी लायें।'

'हाँ, हाँ,' मैं कहता।

लकड़बग्घे की लाश के पास एक दिन शास्त्री को चूड़ियाँ खनकने की आवाज़ सुनाई दी और उसने देखा कि एक औरत सीढ़ियों से नीचे उतरकर इमारत से बाहर जा रही है। उस वक़्त वह मशीन पर काम कर रहा था। मैं बाहर दफ़्तर में था। पर्दा उठा और वह भीतर आया। उसकी तरफ़ देखते ही मैं समझ गया कि कोई बात हुई है और वासु से उसका संबंध है। उसका चेहरा थोड़ा-सा लाल हो आया था, और आँखों पर चढ़ा चश्मा आँखें ऊपर-नीचे होने से हिल-डुल रहा था। भूमिका बाँधने की ज़रूरत नहीं थी, इसलिए मैंने सीधा सवाल किया, 'नई ख़बर क्या है?'

उसने दो-तीन दफ़ा गले का थूक भीतर निगला और धीरे से बोला, 'आजकल प्रेस के इर्द-गिर्द घटिया क़िस्म की औरतें घूमती दिखाई देती हैं...'

'कहाँ? कौन हैं ये?'

इसके उत्तर में उसने हाथ ऊपर की तरफ़ लहराये, जिसका मतलब यह नहीं था कि वह स्वर्ग की तरफ़ इशारा कर रहा है, बल्कि वासु की तरफ़ कर रहा है। लेकिन इस वक़्त मैं उससे बात नहीं कर सकता था क्योंकि दो ग्राहक कुछ काम करवाने मेरे सामने बैठे थे। इसलिए मैंने कहा, 'शास्त्री, मैं तुम्हें कुछ देर मैं बुलाता हूँ...'

वह मेरा इशारा समझ कर पर्दे के पीछे ग़ायब हो गया। मैंने अपने ग्राहकों को समझाया कि यह काम असली हाईडेलबर्ग पर अच्छा होगा और उन्हें पड़ोसी के यहाँ भेज दिया। फिर समस्या की जाँच करने के लिए भीतर शास्त्री के पास चला गया। वह बुझा-सा चेहरा लिये किसी बैंक का लेजर छाप रहा था। मैंने उसे इतना चिंतित पहले कभी नहीं देखा था। सीढ़ियों पर लटका लकड़बग्घा देखने पर उसे

जितनी परेशानी हुई थी, उससे कई गुनी इस समय दिखाई दे रही थी। मैं उसके बग़ल में खड़ा हो गया और यह दिखाने के लिए कि यहाँ का बॉस मैं हूँ, ज़रा ज़ोर से बोला, 'स्याही ज़्यादा चल रही है। थोड़ी कम करो।'

उसने मेरी सलाह को अनसुना कर दिया और बोला, 'अगर ये बातें चलती रहीं तो शहर में हमारी इज़्ज़त धूल में मिल जायेगी। मैंने रंगी को नीचे उतरते हुए देखा हैं। ऐसे लोगों को हम यहाँ क्यों आने दे रहे हैं? यह छपाई का प्रेस है या... '

'यह रंगी कौन है?'

यह सवाल सुनकर उसे अचंभा-सा हुआ, ग़ुस्सा भी आया और शर्म भी महसूस हुई। मैं उसकी परेशानी का मज़ा ले रहा था।

'आप तो इस तरह पूछ रहे हैं जैसे जानते ही नहीं!'

'शास्त्री, तुम यह कैसे कह सकते हो कि मैं रंगी को जानता हूँ। मुझे कितने ज़्यादा काम होते हैं!'

'और जैसे मुझे इसके अलावा और कोई काम नहीं है!'

'मैं इन लोगों के बारे में कुछ नहीं जानता।'

'इस वक़्त तो यही अच्छी बात है...हमें इस तरह के लोगों को यहाँ नहीं आने देना चाहिए। बस, इतनी सी बात है।'

'शास्त्री, तुम क्या कह रहे हो, मैं समझ नहीं पा रहा। यह बात क्या है?'

'उस आदमी ने यहाँ बदनाम लोगों को लाना शुरू कर दिया है। अब हमारा क्या होगा?'

इसका मेरे पास जवाब नहीं था फिर धीरे-धीरे मैंने उससे सब बात निकलवाई। रंगी क़स्बे की बदनाम औरत थी। अबू लेन के कोने में रहती थी। वह पुरानी नर्तकी पद्मा की बेटी थी, जो वहाँ से चार सड़क पार हमारे प्राचीन भगवान कृष्ण के मंदिर में नाचती थी। वह प्राचीन शैली की कुशल गायिका और नर्तकी थी जो मंदिर की समर्पित देवदासी थी, जिसके एक-दो धनी व्यक्ति प्रेमी भी थे, परंतु अब जो बूढ़ी हो चुकी थी। रंगी उसकी बेटी थी। शास्त्री ने दबी ज़बान से बताया कि वह किसकी संतान हैं, यह उसे पता है, जिससे मुझे शक हुआ कि वह ख़ुद भी हो सकता है। इस परिवार के बारे में उसे बहुत ज़्यादा और गहरी जानकारी थी, जिससे मुझे आश्चर्य भी हुआ, और इसलिए मैंने उससे पूछा कि वह विस्तार से बताए कि उसे इतनी जानकारी किस प्रकार प्राप्त हुई। पहले तो वह झिझका, फिर बताने लगा: 'मेरा घर भी अबू लेन में ही है इसलिए मैं जानता हूँ कि वहाँ क्या होता है। साफ़-साफ़ कहूँ तो मैं घर के एक हिस्से में रहता हूँ, दूसरे में दामोदर रहता है जिसकी मार्केट में अनाज की थोक दुकान है। पहले वह पद्मा को रखे था, फिर जब यह लड़की पैदा हुई, तो उस पर शक करके उसे छोड़ दिया, लेकिन उसने धमकी देकर कहा कि वह

कोर्ट जायेगी और साबित करेगी कि वही लड़की का पिता है, जिससे वह बेहद डर गया और उसके चंगुल से छूटने के लिए उसे काफ़ी पैसा दिया। स्कूल के दिनों में वह मेरा दोस्त था और अपने कारनामों के बारे में सब कुछ बताया करता था।' पद्मा अब मोटी और बूढ़ी हो गई थी और मंदिर से रिटायर हो चुकी थी, उसकी शक्ल-सूरत अब रावण के ज़नानख़ाने के गार्डों की तरह डरावनी हो गई थी, और उसकी बेटी रंगी ने मंदिर में देवदासी की जगह सँभाल ली थी। इससे पहले वह एक स्कूल में कुछ दिन पढ़ी, फिर एक ड्रामा कंपनी में शामिल हो गई और गाँवों में नाचने-गाने के साथ वहाँ के लोगों को फँसाने का कार्य करके आख़िर में शहर में वापस आ गई। शास्त्री का कहना था कि इस वक़्त वह मालगुडी की सबसे बदनाम औरत है। अबू लेन में सबसे ज़्यादा उसी की चर्चा होती थी और वह गली की राजनीति में भी दख़ल देती थी।

दूसरे दिन सवेरे मैंने शास्त्री को बाइंडर के पास कुछ काम के लिए भेज दिया और ख़ुद मशीन पर आकर खड़ा हो गया। तभी मैंने भी चूड़ियों की आवाज़ सुनी और देखा—तो रंगी लकड़बग्घे और नेवले के बीच से रास्ता बनाती नीचे उतर रही थी। वह काफ़ी सांवली, मज़बूत और आकर्षक थी—ज़ेवरों से लदी; बालों में लगे फूल बिखर गये थे और कपड़े गुड़ी-मुड़ी हो रहे थे; मोटी बाँहें और पैर, साड़ी गुलाबी। उसे इस वक़्त अपने रूप-रंग की परवाह नहीं थी क्योंकि यह दिखाने का समय नहीं था, उसके अलावा कोई और औरत इस तरह कहीं के बाज़ार में नहीं निकल सकती थी। मुझे यह जानने की उत्सुकता हुई कि शाम के वक़्त पूरे बनाव-सिंगार में वह कैसी लगती होगी। शायद इसी चेहरे पर पाउडर लग जाता होगा और आबनूसी चमड़ी से पसीना बहता होगा। ख़ैर, उस समय जो भी होता हो, उसका हर इंच यही बता रहा था कि वह क्या हैं—पूर्ण स्त्रीपशु। यह घर कैसे जायेगी? यहाँ कब आई होगी? किस समय निकली होगी? वह पूरे आत्मविश्वास से अपना धंधा कर रही थी—बिल्कुल पोस्टमैन की तरह आती-जाती थी। मेरा मस्तिष्क विचारों से भर उठा। क्या वासु इसे रात के घने अंधकार में जीप पर बिठाकर लाया होगा? शायद नहीं। वह आदमी भी क्या जो अपनी अंकशायिनी को सवेरा होते ही इस तरह बाहर निकाल दे!

वासना के विषय पर मेरी कल्पनाएँ शास्त्री के आगमन से खंडित हो गई। वह बोला, 'बांइडर ने कहा है कि उसके कारीगर के गलसुए सूज गये हैं इसलिए शुक्रवार तक रूलें लगाने का काम नहीं हो सकेगा।' उसने यह बात इस तरह कही कि यह भाग्य है, इसे स्वीकार करना ही पड़ेगा।

मैंने कहा, 'कोई बात नहीं, शुक्रवार तक काम न होने से आसमान तो नहीं गिर पड़ेगा।'

'रूलें नहीं लगेंगी तो बैंक लेजर तैयार नहीं होंगे और वे लोग हम पर चढ़ दौड़ेंगे।'

शास्त्री को हर समय यह डर क्यों सताता रहता था कि कोई न कोई ग्राहक हमें परेशान करने को तैयार बैठा है ? उसे प्रबंध करने की मेरी योग्यता में विश्वास नहीं था और वह मुझ पर भी भरोसा नहीं करता था। इससे मुझे ग़ुस्सा आता था। 'डरने की ज़रूरत नहीं है। मैं सालों से प्रेस चला रहा हूँ। मैं उन्नति ही करता रहा हूँ और अब तक कोई मुश्किल नहीं हुई। तुम क्यों फ़िक्र करते हो ?' लेकिन मैं अपनी बात पूरी नहीं कर सका। दरअसल यह कहने की ज़रूरत ही नहीं थी और मैंने शुरूआत ही बिला वजह की थी। शायद मैं रंगी के बारे में रंगीन कल्पनाएँ करने लगा था और बाधा पड़ जाने के कारण मुझे ग़ुस्सा आ गया था।

मेरा यह सोचना ग़लत था कि रंगी ही उसके पास आनेवाली अकेली औरत है। मुझे यहाँ हर सुबह सात से आठ के बीच खड़े होकर देखना होता और उस दिन कौन सी औरत उतरेगी, यह पहले से सोच पाना आसान नहीं था। कभी एक दुबली-सी लड़की निकलती, कभी काफ़ी गोरी, कभी एक इन दोनों के बीच की, कभी घुंघराले बालों वाली, कभी बहुत फैशनेबिल सी जिसे देखते ही यह साफ़ हो जाता कि बाहर आने से पहले उसने अपने को ठीक-ठाक किया है। कई दफ़ा, इनमें से किसी के साथ रंगी भी बाहर आती, कभी वह अकेली ही होती। इस तरह सीढ़ियों का माहौल काफ़ी गुलज़ार रहता था। मैंने सोचा कि मरियल अफ़सर की चुनौती के बाद मेम्पी जंगल की चौकीदारी बढ़ गई है, और वहाँ की इसकी गतिविधियां बंद गई हैं, इसलिए वासु ने दूसरे काम शुरू कर दिए हैं इससे पहले मुझे यह ज्ञान नहीं था कि हमारे छोटे-से क़स्बे में इतनी तरह की स्त्रियाँ उपलब्ध हैं।

7

उसे पहचान पाने में मुझे कुछ समय लगा। चेहरा तो पहचाना लग रहा था। मछली के पंख जैसे ये पतले कान और गोल आँखें कहीं देखी ज़रूर थीं। वह दरवाज़े के बाहर खड़ा था, हाथ जोड़कर ज़ोर से बोला, 'नमस्कारम!' अरे यह आवाज़ भी पहले कहीं सुनी है। दोपहर हो गई थी। मार्केट रोड को नींद आने लगी थी, फ़व्वारे के चबूतरे पर एक गधा आराम से खड़ा एक अख़बार चबा रहा था; एक काली गाय और उसका साँड दोस्त सड़क के बीचों बीच खड़े थे, जिससे सड़क का यातायात रुकने लगा था। दो स्कूली बच्चे जो देर से लौट रहे थे, सड़क के किनारे बैठे ज़मीन पर रेखाएं खींच रहे थे और बग़ल में बहते गटर को बड़े ध्यान से देख रहे थे, उनके सिर पर सूरज की गरमा-गरम धूप बरस रही थी; पेड़ के नीचे बैठी कटा हुआ तरबूज़ बेचती औरत उस पर भिनभिनाती मक्खियाँ उड़ा रही थी; ग्रेनाइट की सड़क पर एक गाड़ी खटर-पटर करती चली जा रही थी। मैं लंच करके अपनी सीट पर आकर बैठ गया था; शास्त्री अभी वापस नहीं लौटा था; मेरा दिमाग़ काफ़ी सुस्त पड़ गया था क्योंकि नींद आ रही थी और मैं उसे भगाने की कोशिश कर रहा था। बहुत से काम करने को पड़े थे। मैं क्वीन एन चेयर पर बैठा सामने रखी प्राचीन काल की मेज़ पर पैर फैला कर ज़रा देर सुस्ताकर फिर से काम में लग जाने की कोशिश कर रहा था।

'आ जाओ, भीतर आ जाओ,' मैंने सामान्य आवाज़ में इस तरह कहा कि 'नमस्कारम्' करने वाला जो भी व्यक्ति हो, भीतर आ जाये। वह हिचकते हुए भीतर घुसा, बाँह पर छाता लटक रहा था, फिर धीरे से सामने पड़ी कुर्सी पर बैठने लगा।

'मैं सवेरे की बस से आया, लेकिन उससे नहीं जिससे आप आये थे।'

अरे हाँ, अब एकदम याद आ गया। 'अरे, मुत्थू!' यह कहकर मैं उठा और उसे गले से लगा लिया। 'अपनी चाय की दुकान किस पर छोड़ कर आये हो?'

'लड़के हैं, वे सँभाल लेंगे। मैं रात की बस से लौट जाऊँगा।'

'धंधा कैसा चल रहा है?'

'बहुत अच्छा, सर!'

'बाल-बच्चे कैसे हैं? बेटी के लिए अच्छा वर मिला?' यह सवाल सुनते ही उसका चेहरा उदास हो गया। यूँ तो सामान्यतया मैं उससे यह सवाल न पूछता

लेकिन देर से पहचान पाने की शर्मिंदगी दूर करने के लिए मैंने ऐसे सवाल पूछना ठीक समझा जिनसे ज़ाहिर हो कि मुझे उसके परिवार की जानकारी और चिंता है। लेकिन इस कमी के लिए मैं अपने को दोष भी नहीं दे सकता था क्योंकि अपनी दुकान पर तो यह खुले सिर बैठा था, पर अब बाक़ायदा सफ़ेद खद्दर की टोपी, मलमल का लंबा कुर्ता और कड़क धोती पहनकर आया था। कंधे पर धारीदार पतली-सी शॉल भी लटक रही थी—शहर आने के लिए उसने पूरी तैयारी की थी। मुझे उसे देखकर बहुत ख़ुशी हुई। उसी ने उस दिन मुझे वासु के चंगुल से छुड़ाया था। मैं हमेशा सोचता था कि उससे कभी मुलाक़ात हो जिससे उस दिन चाय के पैसे चुका सकूँ। मैंने मेज़ की दराज़ खोली और उसमें से एक रुपया निकालकर उसकी तरफ़ बढ़ाया। यह प्रेरणा मुझे स्थगन वकील से मिले सबक़ के कारण हुई थी कि दो हिसाब एक-दूसरे के साथ नहीं मिलाना चाहिए।

उसने ज़रा ताज्जुब से रुपये पर नज़र डाली और पूछा, 'यह किसलिए है?'

'मैं हमेशा सोचता रहा हूँ कि उस दिन की चाय और बंद के पैसे तुम्हें चुका दूँ...।' लेकिन यह कहते हुए मुझे लग रहा था कि मैं बेवक़ूफ़ी की बात कर रहा हूँ। वकील ने मुझे बड़ा घटिया सबक़ सिखाया था। मुझे लगा कि मुत्थू को इससे चोट पहुँची है। वह बोला, 'मैंने यहाँ आने के लिए चौदह आने का टिकट लिया है, और लौटने के लिए भी चौदह आने ख़र्च करूँगा; आप का ख़्याल है कि चाय का पैसा वसूलने के लिए—कितने पैसे हुए थे?—मैं इतना खर्च करके यहाँ आया हूँ?'

मैं शर्मिन्दा हो गया, लेकिन पूछा, 'यह तो मेरा कर्त्तव्य था। अच्छा, यह बताओ, कॉफ़ी पियोगे या कुछ खाओगे, भूख लग आई होगी।'

उसने सिर हिला दिया। बोला, 'मैं सफ़र में कुछ नहीं खाता। इससे सेहत ठीक रहती है। फिर घर लौटकर आराम से भोजन करता हूँ।'

अब स्थिति सामान्य हो गई तो मैंने कहा, 'अब बताओ, क्या हुक्म है? मैं तुम्हारे लिए क्या कर सकता हूँ?' अचानक मुझे डर लगा कि कहीं यह न कह दे कि वासु को भी मैं उसके आने की सूचना दे दूँ। इसलिए मैंने कहा, 'वासु अभी जीप से बाहर गया है।'

'हम रोज़ उन्हें मेम्पी जंगल में जाते और वापस लौटते देखते हैं लेकिन वे हमसे मिलने नहीं आते।'

यह सुनकर मुझे खुशी हुई और मेरी चिंता भी दूर हो गई। फिर भी मैंने पूछा, 'इसकी क्या वजह है?'

'अब इन सब बातों में जाने की क्या ज़रूरत है?' उसने धीरे से कहा, और छाता ज़मीन पर ठकठकाने लगा। 'वह बंदूक़ रखता है। उसकी क्या बात करें? अब वह हमारी परवाह नहीं करता।'

'अब उसके लिए तुम्हारा उपयोग ख़त्म हो गया होगा,' मैंने आग में ईंधन डालते हुए कहा।

'उनके और भी बहुत-से साथी हैं जिसका स्वभाव भी उनसे मिलता है,' उसने इस तरह कहा जैसे उसके पीछे गुंडे-बदमाशों की क़तार चली जा रही है जो कुछ न कुछ करने पर उतारू हैं।

मैं भी यह बात और नहीं करना चाहता था इसलिए इतना ही कहा, 'उसे ज़्यादा उपयोगी आदमी मिल जाए ता वह पहले वालों को एकदम छोड़ देता है।' इस बात पर हम दोनों तुरंत सहमत हो गये। मैंने कहा, 'हम सब की भलाई इसी में है कि उससे या तो ख़ुद ही निजात पा लें या वही ख़ुद हमें छोड़ दे, और इसके बाद मैंने उसे उसके साथ अपने संबंधों की पूरी कहानी विस्तार से सुनाई और अंत में कहा, 'पहले दिन वह उसी जगह है मेरे सामने आ खड़ा था जहाँ आज तुम खड़े थे। मैंने उसका स्वागत किया और जिस कुर्सी पर तुम बैठे हो, उसी पर वह भी बैठा था। मैं छोटे-बड़े लोगों में फ़र्क़ नहीं करता।

यह सुनते ही मुत्थू उठकर खड़ा हो गया। बोला, 'तो फिर मैं यहाँ नहीं बैठूँगा। मैं ऐसा आदमी नहीं हूँ।'

'मैं जानता हूँ, मैं जानता हूँ,' मैंने कहा। 'मैं जानता हूँ तुम सबकी मदद करते हो। तुम किसी को मुश्किल में पड़ा नहीं देख सकते।'

यह सुनकर वह ख़ुश हुआ। बोला, 'हमने उसकी बहुत ज़्यादा सहायता की। अब वह सोचता है कि हमने उसकी शिकायत की है; वह बंदूक़ लेकर मेरी दुकान पर आ गया और सबको धमकाने लगा।' यह घटना याद कर वह हँसने लगा। 'जैसे हम नहीं जानते कि अपनी रक्षा कैसे की जाये और उसे अपने को गोली मार देने देंगे। हम उसकी परवाह नहीं करते और उसके बारे में सोचते भी नहीं। वह अब भी हमारे सामने से आता-जाता है लेकिन दुकान पर नहीं रुकता, और लगता है कि जंगल से भी उसे अब कुछ ज़्यादा नहीं मिलता—वह सोचता है कि इसके लिए हम ज़िम्मेदार है। क्यों, आख़िर और भी बहुत-से लोग उन्हीं रास्तों से रोज़ आते-जाते हैं और सब देखते हैं कि वह क्या-क्या करता है!'

'राक्षस अगर तुम पर नज़र डालना बंद कर दे तो अच्छी ही बात है,' मैंने कहा और वासु संबंधी हमारी बातचीत यहाँ समाप्त हो गई। मैं ख़ुश था कि अब मुत्थू भी उसे पसंद नहीं करता। पुरानी कहावत है कि आपका दुश्मन दूसरों का भी दुश्मन होता है।

इस लंबी चर्चा के बाद वह मुख्य विषय पर आया, जिसके लिए उसने शहर की यात्रा की थी, 'आपको याद होगा मैंने मंदिर के हाथी की चर्चा की थी जिसे उस दिन आप देख नहीं सके थे। तब वह जंगल में घास खाने गया था। वह आजकल

बीमार है, मैं चाहता हूँ, उसके इलाज के लिए किसी डॉक्टर से मुझे मिलवा दें।'

मैं सोचने लगा कि टाउन मेडिकल स्टोर्स के हमारे डॉक्टर राव अपने दवाख़ाने में हाथी को देखकर क्या महसूस करेंगे। मैंने कहा, 'मुझे पता नहीं, हमारे डॉक्टर हाथियों के इलाज के बारे में कुछ जानते हैं या नहीं?'

'यह नहीं,' वह बोला, 'हमने सुना है कि सरकार ने हाल ही में जानवरों के इला!ज का अस्पताल खोला है। हम चाहते हैं कि हमारे हाथी कुमार का उसमें इलाज कराने में हमारी मदद करें?'

मैं चुप हो गया—एक नई समस्या मेरे सामने एक नई परिस्थिति बुनने लगी थी। यह पहली दफ़ा था जब मैं जानवरों के अस्पताल के बारे में सुन रहा था। मैं सिर्फ़ यह कह सकता था कि 'इसके बारे में मैं कुछ नहीं जानता' और इससे छुट्टी पा सकता था लेकिन इस तरह बात करना मेरे स्वभाव में नहीं था। मैं समस्या की जटिलताओं में प्रवेश किये बिना रह ही नहीं सकता था। मैंने कहा, 'ठीक है। देखते हैं, बेचारे कुमार के बारे में क्या किया जा सकता है। अच्छा, उसे हुआ क्या है?'

'आजकल उसने खाना-पीना बिल्कुल बंद कर दिया है। उसे छूता तक नहीं हैं।'

समस्या की गंभीरता मुझे छू गई । यह ऐसी बात नहीं थी जिसे मैं हाइडेलबर्ग का बहाना बनाकर टाल सकता था। लेकिन इससे मुझे ख़ुशी भी हुई। यह मेरे लिए इज़्ज़त की बात थी कि कोई मुझे इस समस्या का हल करने लायक़ भी समझता है। इसलिए यह कहने में मुझे संकोच हुआ कि मैं हाथी के डॉक्टरों के बारे में कुछ नहीं जानता—आख़िरकर यह आदमी इतनी दूर चलकर इसीलिए आया है कि मैं उसके लिए कुछ ज़रूर कर सकता हूँ। अपनी वास्तविक भावना को दबाकर मैंने पूछा, 'क्या बहुत जल्दी है? मेरा मतलब है, क्या हाथी थोड़ा इन्तज़ार नहीं कर सकता?'

वह संदेह में पड़ गया। कहने लगा, 'मैं आपके पास इसलिए आया कि मुझे लगा कि दूसरों की अपेक्षा आप मेरी ज़्यादा सहायता कर सकते हैं। आपने मुझे यह भरोसा भी दिलाया था कि आप मेरी सहायता करने को तैयार हैं। हाय, बेचारा कुमार कितना ज़िन्दादिल था, हर वक़्त बच्चों के साथ खेला करता था, लेकिन अब दस दिन से बिल्कुल पस्त होकर ज़मीन पर पड़ा है, कुछ खा ही नहीं रहा, पता नहीं उसे क्या बीमारी हो गई है। टॉप स्लिप पहाड़ी पर एक आदमी है जो लकड़ी के गोदाम में काम करने वाले हाथियों की देखभाल करता है, लेकिन वह भी यह कह रहा है कि उसे हाथी के रोग का पता नहीं चल रहा।'

'ठीक है। मैं तुम्हारे लिए सब कुछ करूँगा। अब यह बताओ कि हाथी के लक्षण इस समय क्या हैं? यह तो तुम्हें बताना ही चाहिए।'

'अच्छा,' उसने कुछ देर सोचा, फिर कहा, ''उसे मरोड़-सी उठती है—पेट के

बल लेट जाता है और ज़ोर से चिंघाड़ने लगता है। आपने कभी हाथी को इस तरह लेटे हुए देखा है? मैंने तो नहीं देखा। उसे एक निवाला भात खिलाने के लिए बड़ी देर तक फुसलाना पड़ता है।

अब मुझे कुमार से गहरी हमदर्दी महसूस होने लगी। मैंने कहा, 'जिस डॉक्टर का तुमने ज़िक्र किया, उससे मैं ज़रूर मिलूँगा और देखूँगा कि क्या किया जा सकता है। मैं यह सूचना तुम्हें किस तरह भेजूँ?'

'एक कार्ड डाल दीजिएगा। या किसी भी बस ड्राइवर के ज़रिये मुझे चिट्ठी भेज दीजिएगा, मैं फ़ौरन आ जाऊँगा।'

मैंने हाथी के बारे में बहुत सारी सूचनाएँ काग़ज़ पर नोट कीं। चलते समय उसने कहा, 'सर, अब इसके अलावा मेरे लिए और कुछ भी महत्त्वपूर्ण नहीं है।'

अब मुझे दूसरे कामों से फ़ुर्सत चाहिए थी। कुमार की सेहत का विषय बहुत महत्त्वपूर्ण हो गया था। जो विज़िटिंग कार्ड मैं छाप रहा था वे इन्तज़ार कर सकते थे, लेकिन कुमार नहीं।

शाम के समय मैंने शास्त्री से पूछा, 'सरकार ने जानवरों के लिए जो अस्पताल खोला है, वह कहाँ है?'

'पता नहीं,' उसने लापरवाही से कहा, 'जानवरों में मेरी दिलचस्पी पाँच साल पहले ख़त्म हो गई, जब गाय के मरने के बाद मैंने दूसरी गाय न खरीदने की क़सम खा ली। अपने परिवार में मैं पहला आदमी हूँ जो ग्वाले से दूध ख़रीदता हूँ। इसके लिए मेरे रिश्तेदार मुझपर हँसते हैं।'

मैंने और जगह भी पूछताछ की। दो दिन गुज़र गये। मुझे लगने लगा कि मैं दोषी हूँ। हर दिन और हर घंटे मेरी परेशानी बढ़ती गई और एक दिन अचानक ख़्याल आया कि पत्रकार इस बारे में मेरी मदद कर सकता है। मैं उसकी तलाश में निकला–वह लॉली रोड एक्सटेंशन के एक घर में, उसके अहाते में बने गैराज में अकेला रहता था। इसके लिए मुझे साइकिल किराये पर लेनी पड़ी। वह मुझे अपनी झोंपड़ी में आया देखकर ख़ुश हुआ। उसके चारों तरफ़ किताबें और अख़बारों के गट्ठर भरे थे और वह चटाई पर बैठा मिट्टी के तेल की लालटेन जलाये काम कर रहा था।

मैं शाम को सात बजे के क़रीब उसके पास जा धमका। उसके सामने लकड़ी का एक ढलवाँ बोर्ड था जिसपर लिखने के लिए काग़ज़ लगा था। काफ़ी गर्मी थी इसलिए वह बदन उघाड़े काम कर रहा था। मैं भी चटाई पर बैठ गया।

'मैं यहाँ आपको कॉफ़ी वगैरह तो पिला नहीं सकता लेकिन चाहें तो रेस्त्राँ में चल सकते हैं, वह बहुत ज़्यादा दूर नहीं है।' ज़ाहिर था कि वह मेरे आने से अभिभूत हो उठा था। वह ख़ुद ही दूसरों के यहाँ जाता था, उसके यहाँ पहली दफ़ा कोई आया था।

मैंने कहा, 'मुझे कॉफ़ी नहीं चाहिए, मैं कुछ जानकारी प्राप्त करने तुम्हारे पास आया हूँ। तुम पत्रकार हो, इसलिए मेरी मदद कर सकोगे।' उसे पत्रकार कहलाना अच्छा लगता था, और मैं भी चाहता था कि शीघ्र ही वह दिन आये जब उसका कोई लेख अख़बार में छपे। वह हमेशा कहता था कि अख़बार निकालने के लिए उसे पैसा मिलने वाला है, बस, कुछ ही दिन की देर है, लेकिन कुछ-न-कुछ हो जाता और वह पैसा लगाने के लिए किसी और को तैयार करने लगता, और ख़ुद भावी अख़बार के लिए लेख लिखना शुरू कर देता। हर वक़्त वह अपने अख़बार की तैयारी करता रहता जिसका एक हिस्सा यह जानना था कि शहर-भर में सब जगह क्या हो रहा है। मैंने उससे जानवरों के अस्पताल के बारे में पूछा।

वह बोला, 'हाँ, मुझे कुछ याद तो आ रहा है...,' यह कहकर उसने भौहें चढ़ाई, अख़बारों के गट्ठर पर नज़र डाली, उठ खड़ा हुआ और कुछ गट्ठर नीचे गिराकर-जिनकी धूल मेरे चेहरे पर फैल गई—उन्हें ध्यान से देखने लगा। फिर एक अख़बार मेरी नाक के सामने अड़ाकर एक जगह अँगुली घुमाई। यह ख़बर थी कि एक डिप्टी मिनिस्टर ने सरयू नदी के दूसरे किनारे पर एक जानवरों के अस्पताल तथा इलाज की शिक्षा के लिए कॉलेज की नींव रखी है, जिसके लिए सरकार ने दस एकड़ ज़मीन और किसी ट्रस्ट ने डॉलर तथा सामान वग़ैरह प्रदान किया हैं, और सरकार ने वादा किया है कि तीसरी पंचवर्षीय योजना में वह इसका पूरा कार्य भार सँभाल लेगी, वग़ैरह, वग़ैरह। इसके के बाद डिप्टी मिनिस्टर साहब का लंबा भाषण अहिंसा के महत्त्व और मनुष्य की आर्थिक व्यवस्था में पशुओं के योगदान पर छपा था। इसमें यह भी विस्तार से दर्शाया गया था कि उनको कितनी फूल-मालाएं पहनाई गईं और किस तरह उनका सम्मान किया गया। मुझे आश्चर्य हुआ कि इतने बड़े समारोह से मैं कैसे बच गया।

'मैं बताता हूँ, कैसे बच गये?' सेन बोला, 'उनका इन्तज़ाम ही ग़लत हो गया। निमंत्रण पत्र देर से बँटे और एक दिन बाद लोगों के पास पहुँचे।'

'मुझे नहीं पता कि ये कहाँ छपे थे,' मैंने फ़ौरन यह शंका दूर करने के लिए कहा कि सेन यह न सोचे कि कार्ड मेरे यहाँ ही देर छपे होंगे।

'नतीजा यह हुआ कि जलसे में कोई भी नहीं पहुँचा-डिप्टी मिनिस्टर और आयोजक ही पहुँचे—मिनिस्टर ग़ुस्से से आगबबूला हो रहा था। बहुत बड़ा मंच था, शानदार सज्जा थी, बढ़िया चाय-नाश्ता था, लेकिन दर्शक बहुत ही थोड़े-फिर भी डिप्टी मिनिस्टर ने लंबा भाषण पढ़ा। अखबार में यह काफ़ी शानदार लगता है...' उसने छपा हुआ कालम देखते हुए कहा। 'जो हो, डॉक्टर तो वहाँ पहुँच गया है, भले ही और कुछ न हो।'

दूसरे दिन मैं साईकिल पर सवार होकर नल्लप्पा का बाग़ीचा पार करके

जानवरों के डॉक्टर की तलाश में निकला। दोपहर का एक बजा था और नदी की रेत भभक रही थी। सड़क पर कुछ बैलगाड़ियाँ धीरे-धीरे चली जा रही थी। आम के पेड़ साया दे रहे थे और उनमें लगे बौरों की हल्की सुगंध वातावरण में फैल रही थी। सामने ही नदी सरसर करती बही जा रही थी। यहाँ इतना अच्छा लग रहा था कि मेरा मन हुआ कि साइकिल कहीं भी खड़ी करके पेड़ की छाया में सो जाऊँ, लेकिन कर्त्तव्य मुझे भीतर से कौंच रहा था। मैं एक पगडंडी पर होकर नदी के दूसरे किनारे तक पहुँच गया जो काँटेदार तारों से घिरी थी। बाँस के दो लट्ठे लगाकर फाटक बना दिया गया था। उसी के साथ ही सीमेंट की एक छोटी-सी पट्टी पर अस्पताल के उद्घाटन की सूचना दर्ज थी। अहाते के दक्षिण की तरफ़ श्मशान घाट की बड़ी-सी दीवार थी जिसके उस पार दो-एक लाशें जल रही थीं जिनका धुआँ आसमान में फैल रहा था। रेतीले मैदान में तेज़ हवा 'हू-हू' करती चल रही थी। पूरे मैदान के बीच एक ही बड़ा ताड़ का पेड़ खड़ा था हालांकि सड़क के उस पार हरे-भरे पौधे चारों तरफ़ उग रहे थे।

दरवाज़े पर एक साइनबोर्ड लगा था। मैंने साईकिल खड़ी की और उसे पढ़ने लगा। डिपार्टमेन्ट ऑफ एनिमल वेलफ़ेयर, वर्ल्ड क्वाड्रपेड रिलीफ़ लीग केलिफ़ोंनिया पशु कल्याण विभाग, (विश्व चौपाये में सहायता संघ केलिफ़ोंनिया)। थोड़ी दूर पर एक फूस की छत दिखाई दी। उसकी तरफ़ पहुँच कर आवाज़ लगाई, 'यहाँ कोई है?' मुझे यह खोजबीन करने में मज़ा आ रहा था। मुझे उम्मीद नहीं थी कि कोई जवाब आयेगा और सोचता था कि ख़ुद मेरी आवाज़ सामने खड़ी मेम्पी की पहाड़ियों से टकराकर मेरे पास वापस लौट आयेगी। लेकिन झोंपड़ी के भीतर किसी ने सचमुच कहा, 'कौन?'

'मैं डॉक्टर साहब से मिलने आया हूँ,' मैंने चिल्लाकर जवाब दिया।

खुले मैदान में डॉक्टर को बुलाना बेबक़ूफ़ी ही लग रहा था लेकिन इसका भी उत्तर आया। झोंपड़े के दरवाज़े पर एक आदमी आया और उसने इशारे करके मुझे भीतर आने को कहा, आवाज़ भी दी, 'आ जाओ!'

मैं चिल्लाया, 'यह फाटक बंद है।'

'तारों को पार करके आ जाओ,' उसने उत्तर दिया। मैं तार पार करने लगा तो बाँह में ख़ून निकलने लगा और धोती भी फट गई। मुझे ग़ुस्सा आया लेकिन फिर सोचा कि यह खून अच्छे काम के लिए बलिदान की तरह है।

उस आदमी ने हाथ आगे बढ़ाया और कहा, 'मैं डॉक्टर जोशी हूँ।'

'मेरा नाम नटराज है,' मैंने बताया; हवा 'हू-हू कर रही थी।

डॉ. जोशी क़मीज़ और सफ़ेद पैंट पहने था। छोटे-से क़द का आदमी, चेहरा भी छोटा-सा, सिकुड़ी हुई कुछ सोचती-सी भौंहें। 'आइए,' उसने कहा और मुझे

झोंपड़े के भीतर ले गया। ऊपर टीन की छत थी; बाँस की एक मेज़ और दो कुर्सियाँ, एक चारपाई जिसपर तकिया रखा था, लकड़ी के एक रैक में कुछ किताबें, मिट्टी की तेल की लालटेन और एक कोने में स्टोव और कुछ बर्तन रखे थे। यह दृश्य देखकर मुझे लगा कि यह आदमी ज़रूर मिशन भाव से काम करता है। उसने मुझे एक कुर्सी पर बिठाया और दूसरी कुर्सी मेरे पास खिसकाकर ख़ुद भी बैठ गया फिर बोले 'जी, मि. नटराज, अब बताइये मैं आपकी क्या सेवा कर सकता हूँ!'

मैंने चारों तरफ़ देखा। कहीं भी अस्पताल या कॉलेज से संबंधित कोई भी चीज़ नहीं दिखाई दे रही थी। मैंने उसे हाथी की समस्या बताई। उसने बड़े ध्यान से मेरी बात सुनी और फिर कहा, 'जी...मैं पहले उसे यहाँ रखकर अच्छी तरह उसका परीक्षण करना चाहूँगा, फिर बताऊँगा कि क्या किया जा सकता है।'

इस संभावना पर तो मैंने विचार तक नहीं किया था। मेरा ख़्याल था कि वह जाकर हाथी को ख़ुद देख आएगा और इलाज कर देगा। यह बात मैंने उससे कही। वह बोला, 'यह संभव नहीं हैं क्योंकि परीक्षण के सब यंत्र यही हैं।'

'वह बीमार है और चिंघाड़ता रहता है। उसे इतनी दूर कैसे लाया जा सकता है?'

यह समस्या मुझे बहुत कठिन लग रही थी लेकिन उसका सोचने का ढंग बहुत सादा था। उसने कहा, 'उसका अपना महावत तो होगा ही, है न? उससे कहिए कि हाथी को किसी ढंग से प्रेरित करके यहाँ ले आये। ऐसे जानवरों को जब बैठकर आराम करने का मज़ा मिल जाता है तो वे बैठे रहना ही पसंद करने लगते हैं। लेकिन इसका कोई मतलब नहीं है। यह अब हमारा काम होता है कि किस तरह उसे चलायें। जब तक वह यहाँ नहीं आ जाता, मैं उसका परीक्षण कर ही नहीं सकता। उठा के देखिए, बात यह है...' यह कहकर वह एक अलमारी की तरफ़ गया और उसे खोलकर मुझे दिखाने लगा। उसमें बहुत तरह के चमकते हुए औज़ार, बोतलें, ट्यूबें, पट्टियाँ वग़ैरह भरे हुए थे–एक माइक्रोस्कोप भी था। वह बोला, 'यह सब सामान हमारी संस्था हमें देती है जिनकी सहायता से हम पशु-चिकित्सा का काम करते हैं। लेकिन आप तो देख ही रहे हैं, इनका कोई उपयोग ही नहीं हो रहा।'

'ऐसा क्यों है?' मैंने पूछा।

'संघ हमें इन सब औज़ारों के अलावा मुझ जैसे डॉक्टर का ख़र्च भी देता है, लेकिन स्थानीय संस्थाओं को भी सहयोग करना होता है। जैसे, काम शुरू करने से पहले अस्पताल और कॉलेज की इमारतें बनवाना भी ज़रूरी हैं।'

'आपका क्या ख़्याल है, यह कब तक तैयार हो जायेगी?'

'क्या कहा जा सकता है? इसमें भी राजनीति खेली जा रही है। कुछ लोग इसे यहाँ नहीं चाहते, कहीं और चाहते हैं। डिप्टी मिनिस्टर को इसमें कोई दिलचस्पी नहीं है। इसलिए यह अपनी रफ़्तार से चल रहा है। पब्लिक वर्क्स को इमारतें और

जानवरों के लिए शेड बनाकर देना है लेकिन वो अभी हिसाब-किताब ही लगा रहा है। मेरी समझ में नहीं आता कि कब इसकी शुरूआत होगी या हमें क्या करना चाहिए। सिर्फ मैं ही यहाँ हूँ, क्योंकि संघ मेरे लिए पैसा देता है, फिर इतना सामान है जिसकी रक्षा ज़रूरी है। आज जो स्थिति है उसमें मैं चौकीदार-भर हूँ। मैं भी इसलिए यहाँ पड़ा हूँ कि मैं हट गया तो यह सब नष्ट हो जायेगा। सोचता हूँ कि कभी-न-कभी सब ठीक हो जायेगा। मैं तो यही कोशिश कर रहा हूँ कि सामान में ज़ंग न लगे। हर वक़्त मैं अधिकारियों को चिट्ठियाँ वग़ैरह लिखता रहता हूँ।... मुझे अच्छा लगा कि आपने हमारे बारे में पता लगाया और यहाँ आये।'

'यह ख़बर अख़बारों में छपी थी,' मैंने अपनी जानकारी बताई।

'अपना हाथी यहाँ ले आइए। मैं उसके लिए जो भी कर सकता हूँ, करूँगा। मैं हमेशा सोचता रहा हूँ कि हाथी का इलाज करने का अवसर मिले।'

'लेकिन उसे क्या हो सकता है?'

'कुछ भी हो सकता है। पेट-दर्द या भीतर के किसी हिस्से में ऐंठन। यह भी हो सकता है कि उसने चबाये बिना गन्ना खा लिया हो जो कहीं अटक गया हो।'

'अच्छा, आप सब जानवरों के बारे में सब कुछ जानते हैं?'

'हाँ, ज़्यादातर के बारे में। केलिफोर्निया के हमारे संघ के केन्द्र में दुनिया भर के जानवरों का संग्रह हैं, जहाँ मैंने चार साल का कोर्स किया है। हालांकि हमारा मुख्य काम दुधारू पशुओं का इलाज करना है, लेकिन हम किसी भी प्राणी के लिए सब कुछ करने को तैयार रहते हैं। ज़्यादातर जानवर और मनुष्य एक समान होते हैं इसलिए दवाएँ तो वही होती हैं, उनकी मिक़दार में फ़र्क़ आ जाता है।' मुझे यह आदमी बहुत गंभीर और सुलझा हुआ लगा जो पूरी तरह जानवरों और उनकी दुनिया में रह रहा था।

मेम्पी में इस घटना से सनसनी फैल गई थी। गांव के बड़े-बूढ़े चाय की दुकान पर जमा हो जाते और हाथी के लिए क्या किया जाये, इस पर विचार करते। मुत्थू का मत था कि हाथी को उठाना चाहिए। दुकान के सामने बहस--मुबाहिसा करने के बाद सब लोग मंदिर पहुँचे। लारियाँ और कारें सड़क से गुज़र रही थीं। मैं भी उनके साथ चौराहे पर बने मंदिर तक गया--चार भुजाओं वाली देवी गंभीरता से हमारी कार्यवाही देख रही थी। मंदिर के अहाते में एक बड़े से पेड़ के नीचे हाथी ज़मीन पर पड़ा था। एक पैर पेड़ से बँधा था, बाक़ी ज़मीन पर फैलाये वह कुत्ते की तरह औंधा लेटा हुआ था। उसकी सूँड भी ज़मीन पर तिरछी पड़ी थी, दोनों छोटी-छोटी आँखों से वह सबको देख रहा था, पूँछ मिट्टी से लथपथ थी और दाँतों की आभा नष्ट हो चुकी थी। मुत्थू ने सिर हिलाकर कहा, 'तीन दिन से इसी तरह पड़ा है।' वह

बहुत दुखी था। कुछ लड़के बड़ों के दल से अलग एकसाथ खड़े फुसफुसाकर आपस में बातें कर रहे थे।

हर आदमी मुझे इस तरह घूर-घूर कर देख रहा था जैसे मैं उन का हाथी भगाकर ले जाने आया हूँ जो वे नहीं चाहते। मैंने कहा, 'अगर आप हाथी को शहर नहीं ले चलेंगे तो दूसरा उपाय क्या है?'

'डॉक्टर को यहाँ ले आइये,' दर्ज़ी ने कहा, जो चाय की दुकान के बग़ल में ही मशीन रखकर सिलाई का काम करता था और मंदिर का एक ट्रस्टी भी था। भीड़ में एक स्कूल मास्टर भी था जो क्या कहना है, इसके बारे में स्पष्ट न होने पर भी बीच-बीच में दख़ल देकर कुछ-न-कुछ कहता ही रहता था। उसने एक कहानी शुरू की, 'एक हाथी था...' जो ख़त्म होने पर अशुभ सिद्ध हुई क्योंकि उस के अनुसार अंत में हाथी की मृत्यु हो गई थी।

मुत्थू ने उससे कहा, 'अरे मेरे भाई, क्या मुझे तुम्हें यह सिखाना पड़ेगा कि किस समय क्या कहना चाहिए और क्या नहीं कहना चाहिए!' उसने अध्यापक पर उदास नज़र डाली।

मैंने फिर धीरे-धीरे अपनी बात कहनी शुरू की : 'इस समय हमारा मुख्य उद्देश्य यह तय करना है कि हाथी को कैसे ठीक किया जाये।' मुझे लगा कि सब लोग मेरी इस बात से पूरी तरह सहमत हैं। इसलिए मैंने आगे कहना शुरू किया, 'सबसे ज़रूरी बात यह देखना है कि हाथी उठे और स्वतन्त्र रूप से चलना-फिरना शुरू करे।' इस बात पर वे पहले तो रुके, फिर आपस में मशवरा करके इससे भी सहमत दिखे। उन्हें लगा कि यह भी उनको फँसाने के लिए मेरा कोई जाल नहीं है। इस के बाद मैंने सबसे ख़तरनाक बात कही, 'इसलिए इसे उठाना होगा और डॉक्टर के यहाँ ले जाना होगा।'

'नहीं;' दर्ज़ी ने कड़क कर कहा, 'डॉक्टर को यहाँ आना पड़ेगा। आपको दया नहीं आती? एक बीमार जानवर पचास मील चलकर कैसे जा सकता है?' एक क्षण के लिए सब लोग दर्ज़ी का समर्थन करते नज़र आये। बात जहाँ से शुरू हुई थी, वहीं फिर से वापस आ गई। दर्ज़ी को लगा कि वह जीत गया है, इसलिए वह छाती फुलाकर उठा और अपनी जगह जाकर बैठ गया।

मैंने महसूस किया कि मैं कई अचल शक्तियों के बीच फँस गया हूँ, एक तरफ़ अचल हाथी, दूसरी तरफ़ अचल डॉक्टर और तीसरी तरफ़ यह मानसिक रूप से अचल जनमत। अब हाथी के लिए प्रार्थना के अलावा कुछ नहीं किया जा सकता था। मैं समझ गया कि इस कमेटी के साथ कोई प्रगति नहीं होगी, इसलिए मैंने अपनी बात पर ज़ोर नहीं दिया। मैं जानता था कि दर्ज़ी यहाँ ज़्यादा देर जमा नहीं रहेगा, कोई न कोई उसकी दुकान पर कपड़े लेने आयेगा, तब उसे वापस जाना ही पड़ेगा। इसलिए

मुत्थू और मैं हाथी की ही देख-भाल करते अपने सभी सुझाव मन में ही दबाये रहे क्योंकि हम जानते थे कि उन्हें कोई स्वीकार नहीं करेगा। बच्चों का दल भी वहाँ से धीरे-धीरे खिसकने लगा क्योंकि वे बुज़ुर्गों के उदास चेहरे देख-देखकर बोर होने लगे थे और उन्हें अपनी बार-बार आने वाली हँसी भी दबानी पड़ रही थी—बुज़ुर्गों के डर से क्योंकि वे बार-बार सिर घुमाकर उन्हें चुप बैठे रहने के लिए कह रहे थे। मंदिर कमेटी में यूं तो पाँच सदस्य थे लेकिन मुत्थू और दर्ज़ी के अलावा सब चुप बने रहे, उन्होंने दाँत निपोरने के अलावा और कुछ नहीं किया।

आज मेरे पास नष्ट करने के लिए ज़्यादा समय नहीं था। मैं सवेरे पहली बस से आया था और आख़िरी बस शाम को छह बजे चलती थी। चार बज रहे थे लेकिन सहमति का कोई चिह्न नहीं दिखाई दे रहा था। मुझे अब भी आशा थी कि दर्ज़ी को कोई बुलाने आ जाएगा, और सचमुच किसी पर मेरे इस विचार का असर हुआ, दुकान से एक लड़का हाँफता हुआ आया और बोला, 'वह गुंडा फिर आ गया है और जब तक आपसे बात नहीं कर लेगा, वहीं जमा रहेगा।'

यह मेरा सहायक जो भी रहा हो, दर्ज़ी उसका नाम सुनते ही आगबबूला हो उठा। 'इस भले आदमी के पास अपनी बीवी की नामाक़ूल कुर्तियों के लिए परेशान करने के सिवा और कोई काम नहीं है? उनके लिए यह पाँचवीं दफ़ा दुकान पर आया है।'

मैंने धीरे से टिप्पणी जड़ी, 'शायद उसकी बीवी ने कुर्तियों के बिना उसके घर में घुसने पर पाबंदी लगा दी है।'

दर्ज़ी चीख़ा, 'उसकी कुर्तियाँ उसके मुँह पर मार दो।'

'लेकिन आपने उन्हें ताले में बंद करके रख दिया है,' लड़के ने जवाब दिया।

'कोई बात नहीं, मैं चल रहा हूँ।' यह कहते हुए वह ग़ुस्से में वहाँ से चल पड़ा। मुझे चैन आया, मेरा सीना हल्का हो गया। मेरे लिए यह आख़िरी मौका था। अब पूरी कमेटी मेरी जेब में थी। मैंने मुत्थू से जल्दी-जल्दी कहा, 'बस निकलने से पहले मैं हाथी को अपने पैरों पर खड़ा देखना चाहता हूँ। बाक़ी बातें फिर करेंगे।'

'लेकिन उसे उठाया कैसे जाये?' उसने हाथी की तरफ़ रुख़ करके कहा, 'कुमार, अब ज़रा जल्दी से उठ खड़े हो!'

दर्शकों में एक छोटा-सा लड़का, जो मुँह में अँगूठा डाले यह तमाशा देख रहा था, अचानक बोला, 'मैं जानता हूँ हाथी को कैसे उठाया जाता है।'

'कैसे? अच्छा, तो उठाकर दिखाओ,' मैंने उत्सुकता से कहा और लड़के को वहाँ से खींचकर हाथी की तरफ़ ढकेला।

उसने दाँत निकाले और बोला, 'अगर आप मुझे एक मेंढक ला दें, तो मैं हाथी को खड़ा कर दूँगा।'

'अच्छा, यह कैसे करोगे तुम?'

'हाथी के नीचे अगर मेंढक रख दें तो वह कूदने लगता है, जिससे हाथी को भी उठना पड़ता है।'

मैं हाथी को खड़ा करने के लिए कुछ भी करने को तैयार था लेकिन इसी समय एक महावत वहाँ आकर खड़ा हो गया। वह पहाड़ियों पर पाँच मील ऊपर एक लकड़ी के गोदाम में काम करता था। चार दिन पहले यहाँ के लोगों ने एक लॉरी ड्राइवर के ज़रिये, जो उस रास्ते से होकर गुज़रता था उसे यहाँ आने का संदेश भेजा था। आज ही उसे समय मिला, तो वह यहाँ आ पहुँचा। वह ठीक उसी समय आया जब सब लोग मेंढक या किसी भी तरीक़े से हाथी को उठाने के बारे में बहस-मुबाहिसा कर रहे थे, और दर्ज़ी के वापस लौटने से पहले कुछ कर डालना चाहते थे। महावत एक बुनी हुई बास्कट पहने था जिसके ऊपर लाल रंग का एक स्वेटर था और सफ़ेद धोती जो घुटनों तक आती थी, इस सबसे उसने अपना कुछ ऐसा नक़्शा बना लिया था जिससे शैतान हाथी भी डरकर उसके क़ाबू में आ जाये। वह चारों तरफ़ इकट्ठे लोगों के बीच से धड़धड़ाता हुआ आगे पहुँच गया और हाथी को ज़मीन पर पड़ा देखकर पूछने लगा, 'यह लेटा क्यों हैं?'

मुत्थू ने उत्तर दिया, 'हम भी तो यही जानना चाहते हैं। चार दिन से इसी तरह पड़ा है।' महावत ने कुमार पर एक नज़र डाली और उसके कान के पास मुँह ले जाकर धीरे से पूछने लगा, 'यह क्या मामला है?' फिर हमारी तरफ़ मुड़कर बोला, 'आप लोग यहाँ से हट जाइए। वह इतने लोगों के सामने कुछ नहीं कहना चाहता। समझ में आया न? आप लोग हट जायें तो यह मुझे अपनी समस्या बतायेगा।' हम सब वहाँ से हट गये। उसने अपना मुँह हाथी की विशाल सूँड़ के पास लाकर कुछ बुदबुदाना शुरू किया और हाथ में पकड़ी एक छोटी-सी हरे रंग की चाबुक से, जहाँ तक उसका हाथ पहुँच सकता था, हाथी को धीरे-धीरे मारना शुरू किया। ज़रा-ज़रा रुक कर वह चाबुक लगाता और अचानक हाथी उठकर खड़ा हो गया। फिर महावत ने अपने हाथ में पकड़ी हरे रंग की चाबुक हमें दिखाई, जो किसी पौधे की छड़ी जैसी लगती थी, और कहा, 'यह है...' और पहाड़ियों पर उगने वाले किसी अज्ञात पौधे का नाम लिया। फिर कहा, 'यह और सब उपायों से कहीं ज़्यादा कारगर है...मैंने आज तक ऐसा कोई जानवर नहीं देखा जो इसकी इज़्ज़त न करता हो।' उसने फिर हाथी पर यह चाबुक फटकारी तो उसने आँखें खोलीं और एक चिंघाड़ दी। मैं डरा कि यह आवाज़ सुनकर दर्ज़ी फिर वापस न जाये। दरअसल हाथी की चिंघाड़ काफी ज़ोरदार और लंबी थी।

इसके बाद महावत हाथी की बग़ल में इस तरह शान से खड़ा हो गया, जैसे उसकी फ़ोटो खींची जा रही हो। उसने मुस्कराकर छड़ी अपनी नाक के सामने से

घुमाई और लगा कि वह ख़ुद उससे प्रभावित होकर नशे की अवस्था में पहुँच गया है। 'अब मुझे एक टूटा हुआ नारियल, गुड़ और एक टुकड़ा गन्ना चाहिए।'

हमने एक लड़का ये चीज़ें लाने के लिए दौड़ा दिया। उसका इन्तज़ार करते हुए महावत हाथियों के अपने अनुभव सुना-सुनाकर हमें हँसाता रहा। उसने उन सब हाथियों की कहानियाँ सुनाई जिन्हें वह देश के बहुत से अजायबघरों में पहुँचाने जाता था, और एक दफ़ा उसे न्यूयॉर्क या टोकियो भी एक हाथी पहुँचाने का अवसर मिला था, लेकिन उसके भाइयों ने ही उसे इससे इसलिए वंचित कर दिया क्योंकि उसने परिवार की परंपरा को तोड़कर अपनी इच्छानुसार शादी की थी। यह मज़ेदार कहानी यूँ थी कि वह सुदूर केरल से शादी करने के लिए एक लड़की लाया था। भाइयों ने इस पर एतराज़ किया और कहा कि पैसे दे-दिलाकर लड़की को वापस भेज दो। उन्होंने इसके लिए दो सौ रुपये भी इकट्ठा किये। महावत रुपये लेकर लड़की के पास गया। और बोला कि वह केरल वापस चली जाये। उसने जवाब दिया, 'रुपये तुम अपने पास रखो, मुझे बस यह बता दो कि पास में कोई ऐसा गहरा कुआँ या तालाब है जिसमें मैं डूबकर मर जाऊँ। मैं तुम्हें यह बताना चाहती हूँ कि मैं तुम्हारे लिए यहाँ आई हूँ, पैसों के लिए नहीं। अगर मैं तुम्हारी बीवी बनने लायक नहीं हूँ, तो तुम्हारे पैरों पर यहीं मर जाना मुझे पसंद हैं। ये दो सौ रुपये लेकर गाँव लौट जाने का तो मेरे लिए सवाल ही नहीं उठता।' वह फिर बोला, 'ये दो सौ रुपये थे, दो नहीं थे, लेकिन उसने इन्हें ठुकरा दिया। मुझ पर इसका असर पड़ा और मैंने भाइयों से कह दिया कि वे जो चाहें कर लें, और उसी लड़की से शादी कर ली। आप यह भी मत सोचना कि रुपये मैंने अपने पास रख लिये। मैं ऐसा करने वालों में से नहीं हूँ। मैंने रुपये भाइयों को वापस कर दिए। दरअसल रुपये मैंने दरवाज़े से बाहर फेंक दिये और उनसे कहा कि इन्हें इकट्ठे कर लो; और किसी से सौ रुपये क़र्ज़ लेकर शादी की, इन रुपयों पर पाँच रुपये ब्याज़ आज भी मैं हर महीने अदा कर रहा हूँ। बड़ी अद्भुत है मेरी बीवी। चाहे रात के बारह बज जायें, जब तक मैं घर वापस नहीं पहुँचता, भूखी बनी रहती है। अब इसके लिए मैं क्या कर सकता हूँ! कई दफ़ा मुझे-कई दिन तक बाहर रहना पड़ता है, तब भी वह नहीं खाती, भूखी बनी रहती है।' अंत में उसने कहा, 'बड़ी कर्तव्यनिष्ठ बीवी है।'

इसके बाद वह अपनी कहानी का दूसरा हिस्सा बताने जा रहा था, कि किस तरह उसे न्यूयॉर्क या टोकियो जाने से रोका गया, तभी हाथी ने अँगड़ाई ली। उसने हाथी को थपथपाया और कहा, 'अब हम दोस्त हैं। वह चाहता है कि मैं उसकी पीठ पर बैठूँ।' यह कहकर उसने हाथी के पैर थपथपाये, उसके कान ऊपर किये और बात करते-करते उस पर सवार होने के लिए बढ़ा। तभी लड़का नारियल और गुड़ लेकर आया था। महावत हाथी पर बैठ चुका था, उसने झुककर लड़के से ये

चीज़ें ले लीं और कुछ कहते हुए वे हाथी के मुँह के सामने कीं। लेकिन हाथी ने सिर्फ बाँस की टोकरी पकड़ी और उसे ऊपर उठाकर मैदान में दूर फेंक दिया। मुत्थू यह देखकर दुखी हो उठा। बोला, 'खाने के साथ वह यही करता है।'

'फिक्र मत कीजिए, 'महावत ने कहा, 'बात यह है कि वह भूखा नहीं है। मेरी बीवी भी अगर भूख के बिना मुझे खिलायेगी तो मैं भी इसी तरह उसे फेंक दूँगा। अब बताइये, इसे कहाँ ले जाना है?'

मैंने तुरंत कहा, 'इसे शहर ले चलो। मैं शहर के बाहर चुंगी के फाटक पर तुम्हें मिलूँगा।' और मेरी बात पूरी होते ही वह अपनी हरी चाबुक लहराता हुआ वहाँ से चल पड़ा, हम सब भी उसके पीछे चले। बच्चों ने खुशी से चिल्लाना शुरू किया और हाथी के पीछे दौड़ने लगे। मुझे यह सब शोर-शराबा देखकर अच्छा नहीं लग रहा था, हो सकता है कि दर्ज़ी इसे सुनकर यहाँ न आ जाये। मुत्थू बहुत संतुष्ट था और हाथी के बग़ल में चला जा रहा था। मैंने सोचा, मुझे भी कुछ संतुष्ट होने का अधिकार है।

हमारे विचारों को सही दिशा देने के लिए महावत ने झुककर हमसे कहना शुरू किया: 'यह इस वक़्त मज़े में चल रहा है, इसका मतलब यह नहीं है कि यह बीमार नहीं है। दरअसल यह काफ़ी बीमार है। मेरे पास भी इसकी दवा है लेकिन आप तो इसे अंग्रेज़ी डॉक्टर को दिखाना चाहते हैं। जाइये, उनसे इलाज करा लीजिए फिर मेरे पास आ जाइयेगा। मैं किसी के भी कामों में अड़ंगा नहीं डालता, हालांकि मैं जानता हूँ कि अंग्रेज़ी डॉक्टर क्या कर सकते हैं। वे भी आज नहीं तो कल, मुझे ही बुलाते हैं।'

यह सुनकर मुत्थू कुछ सोचने लगा। अचानक उसे ख़्याल आया कि देवी को धन्यवाद देकर नहीं आया है, इसलिए उल्टे पैरों मंदिर को लौट पड़ा। वहाँ जाकर देवी के सामने कपूर जलाया, हाथ जोड़े, और फिर आकर सबके साथ शामिल हो गया। मुख्य सड़क पर पहुँचकर जुलूस जब उसकी चाय की दुकान के सामने पहुँचा, उसने महावत को एक मिनट रुकने के लिए कहा और दुकान में घुस गया।

महावत बोला, 'आप मुझे चाय का गिलास यहीं लाकर पकड़ा दें। मैं उतरना नहीं चाहता क्योंकि अगर मैं उतरा तो कुमार भी एकदम बैठ जायेगा। यह उसका स्वभाव है।' मुझे लगा कि कुमार भी यह बात समझ गया, क्योंकि उसकी छोटी-छोटी आँखों में एक चमक दिखाई दी और उसने अपनी सूँड इस तरह हिलाई जैसे वह इस बात से प्रसन्न हो। मुत्थू उसके लिए ट्रे में कई बंद और चाय लेकर आया और महावत को दीं। उसकी दुकान में जो बहुत सारी मक्खियाँ भिनभिना रहीं थीं वे इसके साथ आकर हाथी की पीठ पर सैर करने के लिए बैठ गईं। महावत ने आराम से अपने सामने ट्रे रखी और मज़ा लेकर चाय पीना शुरू किया। तभी दर्ज़ी

भी अपनी दुकान से बाहर निकल आया और बोला, 'सब लोग सामने से हट जाओ और तुम मुझे बताओ कि क्या हो रहा है?'

महावत ने उसके सवाल पर ध्यान नहीं दिया और चाय पीता रहा। इससे दर्ज़ी चिढ़ उठा और चिल्लाया, 'यह हमारा हाथी है। तुम इसे कहाँ लिये जा रहे हो?' हाथी पर उसके हक़ की बात मज़ाक़ की तरह थी और लोग हँसने लगे। मुत्थू, जो अब तक वापस आ गया था, बोला, 'फ़िक्र मत करो, यह हाथी पर क़ाबू रखना जानता है। उसी के भले के लिए ले जा रहा है।'

'कहाँ? शहर? मैं यह कभी बर्दाश्त नहीं करूँगा, कभी नहीं, हरगिज़ नहीं...' यह कहकर वह ज़िद्दी बच्चे की तरह पैर पटकने लगा।

महावत इससे परेशान हो उठा। वह सिर पर तौलिया लपेटते हुए कहने लगा, 'इस सब का क्या मतलब है? क्या मैं हाथी को चुराये लिये जा रहा हूँ?'

मुत्थू सामने आया और दर्ज़ी को बाँह में लेते हुए कहने लगा, 'तुम मेरे साथ आओ और चाय पियो और इसी के साथ महावत से भी बोला, 'हाँ, हाँ, तुम चलो, देर ही रही है। जहाँ ये मिलेंगे, वो जगह याद रखना...। बाक़ी हम देख लेंगे।'

महावत ने हरी छड़ी फिर से जादू की तरह हाथी के ऊपर घुमाई और वह चल पड़ा, उसके पीछे बच्चों का हुजूम था। जल्द ही मोड़ पर पहुँचकर वह आँखों से ओझल हो गया।

मुत्थू ने दर्ज़ी को एक के बाद एक बेधुले गिलास भरकर चाय पिलाई, तब कहीं जाकर वह ठंडा पड़ा। मैं सोचने लगा, 'यदि इस तरह मुत्थू अपने हाथी से जुड़े साथियों को चाय पिलाता रहा तो उसका तो दिवाला पिट जायेगा। उसे अपनी दुकान बंद करनी पड़ेगी और उधर हाथी के डॉक्टर का ख़र्चा कौन देगा?'

मैं मुत्थू की दुकान के सामने टीन के दो पीपों के ऊपर रखे लकड़ी के तख़्ते पर बैठा यह दृश्य देख रहा था। अब हाथी जा चुका था, इसलिए मेरी मुख्य चिंता ख़त्म हो गई थी। अब मुझे इसकी परवाह नहीं थी कि दर्ज़ी क्या कहता है या करता है। चाय पीकर और बंद खाकर तरोताज़ा वह दुकान से बाहर निकला और क़मीज़ की आस्तीन से अपना मुँह पोंछते हुए बिना कुछ कहे मेरे सामने से चला गया। लेकिन गुज़रते हुए उसने जो एक हल्की सी नज़र मुझपर डाली उससे मैं समझ गया कि वह मुझे क्या समझता है–हाथियों को भगा ले जाने वाला। फिर चार घर आगे वह अपनी दुकान में लुप्त हो गया। मैंने सुना वह किसी से कह रहा था, 'तुम इन्तज़ार नहीं कर सकते तो ये टुकड़े उठा ले जाओ। मैंने तुम्हें हफ़्ते के आख़िर में ही जैकेट देने का वादा किया था।'

मैं इसके बाद की बातचीत नहीं सुन सका क्योंकि वासु की डरावनी जीप

अचानक मेरे सामने आकर खड़ी हो गई। वह पहाड़ी से नीचे आ रहा था। मुझे वहाँ देखकर अपनी सीट से ही बोला, 'मैं शहर जा रहा हूँ। आ रहे हो?'

एक क्षण के लिए मैं झिझका। बस किसी समय भी आ सकती थी, क्योंकि डेढ़ घंटे से उसका इन्तज़ार हो रहा था। पता नहीं क्या बात हुई! लेकिन मैं इस आदमी के साथ कैसे जा सकता था? कई महीने बाद हम दोनों एक-दूसरे के सामने थे। मैं उसे यह नहीं बताना चाहता था कि यहाँ क्यों आया हूँ? अगर मैं जीप में जा बैठा तो उस पर निर्भर हो जाऊँगा। मैंने कहा, 'मैं अभी नहीं लौट रहा।'

'क्यों?' उसने तुर्शी से पूछा। 'यहाँ तुम्हें क्या करना है? रात यहीं गुज़ारनी है?'

उसने सड़क घेर रखी थी। एक लॉरी गुज़रने की कोशिश कर रही थी, ड्राइवर पीछे से हॉर्न बजाये जा रहा था। वासु ने सिर्फ हाथ हिलाया, 'तुम्हारे लिए काफ़ी जगह है निकल जाओ।'

'सामने गड्ढा है।'

'तो गड्ढे में जा पड़ो। इस वक़्त मुझे परेशान मत करो। देखते नहीं, मैं किसी से बात कर रहा हूँ।'

लॉरी-ड्राइवर ने किसी तरह गड्ढे से बच कर गाड़ी निकाल ली। वासु ने मुझसे कहा, 'मैं तुम्हें घर ले चलूँगा।'

'तुम चले जाओ,' मैंने कहा।

उसने पीछे की सीट की तरफ़ इशारा किया। कहा, 'उस पर आज कुछ नहीं हैं। मैं जानता हूँ कि कोई लाश देखकर तुम्हें ग़श आ जायेगा। इसलिए आज मैं कुछ नहीं लाया हूँ।'

इसे मेरी गतिविधियों का कैसे पता चला? शायद यह मेरी जासूसी करता रहा है। जो हो, इस बारे में मैं उससे बात नहीं करना चाहता था। मैंने कहा, 'तुम जाओ। मेरे लिए और गाड़ी है। धन्यवाद।'

'कौन-सी और गाड़ी?' उसने पूछा, 'दस मील ऊपर बस टूट गई है, उसका एक्सिल निकल गया है। आदमी, औरतें, बच्चे सड़क के किनारे बैठे हैं। उन्हें... पता नहीं, कब तक इन्तज़ार करना पड़ेगा। अगर वहाँ किसी के पास बंदूक़ हो तो वह रात में शेर या हाथी का शिकार कर सकता है। अगर तुम बस से ही जाना चाहो, तो मैं तुम्हें वहाँ भी छोड़ सकता हूँ।'

मैं सोचने लगा कि उसकी बातों में कितना सच हो सकता है। मुझे हिचकते देख उसने ज़ोर से कहा, 'तुम इन्तज़ार किसका कर रहे हो? अगर चाय की दुकान पर ही रात बिताना हो तो यहीं रहो, जो चाहे करो। मुझे और भी काम हैं।'

पहले तो उसे देखकर मैं परेशान हुआ था लेकिन अब यह सोचने लगा कि इस मौक़े का फ़ायदा उठाकर मैं उससे फिर दोस्ती कर सकता हूँ। पहले तो उसने मेरी

उपेक्षा की और अब मेरी मदद कर रहा है, यह विचार मुझे अच्छा नहीं लग रहा था, लेकिन निरंतर उपेक्षा से तो यह बेहतर ही था। इसलिए मैं बिना कुछ कहे जीप में जा बैठा और वह चल पड़ा। कुछ देर तक हम चुप बैठे रहे और वह हमेशा की तरह बैलगाड़ियों को कोसता और उन्हें तोड़ डालने की धमकियाँ देता और राह चलतों को गालियाँ बकता तेज़ गाड़ी चलाता रहा। जो लोग उसकी बातों को बर्दाश्त करते चुपचाप चले जाते, उनसे वह निराश होता, पर जब कोई कार वाला या अकेला आदमी पलटकर उसे घूरता या गाली के बदले गाली देता, तो उसे ख़ुशी होती, और वह मेरी तरफ़ देखकर कहता, 'मैं चाहता हूँ कि मेरे देशवासी ऐसे बनें। उनमें लड़ने की ताक़त होना चाहिए, बिना रीढ़ के ये लोग इसीलिए हमेशा से पिटते रहे हैं, जो भी हमलावर आया, उनपर हावी हो गया।

मुझे उसका यह दृष्टिकोण सही नहीं लगा इसलिए मैंने कहा, 'तुम चाहते हो कि देश का हर आदमी इसी तरह झगड़ालू बन जाये।'

'हाँ,' उसने सरलता से उत्तर दिया। इस वक़्त वह मुझे बहुत ख़ुश लग रहा था और मैंने सोचा कि वह हमेशा ऐसा ही व्यवहार करे। अंधेरा होने लगा था और रास्ते में पड़ने वाले घरों में कहीं-कहीं रोशनियाँ भी जल गई थीं। उसने पूछा, 'आजकल तुम कितने व्यस्त हो?'

'हमेशा जितना काम होता है।'

'और हमेशा की तरह ग़पबाज़ी?'

'क्या मतलब है तुम्हारा?' मैंने तल्ख़ी से पूछा।

'ग़ुस्सा मत करो, ग़ुस्सा मत करो', उसने बनावटी नम्रता से कहा, 'मैं तो मज़ाक़ कर रहा था। मेरा मतलब उन कुर्सी घेरने वालों से था, तुमसे नहीं।'

'तुम उन्हें भूल नहीं सकते?' मैंने पूछा। 'वे तो तुम्हारे बारे में सोचते तक नहीं, तुम क्यों उनके बारे में परेशान रहते हो?'

'ग़ुस्सा नहीं, बिल्कुल नहीं,' अब उसने और ज़्यादा विनम्रता दिखाई। 'मैं सिर्फ़ जानना चाहता था। मै उनका शुभचिंतक हूँ, इसलिए जानना चाहता था कि वे कैसे हैं। और कोई बात नहीं।'

'वासु, सुनो मेरी बात,' मैं अचानक उत्तेजित होकर कहने लगा, 'तुम्हें दुनिया के लोगों को उनके अपने ऊपर छोड़ देना चाहिए, इससे दुनिया ज़्यादा सुखी हो जायेगी।'

'मैं इससे सहमत नहीं हूँ' वह बोला। 'हम सहारा के रेगिस्तान में नहीं रहते कि अकेले अपनी ज़िंदगियाँ गुज़ारते रहें। हम एक समाज में रहते हैं इसलिए हम साधु की तरह सबसे अलग होकर ज़िंदगी नहीं बिता सकते हैं।'

उससे बहस करना निरर्थक था। आज फिर मुझमें उसके लिए चिढ़ पैदा हो

रही थी, जिससे मैं बचना चाहता था। इसलिए मुलायम बनकर मैंने कहा, 'हमारे कवि ने श्रीकृष्ण के महाकाव्य में कमाल ही कर दिखाया है। अब वह 'राधा-कल्याणम्' अध्याय पूरा कर रहा है यानी कृष्ण से राधा का विवाह, और उसकी किताब बहुत जल्द छप जायेगी।

'अच्छा,' वासु ने आंशिक रुचि दर्शाते हुए पूछा, 'और पत्रकार की क्या ख़बर है?'

'हाँ,' मैंने कुछ शान से कहा, 'शहर से एक छोटा समाचार पत्र निकालने की उसकी योजना सिरे लग रही है। उसने प्रचार आरंभ कर दिया है।'

एक क्षण चुप रहकर वह बोला, 'मुझे ऐसे लोग पसंद हैं जो कुछ करते हैं, फिर वह कुछ भी हो।'

'तो,' मैंने सोचा, कवि और पत्रकार को इस आदमी का समर्थन मिलने लगा है। मैं उसे यह बताना चाहता था, हालांकि यह संभव नहीं था, कि अगर वह यह सोचे कि हर आदमी को उसका समर्थन चाहिए, तो यह उसके घमंड की इन्तिहा है। उसे यह सोचकर अच्छा लगता था कि मानवता उससे प्रमाण-पत्र पाये बिना आगे नहीं बढ़ सकती। लेकिन उससे बहस करना बेकार था। क्योंकि वह दुनिया के ऐसे कुछ ताक़तवर लोगों में एक था जो अपनी बातों को परम सत्य मानते हैं। अचानक उसने पूछा, 'मैं जानना चाहता हूँ कि मैं जो किताब ख़ुद लिख रहा हूँ, उसे छापोगे? पिछले कई हफ़्ते से मैं इस पर काम कर रहा हूँ।'

'अच्छा!' मैं ज़ोर से कह उठा। वह कभी कोई पुस्तक लिखेगा, यह तो सोचना ही संभव नहीं था। इस विषय में मेरी रुचि देखकर उसे भी उत्साह हुआ और वह बोला, 'यह वन्य जीवन से संबंधित रचना है। अख़बारों में हर रोज़ नेताओं के भाषण और लेख छपते हैं कि वन्य जीवन की सुरक्षा किस प्रकार की जानी चाहिए। लोग इस बारे में कुछ जानते ही नहीं। मेरे इस विषय में स्पष्ट विचार है। हमारे देश में हो यह रहा है कि हर क्षेत्र में अधकचरे लोग आ गये हैं। लोग बातें करते नहीं थकते। मैंने अपनी किताब में कई ज़रूरी बातें कही हैं और चाहता हूँ कि साल के अंत में वन्य-जीवन पर जो सम्मेलन हो रहा है, उसमें यह किताब मौजूद हो?'

मैंने पूछा, 'लेकिन यह सम्मेलन तो वन्य-जीवन के रक्षण के लिए होगा?'

'तो क्या हुआ? मेरी किताब में भी संरक्षण के ज़्यादा कारगर उपायों की चर्चा की गई है। यह सही आदमियों को लाइसेंस न देने से या जानवरों के पीछे दौड़ते हुए उनकी सुरक्षा के नारे लगाने से तो नहीं होगा।'

अब मैं चुप हो गया। मैं उसके मामलों में फिर से दख़ल देना नहीं चाहता था। मैं नहीं चाहता था कि वह फिर मेरे दफ़्तर में आकर डेरा जमाये या मेरे मित्रों के साथ दुर्व्यवहार करे। इसलिए मैंने आगे शहर तक पहुँचने की शेष यात्रा में अपनी ज़बान बंद रखने का निश्चय किया।

8

कवि का मूड आज बहुत अच्छा था। उसने महाकाव्य का वह हिस्सा पूरा कर लिया था जिसमें श्रीकृष्ण अपनी भावी पत्नी राधा से मिलते हैं और उनका विवाह होने वाला है। उसने मोती की तरह तराशे हुए एकाक्षरों में सैकड़ों पंक्तियाँ लिख ली थीं और अपना स्वतन्त्र छंद रच लेने में सफलता प्राप्त की थी। उसकी पांडुलिपि तैयार थी—कई छोटी-छोटी कापियाँ, जिन्हें उसने ख़ुद अपने हाथ से सीकर बादामी काग़ज़ से चढ़ाया था। और जिसमें हरे रंग की स्याही से लिखा था। पिछली रात वह देर तक लिखता रहा था। इसलिए आज उसकी आँखें लाल थीं, लेकिन चेहरा ख़ुशी से चमक रहा था। हर महीने चार पृष्ठों के हिसाब से शास्त्री न जाने कितने महीनों से इसे छाप रहा था, जो सब मिलकर अब एक पूरा ग्रंथ ही बन गये थे। विवाह के इस सर्ग तक पहुँचकर शास्त्री स्वयं भी बहुत उत्साहित हो उठा था। इस सर्ग को मिलाने के बाद पुस्तक के 96 पृष्ठ बन जायेंगे। वह कुछ प्रूफ़ लेकर भीतर आया लेकिन क्षण भर को वहीं रुक गया। मैं जानता था कि जब वह इस तरह रुकता है तब उसे कुछ कहना होता है, और मैं उसकी तरफ़ न मुड़ा तो वह वापस चला जायेगा। मैं काग़ज़ पर सिर झुकाए था लेकिन अपने पीछे उसकी उपस्थिति का मुझे ज्ञान हो गया था। मैंने पूछा, 'शास्त्री, क्या बात है?' उसने कवि की तरफ़ देखा और दोनों मुस्कराये। इसलिए मुझे लग गया कि कोई अच्छी ही बात है, और निश्चिंत हो गया। वह बोला, 'जब कवि किसी देवता के विवाह के वर्णन तक पहुँच जाये, तब कुछ समारोह किया जाना चाहिए।' फिर वह बताने लगा कि किस प्रकार का समारोह किया जाये। मुझे कवि बहुत प्रिय था। इसलिए समाज में उसकी प्रतिष्ठा बढ़ाने का कोई भी आयोजन मुझे पसंद आता।

समारोह की ज़ोरदार तैयारियाँ शुरू हो गईं। इस कारण मेरा कंपोज़िंग और छपाई का सामान्य कार्य फिर पिछड़ने लगा। जूस विक्रेता का व्यापार तेज़ी से बढ़ रहा था और उसे चार हज़ार तिरंगे लेबिलों की और आवश्यकता थी, लेकिन अब मुझे छापकर देने में कठिनाई होने लगी। मेरे पास उनका पहला रंग, हल्का भूरा, ही छापने का समय था। इसे छापकर मैंने लेबिलों को सूखने के लिए रख दिया था। इसके बाद जब भी जूस वाले का आदमी आता, मैं उससे यही कहता कि बाक़ी दोनों रंग कहीं और ले

जाकर छपा लो, मुझे कोई एतराज़ नहीं होगा। लेकिन तीसरा ख़ास रंग मेजेन्टा, जिसे देखते ही लोगों की प्यास उभरने लगती और वे जूस की दुकान पर क़तार लगाकर खड़े हो जाते, औरों के पास कहाँ से आता? छठी दफा जब मैंने आदमी को लौटाया तो के.जे. खुद धड़धड़ाता हुआ आ धमका और पर्दे के पीछे काम कर रहे शास्त्री पर चिल्लाने लगा। उसे पता नहीं था कि शास्त्री के साथ मैं भी खड़ा हूँ और समारोह के लिए चंदा इकट्ठा करने की अपील कंपोज़ करने में उसकी सहायता कर रहा हूँ। अब हमें पैसों की सख़्त ज़रूरत थी। हमारे साथ एक ज्योतिषी भी था और हम तीनों गंभीर बातचीत कर रहे थे। इसलिए हमें कोई व्यवधान पसंद नहीं था। यहाँ अब बाँस की एक घनी बुनी चटाई लटकी थी जो उस पार वालों को हमसे अलग करती थी। उधर वासु चाहे जितने जानवरों की लाशें लाकर रख देता, हमारे ऊपर उनका कोई प्रभाव नहीं पड़ने वाला था। शहर-भर की सभी वेश्याएं उधर लाइन बनाकर सीढ़ियों से चढ़ती-उतरतीं, हमें उनका पता भी नहीं चलने वाला था। उधर से लोगों के चलने-फिरने की आवाज़ें तो आतीं लेकिन इनसे हमें कोई परेशानी नहीं होती थी। हम अपने काम में लगे रहते, हालांकि अगर कभी मुझे ज़्यादा उत्सुकता होती तो मैं बाँस के पर्दे में बने एक छोटे-से छेद में से उधर के गोलाकार दृश्य देख सकता था, कि लकड़बग्घा सीढ़ियों से लटक रहा है या किसी औरत के मोटे-काले पैर या ख़ुद वासु ऊपर तेज़ी से चढ़ा जा रहा है। लेकिन यह सुविधा में बहुत विशेष परिस्थितियों में ही स्वयं अपने को ही प्रदान करता था, और शास्त्री की उपस्थिति में तो बिल्कुल नहीं, क्योंकि मैं नहीं चाहता था कि उसे यह बुरी आदत पड़ जाये। मेरा ख़्याल तो यह है कि उसे इस छेद की जानकारी तक नहीं थी।

ज्योतिषी ट्रेडिल मशीन के बग़ल में ज़मीन पर बैठा था। उसके हाथ में खुला पत्र था, जिसे पढ़ने की सुविधा के लिए वह आँखों से काफ़ी दूर हाथों से पकड़े हुए था, और वह कह रहा था: पूर्णिमा के दिन चंद्रमा छठे घर में हैं, जो हमारे लिए उसकी सर्वोत्तम स्थिति है, और दिन का स्वामी है..., जिसका अर्थ यह हुआ–उसने चार्ट में छपे अक्षर पढ़ने के लिए आँखें मिचकाईं और कहा, 'मेरा चश्मा घर पर रह गया है', जिसे सुनकर शास्त्री ने अपनी आँखों का चश्मा उतारकर उसे पकड़ा दिया। उसने उसे पहनकर फिर पढ़ने की कोशिश की, 'अब यहाँ देखते हैं... क्या संख्या लिखी है यह?' अब शास्त्री ने आगे बढ़कर पत्रा उसके हाथों से छीन लिया और ख़ुद पढ़ने के लिए अपनी आँखों के आगे काफ़ी दूर तक ले गया। लेकिन वह भी पढ़ नहीं पाया और उसने अपना चश्मा वापस लेने के लिए ज्योतिषी की तरफ़ एक हाथ बढ़ाया–ज्योतिषी ने फ़ौरन चश्मा अपनी नाक से उतारकर उसे पकड़ा दिया। उसे पहनकर शास्त्री ने संख्या पढ़ी, कुछ बुदबुदाया, और ज्योतिषी ने यह निश्चित करने के लिए कि शास्त्री ने सही नंबर पढ़ा है, चश्मा शास्त्री से वापस माँगा... और

चश्मा लेने-देने का यह खेल कई दफ़ा चला। इस तरह यह मीटिंग चलती रही, क्योंकि सितारों के बारे में एकदम अज्ञानी होने के कारण मैं केवल एक दर्शक और श्रोता भर रह गया था। विषय यह था कि समारोह के लिए एक ऐसा शुभ दिन निकाला जाए जब कृष्णा मंदिर में वसंतोत्सव हो।

तभी पर्दे के पीछे से ज़ोर की आवाज़ सुनाई दी, 'शास्त्री!' आवाज़ के कड़कपन से मुझे अपमान का अनुभव हुआ। मैंने शास्त्री को इशारा किया कि देखे, कौन है, लेकिन उसके उठने से पहले ही सुनाई दिया, 'तुम लेबिल दे रहे हो या नहीं? नहीं तो साफ़-साफ़ बता दो; मेरा लड़का एक दर्जन दफ़ा चक्कर लगा चुका है।' मुझे पता चल गया कि कौन है। वह उसी आवाज़ में अपनी शिकायतें गिनाता रहा, हमारी कमज़ोरियाँ बताता रहा; और धमकियाँ देता रहा कि वह किस तरह हमसे निबट लेगा। शास्त्री और मैं दोनों ही परेशान हो उठे। लेकिन शास्त्री के चेहरे पर यह सोचकर एक संतोष भी झलकने लगा कि मैंने उसकी चेतावनियों की परवाह नहीं की थी।

अब मुझे बाहर निकलना ज़रूरी हो गया। मैंने कहा, 'कौन साहब हैं? अच्छा, के. जे. हैं!'

मेरी आवाज़ सुनकर वह चुप हो गया। ज़रा देर बाद बोला, 'नटराज साहब, आप मुझे बहुत परेशान कर रहे हैं। बताइये, लेबिलों के बिना मैं बोतलें कैसे तैयार कर सकता हूँ...'

मैं उसकी बातों का जवाब जानता था। मैंने कहा, 'आप ज़रा बैठिए तो, मैं अभी हाज़िर होता हूँ।' पहले तो मैंने सोचा कि विशेष आवभगत के रूप में मैं उसे भी पर्दे के भीतर ही बुला लूँ, लेकिन यह विचार तुरंत त्याग भी दिया क्योंकि इससे एक ग़लत परंपरा की शुरूआत हो सकती थी। लोग पर्दे की इज़्ज़त करते थे और यह अच्छी बात थी। वासु ने ही इसकी प्राइवेसी को भंग किया था, जिसके परिणाम अच्छे नहीं हुए थे। मैं नहीं चाहता था कि फिर से वे सब बातें दुहराई जायें, इसलिए नाराज़ जूसवाले से मैंने कहा, 'आप बड़ी वाली कुर्सी पर आराम से तशरीफ़, रखिए मैं एक मिनट में आ रहा हूँ।'

उसने कोई जवाब नहीं दिया। शांति-सी फैल गई और मैंने कुर्सी खिसकाए जाने की आवाज़ सुनी, तो मैं समझ गया कि कोई चारा न देखकर उसने दुखी मन से मेरी सलाह मान ली है। मैंने भी उसे थोड़ा समय दिया, जिससे उसका ग़ुस्सा ठंडा पड़ जाए। ज्योतिषी के साथ हमारी बातचीत फिर शुरू हो गई; वह इन घटनाओं से बेख़बर ग्रहों को जोड़-तोड़ मिलाने में लगा था। आधे घंटे की शांत गणना के बाद, शास्त्री का चश्मा अपनी आँखों पर चढ़ाये उसने अपना सिर ज़रा-सा उठाया, लेकिन अभी वह बोलने को तैयार नहीं लगा। समाधि में लीन व्यक्ति की तरह वह पता नहीं क्या सोच रहा था, और दफ़्तर में बैठा आदमी प्रतीक्षा में छटपटा रहा था। मेरा ध्यान आकृष्ट

करने के लिए कभी वह ज़मीन पर पैर मारता, कभी खाँसता–खँखारता, और इधर मुझे यह जानकर संतोष होता कि मैंने इसे क़ाबू में कर लिया है। ट्रेडिल के बग़ल में बैठा ज्योतिषी लगातार चुप था। शास्त्री उसके बग़ल में बड़ी इज़्ज़त से खड़ा था। मैंने पूछा, 'हम क्या इंतज़ार कर रहे हैं?' ज्योतिषी ने सिर उठाकर मुझपर नज़र डाली, पर ज़बान नहीं खोली। बग़ल के कमरे में बैठे आदमी ने फिर खँखारा। शास्त्री ने कहा, 'ज्योतिषी जी को अभी पंद्रह मिनट और लगेंगे' अब मैंने निश्चय किया कि मेहमान को विदा कर दिया जाए और पर्दे से बाहर आ गया।

जूसवाला क्वीन एन चेयर पर बाक़ायदा पालथी मारे बैठा था। उसके जूते ज़मीन पर पड़े थे। यह एकदम पुराने ज़माने का आदमी था, जो माथे पर लाल रंग का जाति सूचक तिलक लगाता था। यह साफ़ था कि वह आज आख़िरी फ़ैसला करने आया है और मुझसे लड़ने की उसकी पूरी तैयारी है। किसी लड़ाई में पहला हमला करने वाला व्यक्ति आधी लड़ाई तो उसी से जीत लेता है, इसलिए उसके मुँह खोलने से पहले ही मैंने, अपने चेहरे पर शिकायत का भाव लाकर कहा, 'क्या यह अच्छा लगता है कि मेरे मित्र ही यहाँ आकर अपना आपा खो दें? बिला वजह मैं किसी का काम नहीं रोकता।'

के. जे. ने मुँह बिचकाकर कहा, 'अब क्या बहाना है? ब्लॉक तैयार नहीं हैं? स्याही नहीं मिल रही? इसीलिए मैंने अपने काम के साथ मद्रास से मँगाकर स्याही का डिब्बा भी भेज दिया था।'

'आपका स्याही का डिब्बा बिल्कुल सुरक्षित है,' यह कहकर मैंने दराज़ खोलकर डिब्बा उसके सामने रख दिया। फिर उसे दोनों हाथों से उठाकर उसका लेबिल पढ़ने लगा और कहा, 'यह स्याही इस काम के उपयुक्त नहीं है। अगर मैं इसका इस्तेमाल करता, तो ग्राहक आपकी बोतलें देखते ही भाग खड़े होते। आप जानते हैं, सूखने के बाद इसका असर कैसा दिखाई देता है? लगता है गुलाबी रंग गंदगी के गटर में डुबोकर निकाला गया है।'

'मैंने तो इसे मद्रास से मँगाया है और ब्रांड भी वही है जो आपने बताया था?'

'लेकिन मैं तो सिर्फ़ इंपोर्ट का माल ही इस्तेमाल करता हूँ। यह रंग दिल्ली में बनाया गया है।'

मेरी यह बात सुनते ही के. जे. भौंचक्का रह गया और मुँह बंद करके मेरी तरफ़ देखने लगा। मैंने कहा, 'आपके काम पर तो मैं इस तरह का माल कभी भी इस्तेमाल नहीं करूँगा। आपको मुझपर भरोसा है, उसका फ़ायदा मैं नहीं उठा सकता।' मैं इस तरह अपनी बात कह रहा था जैसे कोई देवता किसी पापी से बात कर रहा हो फिर मैंने आवाज़ लगाई, 'शास्त्री, वह मेजेंटा स्याही तो लाना।' के. जे. से मैंने कहा, 'आप ख़ुद दोनों का फ़र्क देख सकते हैं।'

पर्दे के पीछे से कुछ मामूली हलचल हुई, फिर सब शांत हो गया। मैं जानता था कि दुबारा आवाज़ लगाए बिना शास्त्री के कानों पर जूँ नहीं रेंगेगी। के. जे. को दिलचस्पी हुई और उसने पूछा, 'शास्त्री अंदर है?'

'क्यों?' मैंने पूछा।

'आपने शास्त्री को ही आवाज़ लगाई थी, लेकिन उसने जवाब ही नहीं दिया।'

'वह ज़रा ज़्यादा ही व्यस्त रहता है। उसके दिमाग में सैकड़ों चीज़ें चलती रहती हैं।'

'बस, मेरा काम नहीं करता,' के. जे. ने मुँह सिकोड़कर कहा।

'दोष उसका नहीं है। उसे सैकड़ों काम करने पड़ते हैं।'

'ये सैकड़ों काम क्या-क्या हैं, बतायेंगे!'

मैं उससे कुछ भी कह सकता था, लेकिन मैंने उसे सच बात ही बताई, 'एक नया कवि दुनिया में बहुत जल्द पेश होने जा रहा है, और वह उसके समारोह की सारी तैयारियाँ करने में लगा है।' मैंने महसूस किया कि बहाने बनाने की जगह सच्चाई का बयान कर देना ही सबसे सही साबित होता है।

के. जे. मेरी यह बात सुनकर दंग रह गया। बोला, 'इसका मतलब यह है कि मेरे लेबिलों का काम अभी तक शुरू ही नहीं हुआ है।'

'हाँ,' मैंने जवाब दिया। 'लेकिन इसका मुख्य कारण यही है कि हम आपकी स्याही का इस्तेमाल नहीं कर सकते और इम्पोर्ट की स्याही का इंतज़ार किया जा रहा है। दूसरा कारण यह है कि कवि का काम भी अचानक शुरू हो गया। समारोह के लिए हम किसी शुभ दिन की गणना करवा रहे है, और जैसे ही दिन का फ़ैसला हो जाता है, हम सहायता के लिए आपके पास आयेंगे। यह शुभ कार्य है और इसमें सबको अधिक-से-अधिक सहायता करनी चाहिए।'

'कैसे? कैसी सहायता? आप मुझसे क्या चाहेंगे? पैसा?'

'जी, और सबसे अच्छी सहायता यही है। लेकिन आप कितना दें, यह आपकी मर्ज़ी है। बात बस यही है कि आप जैसे इज़्ज़तदार आदमी को इस महान कार्य में सहयोग देकर गौरव अर्जित करना चाहिए; किस प्रकार, यह आप पर निर्भर है।'

वह डर गया कि ज़्यादा सवाल पूछने का परिणाम अच्छा नहीं होगा, लेकिन वह अपनी उत्सुकता भी दबा नहीं पा रहा था। इसलिए पूछने लगा, 'इस कार्य से मेरा क्या वास्ता है? आप मुझसे क्या कराना चाहेंगे?'

मुझे उसे देखकर मज़ा आने लगा था। मैं जानता था कि वह ऐसे लोगों में नहीं है जो ख़ुशी से चंदा देते हैं, न उसमें इतना साहस है कि साफ़ न कर दे। वह इन दोनों में से बीच का आदमी था। मैंने कहा, 'कुछ लोग सौ रुपये देते हैं, कुछ ने ज़्यादा भी देने का वायदा किया है। इसकी कोई सीमा तो तय की नहीं जा सकती!'

वह बुदबुदाकर बोला, 'सौ रुपये? मेरी तो साहब, ऐसी स्थिति नहीं है।'

'अरे! आपके लिए सौ रुपये क्या हैं? इतना तो आप घंटे भर में कमा लेते हैं। क्या मैं नहीं जानता कि आपका जूस कितना बिकता है?'

उसका चेहरा उतर गया। सोचने लगा कि क्यों यहाँ आया और इस जाल में फँस गया। उसे बस काम की बात ही करनी थी। उसका चेहरा देखकर लग रहा था जैसे इन्कम टैक्स कमिश्नर के सामने खड़ा है।

मैंने कहा, 'लेकिन कोई ज़बरदस्ती नहीं है, बिल्कुल नहीं है। आदमी जो भी दे, इच्छा से दे, नहीं तो पैसे का कोई मूल्य नहीं है। दूसरी बात यह है कि चंदा भी हम चुने हुए लोगों से ही ले रहे हैं हर एक ऐरे-ग़ैरे से लेना हमें बिल्कुल पंसद नहीं है। और पैसा हमारा मुख्य उद्देश्य भी नहीं है। मैंने आपसे ज़िक्र इसलिए किया क्योंकि इज़्ज़तदार लोगों की सूची में आपका नाम सबसे ऊपर है। और जब यह चर्चा कर रहे थे तभी आप आ भी गए।'

अब वह कुर्सी में जैसे तड़पने ही लगा। मौक़ा देखने लगा कि कब यहाँ से उठे और बाहर जाए। लेकिन मैं उसे जाने नहीं देना चाहता था। मैंने बातों से उसे एकदम जकड़ लिया था और इसका मज़ा भी ले रहा था। मैंने कहा, 'अच्छा, आप बतायें कि हमारे लिए क्या करेंगे? कुछ चीज़ें तो बड़ी आसानी से की जा सकती हैं और मैं आपको ज़्यादा तकलीफ़ भी नहीं देना चाहूँगा। आप ही बतायें कि क्या करना चाहेंगे?'

'आजकल तो मैं बहुत बिज़ी हूँ। बिक्री बढ़ाने के लिए इलाक़े का दौरा कर रहा हूँ, क्योंकि वहाँ कंपिटीशन बहुत बढ़ गया है। बहुत-से नक़लची भी मैदान में आ गए हैं...'

'कोई बात नहीं। हम नहीं चाहते कि आप कोई परेशानी मोल लें। हमारी इच्छा सिर्फ़ इतनी है कि आप जैसे लोग हमें प्रोत्साहन दें। आख़िरकार आप इस शहर के ख़ास लोगों में हैं और आपके साथ जुड़कर हमें भी इज़्ज़त मिलती है...' मैं उसपर एक के बाद एक रद्दा ऐसा कसता गया कि वह बेहद डर गया, और अचानक उठकर यह कहते हुए बाहर निकल गया कि फिर मिलेंगे।

उसके जाने के बाद ज्योतिषी और शास्त्री पर्दे के पीछे से निकलकर बाहर आए। ज्योतिषी के बायें हाथ में एक काग़ज़ और पत्रा था और दायें में शास्त्री की ऐनक लटक रही थी। वह बोला, 'मैंने एक तारीख़ निकाली है... नहीं, तीन तारीख़ें निकाली हैं: एक अच्छी, दूसरी आधी अच्छी, और तीसरी मामूली अच्छी। अपनी सुविधा के अनुसार आप इनमें से चुनाव कर सकते हैं। हर आदमी को अपनी इच्छानुसार तारीख़ चुननी चाहिए।'

अच्छी वाली तारीख़ पाँच महीने बाद पड़ती थी, तब तक तो कवि ज़िंदा ही नहीं रहेगा। मैं उसे जानता था। वह तो चाहता था कि अगले चौबीस घंटों में ही

उसकी रचना प्रकाशित हो जाए। हमने अच्छी तारीख़ पसंद नहीं की, इसलिए मामूली अच्छी तारीख़ ही बाक़ी रह गई। यह चार हफ़्ते बाद पड़ती थी, जब म्युनिसिपेलिटी के टॉवर के ऊपर पूरा चंद्रमा दूसरी बार चमकता था और, दूसरी महत्वपूर्ण बात यह है कि यह मंदिर के उत्सव के साथ भी मेल खाती थी। तब ज्योतिषी ने कहा कि यह भी अच्छी वाली तारीख़ के समान ही अच्छी है लेकिन इसे मामूली अच्छी क्यों कहा गया, यह जानते हैं! बात यह है कि इसपर बृहस्पति ज़रा-सा गिर रहा है और कवि का ग्रह है... जिस कारण इसका अच्छा प्रभाव घट जाता है। बृहस्पति का प्रभाव साढ़े चार घंटे रहता है। यानी साढ़े पाँच बजे तक, और इससे प्रयत्नों में ज़रा-सी बाधा पड़ेगी, बस इतना ही है।

'कैसी बाधा?' मैंने ज़रा चिंतित होकर पूछा।

'यह बताना ज़रा मुश्किल है। हो सकता है कि अँगूठे में चोट लग जाए, या कॉफ़ी के लिए रखा दूध खट्टा पड़ जाये। आप उस दिन सारे दर्शकों को काफ़ी पिलाने का विचार तो नहीं कर रहे?'

'बिल्कुल नहीं,' मैंने कहा।

वह सोचने लगा कि और किस तरह की बाधा बताई जा सकती है। 'यह हो सकता है कि नलके में चलता हुआ पानी एकाएक बंद हो जाए।'

अब मैंने भी जोड़ा, 'यह भी हो सकता है कि के. जे. की बोतलों में ज़रूरत से ज़्यादा पानी भर जाए। के. जे. यहाँ आया था और हो सकता है, वह सब दर्शकों को फ्री बोतल पिलाये, उनमें ज़्यादा पानी या पूरी तरह पानी ही भरकर।'

यह सुनते ही ज्योतिषी खुश होकर बोला, 'हाँ, बिल्कुल यही हो सकता है।' फिर धीरे से कहा, 'कुछ और भी हो सकता है।'

अब शास्त्री भी बोला, 'ज्योतिष में कोई भी बात बाधा मान ली जाती है। अगर किसी ख़ास समय में आपकी नाक पर मक्खी बैठ जाए, तो उसे भी ग्रहों का कारनामा मान लिया जाता हैं।' यह कहकर वह हँसने लगा। उसके साथ ज्योतिषी भी हँसा और दोनों ने लगभग एक साथ कहना शुरू किया, 'जब कुछ होना होता है तो होता ही है, नहीं होना होता तो नहीं होता, लेकिन पहले से जान लेना अच्छा ही रहता है।' ज्योतिषी ने कहा जैसे लिखते-लिखते क़लम की स्याही खत्म हो जाये, 'या यह भी हो सकता है...' इस तरह दोनों अब सामान्य बाधाओं की सूची बनाने लगे। यह सूची बढ़ती ही चली गई। बृहस्पति का प्रभाव समाप्त ही नहीं हो रहा था। तभी ज्योतिषी को महसूस हुआ कि इस तरह वह बृहस्पति ग्रह का महत्त्व बढ़ाने के बजाय कम कर रहा है। इसलिए उसने कहना शुरू किया, 'अगर बृहस्पति को स्वतंत्र छोड़ दिया जाए तो वह काफ़ी हानि पहुँचा सकता है, मनुष्य के किसी भी अंग को चोट लग सकती है या उसकी जान भी जा सकती है, लेकिन जब शनि ग्रह प्रभावी होता है तब बृहस्पति

का ज़ोर नहीं चलता। आप समझ रहे हैं मेरी बात? शनि ग्रह ज़्यादा शक्तिमान है हालांकि वह बृहस्पति की गतिविधि में कोई हस्तक्षेप नहीं करता।'

अब मुझे अपने ग्राहक हाईडेलबर्ग की सेवा का लाभ उठाने के लिए भेजने पड़ रहे थे क्योंकि न मुझे और न शास्त्री को प्रेस के काम करने का ज़रा भी समय मिलता था। हमने उनके लिए ग्राहकों की लाइन लगा दी थी। सबरे से शाम तक हम दोनों को सैकड़ों कामों में लगे रहना पड़ता था। मैं दफ़्तर में आता कम और वहाँ से जाता ज़्यादा था। मेरा बीवी और बच्चे से मिलना भी बिल्कुल कम हो गया था। रात को डिनर के लिए घर बहुत देर से पहुँचता था। चँदा इकट्ठा करने के लिए पत्र के रूप में अपील छाप रहा था, जिसमें देश की सांस्कृतिक परंपरा इत्यादि का भी अच्छे ढंग से उल्लेख करना पड़ता था। इन्हीं के साथ महाकाव्य के अंतिम फ़र्मे भी बहुत साफ़-सुथरे ढंग से छापने थे। मैं शहर में जाकर ज़्यादा-से-ज़्यादा लोगों से मिलता रहा कि उनसे पैसा इकट्ठा कर सकूँ जो कोई आसान काम नहीं था क्योंकि सभी लोग के. जे. जैसे स्वभाव के थे—धनी होने के कारण उन्हें धार्मिक कार्य पसंद थे लेकिन अंटी खोलकर पैसे निकालने में उनकी जान निकलती थी। दरअसल हमें बहुत धन की ज़रूरत थी क्योंकि हम बहुत बड़ा आयोजन करना चाहते थे, जिसमें लंबा पूजा-पाठ, जुलूस और एक हज़ार लोगों का खाना भी था। कुछ लोगों ने, जिनसे हम मिले, हमसे यही पूछ लिया कि जब पैसे ही नहीं हैं, तो इतना बड़ा आयोजन क्यों करना चाहते हैं—सवाल बिल्कुल जायज़ था, लेकिन अब हम वापस भी नहीं लौट सकते थे। इसलिए हमें काम में लगे रहना था। सारा शहर हमारे इश्तिहारों से पटा पड़ा था। सेन ने बड़े खूबसूरत शब्दों में इन्हें लिख दिया था। उसने कई सौ शब्दों का वक्तव्य तैयार किया था, जिसकी शुरुआत उसने सृष्टि की रचना से की थी, इसके बाद उसने समाज के प्रति लेखक के कर्तव्य का ज़िक्र किया, हमारी महान सांस्कृतिक परंपरा में श्रीकृष्ण के महत्त्व का प्रतिपादन किया, फिर एकाक्षरी काव्य-रचना के गुणों पर प्रकाश डाला और अंत में रचनात्मक लेखन के प्रति नेहरू जी की नीतियों की चटपटी आलोचना भी कर दी। लेकिन कंपोज़ करते समय शास्त्री ने यह सब हिस्सा निकाल दिया। उसने कहा, 'सेन को चाहिए कि नेहरू जी पर एक स्वतंत्र पुस्तक लिखे। वह हमारी क़ीमत पर अपने विचारों का प्रचार क्यों कर रहा है?'

हमारी अपील का दूर-दूर तक वितरण हुआ और वासु भी इनसे प्रभावित हुआ लगा। एक शाम जब मैं प्रेस के सामने का दरवाज़ा खोल रहा था कि यहाँ से पीछे का दरवाज़ा खोलकर बाहर घर निकल जाऊँ, वह आ गया। उसकी जीप सामने आकर रुकी और वह मेरे पीछे-पीछे भीतर आ गया। मैंने बत्ती भी नहीं जलाई थी और सीधे ही पीछे चला जाना चाहता था। उसने पूछा, 'क्या जल्दी में हो?'

'हाँ...मैं...'

‘ज़रा रुक जाओ। इतनी तेज़ी से दिल को नुक़सान पहुँचेगा और अँधेरे में खड़े बात क्यों कर रहे हो? बत्ती जला लो। स्विच कहाँ है?’ वह दीवार को टटोलता स्विच तक पहुँच गया। अपनी हमेशा की कुर्सी पर बैठ कर मुझे भी बैठ जाने को कहा।

मैंने कहा, ‘मैं भूखा हूँ। घर जाकर खाना खाना है।’

‘भूखा तो मैं भी हूँ’, वह बोला, ‘दुनिया में तुम ही अकेले नहीं हो जो खाना खाते हो।’

मैं चुपचाप मेज़ के कोने पर बैठ गया।

पूछा, ‘क्या बात है?’

‘देखो नटराज, मैं तुमसे भले आदमी की तरह बात कर रहा हूँ। नादानी मत करो। मैं पसंद नहीं करता कि कोई इस तरह मुझसे बात करे।’

‘हम कल किसी वक़्त नहीं मिल सकते? इस वक़्त मैं बहुत थका हुआ हूँ।’

‘थक क्यों गए? बहुत काम कर रहे हो? तुम सोचते हो, मुझे पता नहीं कि तुम क्या कर रहे हो?’

‘क्या पता है तुम्हें?’

उसने जेब से मेरा इश्तिहार निकाला और मेरे सामने उसे लहराया। ‘मैं भी दूसरों की तरह अच्छा नागरिक हूँ और अगर तुम मुझे यह नहीं भेजते, तो भी मुझे यह मिल सकता है। तुमने इसे मेरे ही कमरे के नीचे छापा। (उसके शब्द ‘मेरे कमरे’ को सुनकर मैं परेशान भी हुआ) और किसी ने मुझे एक कॉपी भी नहीं भेजी। अजीब दुनिया है!’

इस बात का मेरे पास कोई जबाव नहीं था। हमने सैकड़ों पर्चे डाक से लोगों को भेजे थे लेकिन उसे जान-बूझकर ही नहीं भेजा था। यद्यपि हमारे संबंधों में थोड़ा-सा सुधार आया था, लेकिन ऐसी स्थिति नहीं उत्पन्न हुई थी कि उसे निमंत्रण भी भेजूँ। मेरे मन में यह भी विचार आया कि बंदूक़धारी आदमी को समारोह में बुलाने से कुछ बुरा भी हो सकता है। इसलिए मैंने इतना ही कहा, ‘मैं जानता था कि तुम्हें पर्चा मिल जायेगा इसलिए मैंने इस बात को ज़्यादा...’

‘महत्त्व नहीं दिया’, उसने मेरा वाक्य पूरा कर दिया, जबकि मैं सोचता ही रहा कि क्या शब्द इस्तेमाल करूँ। ‘क्यों? तुमने सोचा कि मैं तुम्हें पैसा नहीं दे सकता, या मेरे पास पैसा नहीं है।’ यह सुनकर मुझे बुरा लगा। यह अब क्यों लड़ाई मोल ले रहा है?

मैंने पूछा, ‘तुम मुझसे लड़ने की वजह ढूँढ़ रहे हो?’

वह बोला, ‘मैं किसी से नहीं लड़ रहा। लड़ना होता, तो इस आधे-अधूरे ढंग से नहीं, पूरी तरह कि दूसरा एकदम ढेर हो जाता। लड़ना तो तुम चाहते हो।’ यह उसने कुछ इस तरह कहा, मानो सुलह करना चाहता हो।

मैंने भी कूटनीति से काम लिया, 'मैं कुछ समय बाद तुमसे मिलने वाला था। पता था कि तुम ख़ुद भी आ सकते हो।'

'यह बात ठीक है,' वह बोला, 'अब तुम ठीक कह रहे हो। मुझे पता नहीं था कि कवि इसे पूरा कर लेगा। मेहनती आदमी है।' उसने प्रशंसा के भाव से कहा। फिर जेब से बटुआ निकाला और उसमें से दस रुपये का एक नोट निकालकर मेरे सामने किया। वह उसे बड़ी लापरवाही से अँगुलियों के कोर से पकड़े था। लो तुमने मुझसे माँगा नहीं, फिर भी यह मेरी तरफ़ से...'

मैं ताज्जुब से कुछ देर उसे देखता रहा, फिर बोला, 'बस, इतना ही? मैं तो सौ रुपये माँगने वाला था।'

'सौ रुपये! अच्छा, अरे वाह! अगर मेरा व्यापार पहले की तरह चल रहा होता... वे लोग अब जानवरों को ताले में बंद करके रखते हैं। मैं भी क्या करूँ?' वह इस तरह बोला जैसे गार्डों की फ़ौज उसे दिखाई दे रही हो। 'लेकिन फिर भी वे मुझे बेकार नहीं कर सकते, मालूम है? बस, मेरा काम ज़रा मुश्किल हो जाता है, इससे ज़्यादा कुछ नहीं। वे सब मुझे बताने वाले कौन होते हैं कि मैं कैसे, क्या करूँ और कब करूँ!'

'एक तरह से तुम ठीक ही कहते हो,' मैंने उसकी बात रखने के लिए कहा, हालांकि मैं ख़ुद भी नहीं समझ पाया कि मेरी बात का अर्थ क्या है जबकि मुझे सोचना यह चाहिए था कि जितने जानवरों को यह मारता था, उससे ख़ून की कितनी बड़ी नदी बहने लगती होगी।

उसने क्षण भर के लिए मेरी तरफ़ देखा और बोला, 'नटराज! तुम सचमुच यह सोचते हो? मुझे किसी की सहायता या प्रोत्साहन की ज़रूरत नहीं होती। ख़ुद ही सब कुछ आराम से कर लेता हूँ।' दस रुपये का नोट उसकी अँगुलियों में अब तक हिल रहा था। अचानक उसने तीखे स्वर में कहा, 'लेना है या नहीं?'

मैंने भी उसी के लहजे में जवाब दिया, 'मुझे तुमसे सौ रुपये चाहिए। इससे कम नहीं लूँगा।'

'ठीक है,' यह कहकर उसने नोट अपनी जेब में रख लिया। 'अब मुझे यह बताओ कि कितने लोग सौ रुपये वाले हैं?'

यह बात मुझे चुनौती की तरह लगी और मैंने कहा, 'अब तक क़रीब पचास ने।' यह सुनकर वह कुछ सोचने लगा।

'अच्छा! पाँच हज़ार रुपये और कितने तुम्हें अब तक मिल चुके हैं?'

यह सवाल महत्त्वपूर्ण था। मैंने कहा, 'मैं अभी पैसे नहीं लेना चाहता। समारोह के समय लूँगा। इतने पैसों का हिसाब-किताब भी तो मुश्किल होता है!'

इसपर उसने एतराज़-सा किया और ज़बान चटकाई। 'बहुत ज़्यादा रक़म तो नहीं है। पाँच हज़ार ही तो हैं, पाँच लाख तो नहीं।'

'हमारे लिए तो यही बड़ी रक़म है,' मैं बोला, 'दूसरों का पैसा रखना हमेशा

जोखिम का काम होता है।'

'चीज़ों को देखने का यह सही दार्शनिक रंग नहीं है। पैसा सिर्फ़ विनिमय का एक साधन है, उसका अपना कोई मूल्य नहीं हैं, इसलिए अपना पैसा और दूसरों का पैसा जैसी कोई चीज़ नहीं हो सकती। पैसा हवा ही तरह है जिसपर सबका हक़ है।'

'तो अपना बटुआ मेरे हवाल कर दो,' मैंने कहा।

'हाँ, हाँ, क्यों नहीं!' यह कहकर उसने जेब से अपना बटुआ निकाला और मेरी गोद में डाल दिया, फिर उठा और जीप में बैठकर चल पड़ा। यह बटुआ औरतों के पर्स की तरह काफ़ी बड़ा और ऊपर तक भरा हुआ था और मैं सोचता रहा कि इसका क्या करूँ! मैं समझ नहीं सका कि वह कहाँ गया होगा। बटुए के ढक्कन पर पुराने ढंग का पीतल का पेंच लगा हुआ था जिसे दबाने से वह खुल जाता था। अँगूठा बीच की जगह में रखिये और अँगुली ऊपर कीजिए, वह चट से खुल जाता था। इस के कई हिस्से थे, जिनमें चिट्ठियाँ और रेज़गारी भरी हुई थी। प्लास्टिक से मढ़ा अट्ठारह-बीस साल के एक नौजवान का एक फोटो था जिसके बाल घुँघराले और घनी भौंहें थी, और ध्यान से देखने पर लग जाता था कि यह वासु ही है, क्योंकि उसकी बैलों जैसी गर्दन आज भी वैसी ही थी। एक तरफ़ का हिस्सा काफ़ी बड़ा था, जिसमें पैसे, कुछ चिट्ठियाँ, चुकाने वाले बिल भरे थे और नीले रंग का एक लिफ़ाफ़ा, जिसमें एक चिट्ठी रखी थी। नीला रंग मुझमें हमेशा उत्सुकता पैदा करता रहा है। मैंने उसे खोलकर चिट्ठी निकाली, उसे उलट-पुलट कर देखता रहा कि पढ़ूँ या ना पढ़ूँ, फिर वापस उसी में रखा दिया, मुझमें इतनी हिम्मत नहीं थी कि इसे पढ़ूँ। अगर वह अचानक लौट आया। और चिट्ठी पढ़ते मुझे देख लिया तो हो सकता है कि वह मेरी हड्डियाँ तोड़ डाले या उल्टा लटका दे और मेरी बत्तीसी निकालकर बाहर फेंक दे। मैं जानना चाहता था कि उसके पर्स में कितना रुपया है और चुकाने के लिए कौन-कौन-से बिल हैं, लेकिन इस समय यह सारा शोध करने का साहस मैं नहीं जुटा पा रहा था। मैंने बटुआ बंद करके उसकी चटकनी अच्छी तरह लगा दी और दराज़ में रखकर उसपर ताला लगा दिया। फिर बाहर का दरवाज़ा बंद करके घर चला गया।

तीन दिन बाद वासु बटुआ लेने आया। मैं अपनी ढक्कनदार मेज़ के पीछे उन लोगों की सूची देख रहा था, जिन्होंने समारोह के लिए चंदा देने का वादा किया था, तो उसने भीतर झाँका और झपटकर सूची मेरे हाथ से लेकर उसे ध्यान से देखने लगा। फिर पूछा, 'कितना पैसा इकट्ठा करने की उम्मीद कर रहे हो' मैंने एक हरी फाइल निकाली, जिसमें अब तक इकट्ठे पैसों का हिसाब, रसीदें वग़ैरह रखे थे, और उन्हें देखकर मैंने उसे रक़म का अनुमान बताया, उसने यह फ़ाइल भी मुझसे झपट ली और बोला, 'मैं यह चंदा दुगना कर दूँगा। इसे मुझे करने दो, तुम दूसरे काम देखो।'

मैं हकलाया, 'लेकिन...लेकिन...' और फ़ाइल वापस लेने के लिए हाथ बढ़ाया लेकिन उसने मेरा हाथ झटक दिया। मैंने उससे बहस करने की कोशिश की लेकिन

वह बाहर निकलकर जीप में बैठा और उड़न-छू हो गया।

एक सप्ताह बाद वह हँसता हुआ दफ़्तर में घुसा और फ़ाइल मेरे सामने लहराकर कहने लगा, 'अंदाज़ा लगाकर बताओ कि मैंने शहर के मक्खीचूसों से कितना पैसा इकट्ठा कर लिया है।' मैंने सोचकर एक रक़म बताई। वह बोला, 'ग़लत। फिर सोचो' और चला गया।

इसके बाद जब भी मैं शहर में निकलता, लोग मुझे रोक कर कहते, 'तुमने कैसा पैसे इकट्ठे करने वाला काम पर लगाया है! उससे छुटकारा पाने के लिए लोगों को घर के बर्तन बेचने पड़े। कैसा आदमी है!' अब मुझे संदेह नहीं रहा कि वह काफ़ी काम कर रहा है।

मैं यह जानना चाहता था कि उसने कितना पैसा इकट्ठा किया है। एक दिन शाम को जब वह आया तो मैंने पूछा, 'हरी फ़ाइल कहाँ है!'

'लोहे की तिजोरी में,' उसने जवाब दिया।

मैंने उसे इज़्ज़त से क्वीन एन चेयर पर बिठाया और कहा 'तुम्हारी इस सहायता के लिए हम सब शुक्रगुज़ार हैं। और कवि तो...'

'बस करो,' वह चिल्लाया 'मुझे यह सब शुक्रिया अदायगी पसंद नहीं है।'

'तुम सचमुच हमारे लिए बहुत कर रहे हो,' मैंने उसकी बात को नज़रअंदाज करते हुए कहा, 'चंदे का कुछ हिस्सा जलसे के लिए ख़र्च किया जायेगा और जो पैसा बाक़ी बचेगा...'

'यह सब मुझसे क्यों कह रहे हो? उसने पूछा।

'हमें कुछ पैसा चाहिए। एडवांस देना है।'

वह चिल्लाया, 'तो मैं क्या करूँ?' फिर अचानक शांत होकर पूछा, 'कितना चाहिए?'

'कम-से-कम पाँच सौ,' मैंने जबाव दिया।

'ठीक है, मिल जायेंगे।' लेकिन उसने देने की कोई हरकत नहीं की।

'कब मिलेंगे? हम कब...।' मैंने देखा, वह एक काग़ज़ से मक्खियाँ उड़ाने की कोशिश कर रहा था।

बोला, 'इन मक्खियों को यहाँ क्यों घुसने देते हो? कवि के लिए दराज़ में मिठाइयाँ तो नहीं रखी हैं?'

मैंने स्पष्ट कहा, 'तुमने किससे और कितना पैसा इकट्ठा किया है, यह जानना हमारे लिए ज़रूरी है।'

'वक़्त पर सब होगा,' वह बोला, 'इस बीच सही व्यवहार करो और कम ख़र्चा करो। यह मत सोचो कि लखपति बन गए।' यह कहकर वह एकाएक उठा, मुझे मुड़कर देखा और ग़ायब हो गया।

9

उस रात हम तीनों चुपचाप काम में लगे थे। मुद्रक के नाते इतनी मेहनत मैंने पहले कभी नहीं की थी। जलसे के तरह-तरह के कामों में व्यस्त रहने के कारण मैं मुख्य कार्य को तो एकदम भूल ही गया था—वसंतोत्सव के दिन मंदिर में पुस्तक का समर्पण। इसके लिए मुझे कम-से-कम एक प्रति हाथ से बने बढ़िया कपड़े में बाइंड कराकर तैयार करनी थी। अभी भी कविता की लगभग एक हज़ार पंक्तियाँ, जिनमें कृष्ण और राधा के विवाह का वर्णन है, छापनी बाकी थीं। कवि ने यह सर्ग हमें कई सप्ताह पहले ही दे दिया था, लेकिन अभी तक यह फ़ाइल में ही रखा था, मुझे इसे खोलकर देखने का समय नहीं मिला था। लेकिन कवि में बहुत धीरज था। वह मुझपर दबाव भी नहीं डाल सकता था, क्योंकि एक तरह से मैं उसका यह काम मुफ़्त में ही कर रहा था। वह हमेशा यही कहता था कि यदि पूरी पुस्तक छप न भी पाये, तो उत्सव के दिन पांडुलिपि से ही काम चला लिया जायेगा लेकिन मुद्रक के नाते यह मेरे लिए इज़्ज़त का सवाल था कि मैं सारी पुस्तक तब तक छाप ही न दूँ, बल्कि उसकी एक प्रति अच्छी तरह बाइंड कराकर जलसे के लिए भी तैयार कर दूँ।

इसलिए आज रात हम सब मिलकर इसी काम को पूरा करने में जुटे थे। मैं ख़ुद, शास्त्री और कवि, तीनों बाँटकर अपने-अपने काम कर रहे थे: शास्त्री मैटर कंपोज़ कर रहा था, कवि प्रूफ़ देख रहा था और मैं छापता जा रहा था। हमारे बीच कॉफ़ी का एक बड़ा जग रखा था। हम थकान से पस्त हो चुके थे और बातचीत बिल्कुल बंद थी। काम शुरू करते समय हमने जलसे के बारे में बात की थी और कुछ मज़ाक़ भी किया था लेकिन आधी रात से घंटा भर पहले हमें एक-दूसरे से चिढ़ होने लगी थी। मेरे पैरों में दर्द शुरू हो गया था, आँखें मुँदने लगी थीं और बिस्तर की याद आने लगी थी। ऐसे भी क्षण आए जब मैं यह सोचने लगा कि मैंने अपने को इस काम में क्यों ज़बरदस्ती उलझा लिया, इससे कहीं अच्छा के. जे. के लेबिल छापना होता। कवि क्वीन एन चेयर में बैठा धीरे-धीरे सिर हिला रहा था, उसे देखकर मेरे मन में अजीब-अजीब ख़्याल आने लगे, जैसे किसी बर्तन में पानी भर कर इसके सिर पर ढुलका दूँ। मैं उसके सामने की कुर्सी पर ही बैठा था इसलिए मुझे उसे देखकर चिढ़ हो रही थी—कि 'हम तो तेरे लिए काम में लगे हैं, और तू

सोने की कोशिश कर रहा है!' इसलिए मुझे जहाँ कहीं प्रूफ़ में कोई ग़लती दिखाई देती, मैं बड़े ज़ोर से, जिससे कि वह जाग-जाए, उससे कहता कि 'यहाँ... नहीं होना चाहिए, या...।' उसके कोमल चेहरे से यह नहीं लगता था कि वह किसी के प्रति कठोर हो सकता है, लेकिन नहीं, एकाक्षरी कविता का आग्रही होने के कारण वह अधिक अक्षरों वाले शब्दों का जानी दुश्मन था और अपने स्वतंत्र छंद में फिट करने के लिए उन्हें जैसे चाहे तोड़-मरोड़कर या ठोक-पीट कर कसने की कोशिश करता था। इस कारण एक बिल्कुल नई वाक्य-रचना बनने लगी थी, जिससे शास्त्री को बहुत परेशानी होती थी। हर कुछ मिनट बाद शास्त्री कपोज़िंग रूम से आवाज़ लगाकर मुझसे सवाल करता और मैं उत्तर के लिए कवि को जा पकड़ता। इस कारण अनेक अद्‌भुत समस्याएँ उत्पन्न हो गई थीं। जैसे, कवि ने कविता में 'क' और 'र' अक्षरों का बहुत ज़्यादा प्रयोग किया था, जिससे हमारे कंपोजिंग बोर्ड में इन अक्षरों के जितने भी टाइप थे, वे सब बीस लाइनें कंपोज़ करने में ही ख़त्म हो जाते थे। मैं उससे कहता कि अब किन्हीं और अक्षरों का प्रयोग करे जिससे कंपोज़िंग चलती रहे। कभी-कभी तो वह मेरी बात मान लेता और कभी साफ़ मना कर देता था। ऐसी स्थिति में हम इन अक्षरों के स्थान पर एक तारा लगा देते और आगे बढ़ते। अब प्रूफ़ में जब कवि को तारा दिखाई देता तो वह पागल हो जाता और पूछता, 'इसका क्या मतलब हुआ?' मैं चिढ़कर जबाव देता, 'फ़िक्र मत करो, छापते वक़्त हम इन्हें बदल देंगे। नहीं तो फुटनोट में लिख देंगे कि पाठक जहाँ भी यह तारा देखें, वहाँ इसकी जगह...।' इस सबसे कवि बहुत परेशान होता और उसकी नींद भी उड़ जाती।

जब भी मैं कवि के सामने तारों से लबालब भरी प्रूफ़ की गैली रखता, तो मैं बहुत ध्यान और संतोष से उसका चेहरा देखता रहता। मैं हमेशा उससे एक ही बात दोहराने का दोष झेलते हुए भी, कहता कि 'प्रूफ़ देखना बच्चे का पालन-पोषण करने की ही तरह है। यह काम तुम्हीं को, सिर्फ़ तुम्हीं को, करना होगा। इसमें तुम्हारी कोई भी मदद नहीं कर सकता?' आज भी यह कहकर मैं क्वीन एन चेयर की ऊँची पीठ पर आराम से सिर रखकर बैठ गया और उसे देखने लगा। वह बहुत कम बात करता था, शायद इसलिए कि बातचीत के ज़्यादातर शब्द बहु-अक्षरी होते हैं, आज भी उसने मेरी तरफ़ नज़र डालकर प्रूफ़ों में सिर गड़ा लिया। उसके हाथ में एक बहुत ही छोटी सफ़ेद रंग वाली पेंसिल थी, जिसकी नोक वह बार-बार अपने मुँह में देता और गालों पर घिसता था—यह देखकर मुझे अजीब-सा लगता और मैं कहता, 'तुम्हारे गाल पेंसिल-तराश हैं क्या?'

वह जवाब देता, 'सोचते समय मैं यह करता हूँ।'

'जब प्रूफ़ देखो तब सोचना बंद कर दो। तुम्हारी आँख सिर्फ़ शब्द, अक्षर और

कॉमा-फुलस्टॉप पर पड़नी चाहिए। इस वक़्त अगर तुम सोचना शुरू कर दोगे तो प्रूफ़ पढ़ने और ग़लतियाँ लगाने का काम कभी ख़त्म नहीं होगा।' यह कहते हुए मुझे लगा कि मैं वासु की तरह बात कर रहा हूँ, तो मैंने एकदम अपनी आवाज़ मुलायम की और कहा, 'अगर वक़्त काफ़ी होता, तो मैं ज़रा भी परवाह न करता।'

'इसलिए मैंने...' उसने कुछ कहना शुरू किया लेकिन मैंने टोक दिया, 'आधी रात हो गई है, हमें वक़्त बर्बाद नहीं करना चाहिए। प्रूफ़ ही देखते रहो...।' जब तुम इसे पास करोगे तभी मैं छाप सकूँगा।' उसे पच्चीस वॉट के हल्के बल्ब के नीचे काम करते देखकर मेरी आँखें हवा में तैरने लगीं। फिर मुझे कुछ भी दिखना बंद हो गया। उसके चारों तरफ़ एक चमकदार रोशनी घिरने लगी और उसे पूरी तरह अपने में समा लिया। उसका तुड़ा-मुड़ा कुर्ता और धोती, और गोद में रखा रद्दी-सा जूट का थैला, जिसमें वह अपने काग़ज़-पत्र रखता था, सब इस रोशनी में धीरे-धीरे ग़ायब होने लगे थे, ये सब धुँधले होते चले जा रहे थे। मुझे सिर्फ़ उसका चेहरा दिखाई दे रहा था, बढ़ी हुई दाढ़ी—वह जलसे के दिन के लिए ब्लेड बचाकर रखे हुए था—रोशनी सिर्फ़ उसकी नाक पर गिर रही थी, बाक़ी सब छाया में समा गया था।

कहीं दूर पुलिस वाले की सीटी सुनाई दी, यह भी नशे की हालत पैदा कर रही थी। मैं अचानक हल्का होकर हवा में तैरने लगा और सब कुछ भूल निद्रा में डूब गया—शास्त्री, मंदिर, कवि, उत्सव, वासु के पास रखा चंदे का पैसा, बैंड-बाजा, फूलों में हार, दावत का प्रबंध, सब कुछ। तभी ख़ंजर के हमले की तरह शास्त्री की आवाज़ सुनाई दी, 'इस पेज को इस लाइन से ख़त्म कर दूँ?' वह मेरे सिर पर सवार पूछ रहा था और मेरी निद्रा के वे सपने भी एकदम हवा बनकर लुप्त हो गए। लगता है, मुझे सोते देखकर शास्त्री को जलन हुई और मुझे जगाने के लिए उसने यह प्रश्न स्वयं ही गढ़ लिया।

अब कोने की कुर्सी पर बैठकर आराम करने का शास्त्री का नंबर था। उसने अच्छी तरह इसकी तैयारी की, कुर्सी उठाई और दीवार से सटाकर रखी, फिर उसपर गुड़ी-मुड़ी होकर पड़ गया। उसकी इस तरह तैयारी मुझे अच्छी नहीं लगी, लेकिन मैं कुछ कर नहीं सकता था—इतने काम के बाद झपकी लेने का उसे पूरा अधिकार था। अब मुझे काम करना था; जब तक मैं फ़र्मा छाप न देता, उसमें लगा टाइप ख़ाली न होता और नया फ़र्मा बन नहीं सकता था। कवि की रचना ने टाइप-केस में भरे सब टाइप इस्तेमाल कर लिये थे और वह ख़ाली हो चुका था। पहले यह फ़र्मा छपे, फिर उसके टाइप ख़ानों में भरे जायें, इसके बाद ही शास्त्री का काम शुरू हो सकता था। इस बीच वह सोने के अलावा कुछ नहीं कर सकता था। कवि भी उस समय तक सोने के लिए विवश था, जब तक शास्त्री दूसरी गैली कंपोज़ करे और प्रूफ़ उठाकर उसे पढ़ने के लिए दे...। मेरी इच्छा हो रही थी कि मैं इन दोनों को

कुछ ऐसा काम बताऊँ कि ये सो न सकें, लेकिन मेरा दिमाग़ बहुत थक चुका था और कोई योजना उसमें से नहीं निकल पा रही थी। इसलिए हारकर मैंने छपाई के लिए फ़र्मा ट्रेडिल पर चढ़ाया। उसे अच्छी तरह कसा, स्याही लगाई और पेडल पर पैर मारा। छपाई शुरू हो गई। मैं यहाँ पर्दे के पीछे से दोनों के ख़र्राटों की अलग-अलग आवाज़ें सुनने लगा, लेकिन मैं कुछ कर नहीं सकता था। मैं उनके ऊपर पानी की बाल्टी उंडेल देता, लेकिन यह सोच पाने की शक्ति भी मुझमें नहीं बची थी। ट्रेडिल के अलग-अलग हिस्सों की अलग-अलग, आवाज़ें एक-के-बाद एक निकल रही थी: चग, ग्लक, पट और टप। मैं इन आवाज़ों का अंतर समझने की कोशिश करने लगा। फिर थर्मस खोलकर उसके ढक्कन में ही थोड़ी-सी कॉफ़ी उड़ेली और एक क्षण रुककर उसे पी गया।

अब मशीन की चग, ग्लक, टप और पट आवाज़ों के साथ मुझे टप-टप की एक और आवाज़ सुनाई दी, जो वासु की सीढ़ियों से आ रही थी। मैंने सोचा कि कहीं लकड़बग्घा तो ज़िंदा नहीं हो गया है। मैंने उसे भुलाकर काम में लगे रहने की कोशिश की। लेकिन टप-टप की आवाज़ फिर सुनाई दी। मैंने पर्दे के छेद में से देखा तो वहाँ एक छाया हिलती दिखाई दी। अब तो मुझे निश्चय हो गया कि लकड़बग्घे का भूत सीढ़ियों पर खड़ा है। मैं चीख़ने को हुआ मैं सोचने लगा कि अपने दोनों साथियों को भी जगा लूँ—जगाने का यह सही बहाना भी था—और उनको भी इस डर का मज़ा लेने दूँ।

'सर, सर,' भूत की आवाज़ आई, 'एक ख़ास बात है। ज़रा सुनिए।'

मैंने बाँस के पर्दे का एक कोना उठाया और बाहर झाँका। मशीन के ऊपर हो रही रोशनी सामने पड़ी तो मैंने देखा, यह रंगी थी। मेरे बाल फिर खड़े हो गए। रंगी—वह औरत, जिससे बचकर रहना है।

मेरी पहली प्रतिक्रिया धन्यवाद देने की हुई कि शास्त्री पर्दे के दूसरी तरफ़ दीवार की ओर मुँह किये सो रहा था। अद्‌भुत बात थी—जिस औरत को मैं हर सुबह मुरझाये फूलों का जूड़ा पहने वापस लौटते देखता था, जिसकी तरफ़ नज़र डालना भी शास्त्री को पाप लगता था, मेरे सामने कुछ कहने के लिए खड़ी थी। कहीं मैं भ्रमपूर्ण स्वप्नों का शिकार तो नहीं हो गया हूँ? ज़रूर इसका कारण पिछले कई हफ़्तों की मेहनत और ज़बरदस्त थकावट है। मैं अपनी इस स्थिति पर सोच-विचार करता मशीन पर वापस आ गया। लेकिन भूत चुप नहीं हुआ, उसने फिर आवाज़ लगाई, 'ज़रा सुनिए।' क्या यह औरत इस वक़्त मुझे भी फँसाने की कोशिश कर रही है? मैंने चारों तरफ़ देखा। अगर इस वक़्त मेरी बीवी यहाँ आ जाए तो मेरी घरेलू ज़िंदगी का हमेशा के लिए ख़ात्मा हो जायेगा। यद्यपि रंगी काफ़ी काली और झटकी हुई औरत थी, फिर भी उसमें एक अनोखा आकर्षण था और मुझे डर था कि मैं

इसका शिकार हो सकता था। लेकिन हम दोनों के बीच लोहे की ग्रिल लगी थी, जो उससे मेरा बचाव कर सकती थी। मैंने अपनी आवाज़ को काफ़ी सख़्त बनाकर कहा, 'तुम मुझे इस वक़्त रात को क्यों परेशान कर रही हो? क्या तुम में कोई...'

'शि! शि!' उसने मुँह पर अंगुलियाँ रखकर धीरे बोलने का इशारा किया, फिर कहा, 'ज़ोर से बोलेंगे तो वह जाग जायेगा। आपके लिए मेरे पास बड़ी ज़रूरी ख़बर है...।'

'क्या ख़बर है? दिन के वक़्त नहीं बता सकती थी?'

वह मेरे पास सरक आई, तो मैंने देखा कि वह उतनी झटकी हुई नहीं है, जितनी मैं सोचता था। रोशनी उसके गालों पर पड़ रही थी, और मैंने ख़ुद को अपने से कहते सुना, बुरी नहीं है बिल्कुल नहीं...। छातियाँ मंदिरों की मूर्तियों की तरह भरी-पूरी हैं। जाघें भी उन्हीं जैसी शानदार हैं।' मुझे अफ़सोस हो रहा था कि मैं उसकी तरफ़ खिंचता चला जा रहा हूँ। वह पतली लाल साड़ी पहने थी। मेरी कल्पना को तोड़ती वह एकदम कह उठी, 'उसके जगने से पहले मुझे वापस पहुँचना है। सुनिए, वह कल आप के कुमार को गोली मारने की बातें कर रहा है। सावधान हो जाइयेगा।'

मुझे उसकी सूचना का अर्थ समझने में कुछ समय लगा। कुमार का नाम सुनते ही मेरे मन में बहुत-सी यादें ताज़ा हो गई—पहले दिन से जब मैंने उसे खड़े होते देखा था, फिर उसे तंदुरुस्ती देने के सब प्रयत्न, डॉक्टर का इलाज, और आज तक जब वह पहले की तरह भलाचंगा गन्ने खा रहा है और मुहल्ले के बच्चों की छेड़खानियों का जवाब दे रहा है।

अपने इलाज के दौरान कुमार हमारे अपने मंदिर का हाथी हो गया था और उसी के अहाते में रहने लगा था। उत्सव में भी उसका सबसे ख़ास रोल होने वाला था, जिसके बाद उसे मुत्थू को वापस कर दिया जाता।

'मैं भी मंदिर की दासी हूँ और यह हाथी मुझे बहुत प्रिय है। इसे मरना नहीं चाहिए। सर, आप यह देखें कि यह आदमी कुछ न कर सके। आप ही हाथी को बचा सकते हैं।'

कैसे? मैं कैसे हाथी को बचा सकता हूँ? उसे कोई ख़ास कवच पहनाना होगा? फिर अचानक मुझे संदेह हुआ और मैंने कहा, 'लेकिन तुम्हारा दिमाग तो फिर नहीं गया है? कहीं अफ़ीम या ऐसी कोई चीज़ खाना तो नहीं शुरू कर दिया?'

यह सुनकर वह ग़ुस्से से तमक उठी और बोली, 'सर, मैं वेश्या ज़रूर हूँ और वह मेरा धर्म है। मैं आपकी नज़र में पापिन भी हो सकती हूँ, लेकिन उन बहुत-सी औरतों से कहीं अच्छी हूँ, जो शादी शुदा होते हुए भी बहुत कुछ करती हैं। मैं अपने नियमों का पालन करती हूँ। और कुछ भी करती होऊँ, मैं अफ़ीम नहीं खाती।'

मुझे यह शक करने के लिए दुख हुआ और माफ़ी माँगने का मन करने लगा। मैंने कहा, 'लेकिन तुम्हारी बात पर आसानी से यक़ीन नहीं होता।'

उसने घबराहट से सीढ़ियों के ऊपर नज़र डाली, क्योंकि वहाँ कुछ खटका-सा हुआ था। फुसफुसाकर बोली, 'वह जाग न जाये...' और यह कहकर ऊपर चली गई, 'आप इंतज़ार करना।' मेरा ख़ून एक अपवित्र उत्तेजना से उछलने लगा। मैंने अपना दिमाग़ उसके पागल आकर्षण और वासना की कल्पना में डूबने के लिए स्वतंत्र छोड़ दिया। अब मैं विवाहित व्यक्ति नहीं रह गया था, जिसके एक बच्चा और घर था, मैं एक किशोर मात्र था जो कोई नग्न चित्र देखकर सपनों में खो जाता है। मैं जानता था कि अगर वह मुझे अभिसार का निमंत्रण देगी तो मैं उसकी अवहेलना नहीं कर सकूँगा, हालांकि मैं यह भी चाहता था कि इतना दुर्बल भी न हो जाऊँ...मेरा दिमाग़ सोचने लगा कि यदि नौबत यहाँ तक ही जाती है तो मैं हम दोनों के बीच खड़ी लोहे की ग्रिल को कैसे ख़त्म कर सकूँगा—उसमें ताला लगा है जिसकी चाभी दूसरे कमरे में मेरी मेज़ की दराज़ में रखी हैं। मैं पर्दे की तरफ़ गया, और भीतर झाँक कर देखा, तो यह देखकर खुश हुआ कि शास्त्री उसी मुद्रा में अभी तक सोया पड़ा है। कवि भी उसी की तरह गहरी नींद में था, लेकिन उसने अपने पैर ज़मीन से ऊपर उठाकर क्वीन एन चेयर पर ही गुड़ी-मुड़ी करके जमा लिये थे। अब अगर मैं चाबी निकालने दराज़ की तरफ़ जाऊँ, तो दोनों की नींद टूट सकती है। खैर, इस समय मैंने इस समस्या पर विचार करना छोड़ दिया, कि समय आने पर जो ठीक होगा, करूँगा।

जब मैं निःशब्द सतर्कता से ग्रिल के पास वापस लौटा, वह वापस आ चुकी थी, और मुझे लगा कि वह मुझे पूरी तरह निगलने को तैयार है; उसकी ताक़तवर बाँहों में मेरे जीवन भर की एकपत्नी-पवित्रता क्षण भर में नेस्तनाबूद हो जायेगी।

मैं सम्मोहित हो रहा था। आख़िरी सीढ़ी पर खड़ी वह अग्निकणों से बनी देवी-प्रतिमा की तरह लग रही थी। लैंप से निकलती हल्की रोशनी ने उसके चेहरे के चारों ओर एक आभा मंडल-सा खींच दिया था। मैंने ग्रिल पर हाथ रखा और चेहरा उससे बिल्कुल सटा दिया, फिर उसके अनिवार आकर्षण से पूरी तरह ग्रस्त प्रेमी पुरुष की भाँति कहा, 'अच्छा, तुम आ गईं?' और इस संक्षिप्त वाक्य में उसकी कल्पना से प्राप्त सुख की पूरी अभिव्यक्ति करने का प्रयत्न किया।

लेकिन उसने एकदम सामान्य दृष्टि से मुझे देखा और कहा, 'मैं सिर्फ़ यह देखने गई थी कि वह सो रहा है या नहीं। हमेशा की तरह वह गहरी नींद में लुढ़क-पुढ़क हो रहा था, और मैं जानती हूँ कि अब वह पाँच बजे से पहले नहीं उठेगा। यह कहकर वह आख़िरी सीढ़ी पर आराम से बैठ गई और कमर में खुसा एक छोटा-सा बटुआ निकालकर उसमें से एक सुपारी का टुकड़ा, पान का पत्ता और ज़रा सा तंबाकू लेकर मुँह में रखा और धीरे-धीरे उसे चबाने लगी। वह बहुत शांत लग रही

थी। लेकिन मुझपर जैसे बुख़ार-सा चढ़ रहा था और मैं उससे पूछना चाहता था कि क्या वह जानती है कि हम दोनों की बीच के ग्रिल में ताला पड़ा है, जिसकी चाभी वहाँ हैं, जहाँ शास्त्री सो रहा है।

वह बोली, 'आप मुझे बताइये कि आप हाथी की रक्षा करेंगे या नहीं?'

'यह क्यों पूछ रही हो? पहले इसके बारे में सब बताओ।'

'अगर उसे पता लग गया कि मैं ये बातें कर रहीं हूँ, तो वह मुझे जान से मार डालेगा। लेकिन मुझे इसकी परवाह नहीं है। वह मुझे अपनी योजनाओं के बारे में बताता रहता है। कल रात, आपका जुलूस इस रास्ते से किस समय गुज़रेगा?'

'तुम तो इसका हिस्सा हो, तुम्हें पता होना चाहिए।'

उसे इस कार्यक्रम में पतिव्रता स्त्री का रोल अदा करना था, और जुलूस के समय उसमें सबसे आगे नृत्य करते हुए चलना था, हालांकि यह पूरा नृत्य न होकर केवल हाथ की मुद्राएँ दिखाने तक सीमित था। शायद वह देश की सबसे साधारण नर्तकी थी लेकिन उससे ज़्यादा अपेक्षा भी नहीं की जा सकती थी। लोगों को भगवान के सामने उसे देखने की आदत-सी पड़ गई थी, और किसी को यह परवाह नहीं थी कि वह कैसा नृत्य करती है। उसका स्थान सुसज्जित रथ और उसके सामने ढोल और तुरहियाँ बजाने वाले के बीच होना था।

वह बोली, 'वह मुझे कल के जुलूस में जाने से रोक रहा है क्योंकि वह कहता है कि इसमें मेरी रक्षा नहीं हो सकेगी।' यह कहकर वह धीरे से हँसी और यह दिखाने के लिए कि वह मेरी सुरक्षा के लिए कितना चिंतित है, चेहरे पर साड़ी का पल्लू रख लिया।

मैंने घबराकर पूछा, 'तो तुम जुलूस में शामिल नहीं होओगी?'

'नहीं, होऊँगी। यह तो मेरा कर्तव्य है।'

'तो फिर वासु ने जो कहा...'

'उसे कहने दो, वह जो चाहे कहा करे। आज तक ऐसा कोई आदमी नहीं हुआ जो, मैं जो चाहूँ उसे करने से रोक सके,' उसने गर्व से कहा।

'वह तुम्हें क्यों नहीं जाने देना चाहता?'

'इसलिए कि कुछ होते वक़्त मैं वहाँ न रहूँ।'

'क्या होते वक्त?'

'जब वह खिड़की से हाथी पर गोली चलायेगा।'

'मैं नहीं जानता था कि वासु किसी की इतनी चिंता करता है!'

'वह मेरी बहुत चिंता करता है, हालांकि कभी-कभी पूरा पागल भी हो उठता है और बाहर से सब तरह की औरतें ले आता है, फिर चाहता है कि मैं उनसे लड़ूँ—लेकिन मैं ऐसी औरत नहीं हूँ। आदमी की जो इच्छा हो, करे। मुझे उससे क्या

वास्ता, जब तक वह मुझपर कुछ करने के लिए हुक्म न चलाये।' वह आराम से पान चबाती रही। 'अब मुझे अपने साथ बंबई ले जाना चाहता है इसलिए मुझे किसी तरह खोना नहीं चाहता।'

अब मेरी उत्सुकता जाग गई थी, मैंने पूछा, 'तुम बंबई में क्या करोगी?'

'उसके लिए खाना बनाऊँगी। उसे मेरा बनाया पुलाव बहुत पसंद है, इसलिए मुझे साथ रखना चाहता है। मैं भी, जब तक वक़्त है, कुछ दुनिया देखना चाहती हूँ। दो-एक साल बाद मेरी परवाह कौन करेगा?'

मैं कहना चाहता था, 'नहीं, तुम्हारा आकर्षण बना रहेगा,' लेकिन चुप रह गया। वह बड़ी इज़्ज़त से मुझसे बात कर रही थी, हमेशा 'सर' से ही मुझे संबोधित करती थी, और अगर मैं साधारण प्रेमी बनकर उससे बात करता तो वह अचंभे में पड़ जाती। अब मुझे यह सोचकर ख़ुशी हो रही है कि मैं अपने दिमाग़ और ज़बान पर काबू रख सका। मैंने कहा, 'अच्छा आदमी है वह! तुम्हारा बहुत ख़्याल रखता है।'

'कहता है कि मैं होटल का खाना खाते-खाते थक गया हूँ, और नहीं चाहता कि जब वह खिड़की से हाथी पर गोली चलाये, तब भीड़-भाड़ में मुझे भी कुछ हो जाए।'

'लेकिन बेचारे हाथी को शूट करने की क्या ज़रूरत है?' मैंने कहा। 'वह सोचता है कि मैं उसे यह करने दूँगा,' मैंने बहादुरी दिखाते हुए कहा। 'मैं पुलिस में रिपोर्ट कर दूँगा।'

'नहीं, सर,' वह गिड़गिड़ाई, 'आप ऐसा मत करना। इससे क्या फ़ायदा होगा? पुलिस ख़ुद उससे यह करने को कह सकती है। उन्हें ऐसे आदमी की ज़रूरत पड़ सकती है' फिर इस बात को स्पष्ट करते हुए वह बोली, 'हाथी जब यहाँ से गुज़रेगा, तब वह पागल होकर भीड़ पर हमला कर सकता है।'

'हे भगवान! लेकिन क्यों?'

'इसलिए कि हाथी आसानी से उत्तेजित हो जाते हैं; और तभी वह खिड़की से निशाना साधकर गोली मार देगा। उसे पता है कि उसका निशाना अचूक होता है और हाथी ख़त्म हो जायेगा।'

मैंने ग़ुस्सा दिखाते हुए कहा, 'अगर उसे अपने निशाने पर इतना विश्वास है, तो उसे चाहिए कि कहीं और अपने कारनामे दिखाये, यहाँ नहीं।'

'मालिक,' उसने मिन्नत करते हुए कहा, 'ग़ुस्सा मत कीजिये। शांति से सोचिये कि आपको क्या करना चाहिये और हाथी को बचा लीजिये। इस काम में देर मत कीजिये।'

'लेकिन वह हाथी को मारना क्यों चाहता है?' मैंने पूछा।

'वह कहता है कि मरने के बाद उसकी कीमत बढ़ जायेगी... यह बताने के

लिए वह मुझे भी मार सकता है, लेकिन मैं परवाह नहीं करती। मैं कुमार को बचाना चाहती हूँ।'

'तुम्हें और कुमार दोनों को बिल्कुल डरने की ज़रूरत नहीं है। अब वक़्त आ गया है जब मैं इस राक्षस को पुलिस के हवाले कर दूँ।' मैंने बहुत ग़ुस्सा दिखाते हुए यह बात कही, हालांकि मैं नहीं जानता था कि कैसे क्या करूँगा।

मैंने मशीन पर चढ़ा फ़र्मा छाप डाला, शास्त्री को जगाकर और फ़र्मे तैयार करने को कहा, कवि को जगाकर कहा कि प्रूफ़ पढ़े, इसके बाद चार पृष्ठ और छापे– और सुबह के नौ बजे तक पूरी किताब छापकर उसका हर फ़र्मा एकसाथ जोड़कर बाइंडर के पास जिल्दबंदी करने के लिए तैयार कर लिया। यह पहली पवित्र प्रति देवता को अर्पित की जाने वाली थी और इसपर बनारसी सिल्क की बाइंडिंग होनी थी। मैंने कवि से कहा, 'सब काम हो गया। अब घर जाकर नहाओ-धोओ और तैयार होकर तीन बजे के पहले मंदिर में पहुँच जाना'

उसने अँगड़ाई ली, सिर खुजाया और यह कहता सड़क की तरफ़ चला कि 'मैं जल्दी आ जाऊँगा। और कोई काम हो तो तैयार रखना।'

मैंने शास्त्री को दो प्रतियाँ दी और बाइंडर के यहाँ जाने को कहा। लेकिन एक सेकेंड रुककर वह बोला, 'मैं आधा घंटा घर चला जाऊँ–नहाने के लिए?'

मुझे ग़ुस्सा चढ़ आया। 'यह तो मैं भी करना चाहता हूँ–घर जाकर सो जाऊँ, नहाऊँ-धोऊँ और आराम करूँ।' मैं यह कह ही रहा था कि बाबू दौड़ता हुआ आया, और कहने लगा 'पापा, माँ ने कहा है...' लेकिन उसका वाक्य पूरा होने से पहले ही मैंने उसे टोककर कहा, 'माँ से जाकर कहो कि आज शास्त्री भी घर नहीं जा रहा है। हम सब काम में लगे हैं?' फिर मैंने उसे बहुत से रंगीन इश्तिहार पकड़ाए और कहा, 'एक अपनी माँ को देना और बाक़ी अपने दोस्तों को या और जिसको चाहो, बाँट देना। सबसे कहना कि मंदिर में इकट्ठे हों। हम भी वहीं मिलेंगे। माँ से कहना मैं घर तो आऊँगा, लेकिन पता नहीं कब।' यह कहते हुए मुझे रंगी की बात याद आई और मैं सोचने लगा कि क्या इनसे भी यह कहूँ कि भीड़ से अलग रहें। फिर ख़ुद से ही पूछा, 'नहीं, कुछ नहीं होगा। मैं रंगी और उसके यार दोनों को हवालात में डलवा दूँगा।' इस विचार से मुझे कुछ ताक़त पैदा हुई, हालांकि मैं यह नहीं सोच पा रहा था कि इसे व्यावहारिक शक्ल कैसे दी जाए। अगर मैं पुलिस से कहूँ कि इस आदमी को हवालात में बंद कर दो, तो वे क्यों मेरी बात मानेंगे!

इस दिन का हर घंटा मेरे लिए एक सेकिंड के दसवें भाग के बराबर हो गया था–समय मेरे लिए इतना ज़्यादा सिकुड़ गया था और उड़ने में भी कमाल कर रहा था। सबको बाहर भेजने के बाद मैं बैठकर यह हिसाब-किताब लगाने लगा कि मुख्य कार्यक्रम आरंभ होने तक मुझे और क्या-क्या करना आवश्यक है। मेरा सिर चकराने

लगा था। समझ में नहीं आ रहा था कि कार्यक्रम तय करने का काम कहाँ से शुरू करूँ। हर काम बहुत ज़रूरी लगता था और उसे ही पहले किया जाये, यह ज़रूरत महसूस होती थी। अब मेरी समझ में आया कि सरकारी अफ़सर अपनी मेज़ पर ज़रूरी, बहुत ज़रूरी, तुरंत करने के लिए, जैसी पर्ची लगी टोकरियाँ में अपनी फ़ाइलें चुन-चुनकर क्यों रखते हैं। आज तो हर काम तुरंत किया जाने वाला प्रतीत हो रहा था।

हम सभी यद्यपि कई सप्ताह से पागलों की तरह काम में लगे थे, लेकिन हर काम आख़िरी मिनट में भीड़ बनकर इकट्ठा हो गया था। पहला काम यह था कि फूल वाले को मैं फिर जाकर यह बता आऊँ कि ग्यारह बजे तक रथ की सजावट के लिए ताज़े फूलों की पहली खेप ले लें। इस कार्य के लिए हमने तालपुर के निवासी दो विशेषज्ञ चुने थे, जो दोनों भाई थे और सारे दक्षिण भारत में उनकी बड़ी माँग थी। वे जिस तरह की बेलों और क्राइसेंथिम फूलों का सजावट में इस्तेमाल करते थे, वह अपनी तरह की अनोखी होती थी, लेकिन इसके लिए उन्हें पूरे आठ घंटे का समय चाहिए होता था। शाम को आठ बजे तक रथ तैयार हो जाना था, इसलिए सवेरे ग्यारह बजे-उन्हें अपना काम शुरू कर देना ज़रूरी था। दस दिन पहले खुद तालपुर जाकर मैं उनसे मिल आया था। उन्होंने हमारा काम इसलिए स्वीकार कर लिया था क्योंकि मेरे परिचित पुलिस इन्स्पेक्टर ने उनसे मेरी सिफ़रिश की थी, नहीं तो मद्रास में इससे कहीं बड़ा काम उन्हें मिल रहा था। मैंने उन्हें पचास रुपये एडवांस भी पकड़ा दिये थे। और अपनी ज़रूरत भी उन्हें लिखा दी थी: सात हज़ार पीले क्राईसंथिम, एक ख़ास तरह के हरे पौधे चार हज़ार, दो हज़ार लाल रंग के कनेर के फूल, ज़रूरत के अनुसार कटे-छिले दो सौ पतले बाँस की शहतीरें—जो भगवान की मूर्ति के इर्द-गिर्द घुमाकर लगाई जायेंगी, जिनमें खूबसूरती से फूल पिरोये होंगे—और फूलों की गड्डियाँ बनाकर बाँधने के लिए केले के लंबे रेशों के सत्रह बंडल। इन ज़रूरी वस्तुओं के अलावा उन्होंने एक हज़ार गुलाब के फूल, चमेली की हरी कलियों के सत्रह गुच्छे, और ढेर सारी तैयार मालाएँ जिन्हें जगह-जगह आवश्यकतानुसार लगाया जा सकता था, की माँग की थी। ये बाद वाली चीज़ें तो छह बजे के बाद भी आ सकती थीं, लेकिन क्राईसेंथिम के फूल ग्यारह बजे तक पहुँच जाना ज़रूरी था। दोनों भाई दस बजे की बस से मार्केट के पीछे आकर उतरने वाले थे, और चूंकि वे महत्त्वपूर्ण व्यक्ति थे, इसलिए उनका स्वागत करने के लिए किसी का जाना भी ज़रूरी था। चूँकि मैंने ही उन्हें देखा था, इसलिए यह काम मुझे ही करना था। इसी के साथ मुझे शहर के फूल वाले से भी मिलना था, जिसकी दुकान मार्केट रोड के बिल्कुल आख़िरी छोर पर थी, और जो मेरे अलावा किसी के भी क़ाबू में नहीं आता था। उसे भी फूलों के लिए दूर-दूर के बग़ीचों से फूल आने का इन्तज़ार करना होता था। उस दिन शहर में आने वाले सब फूल हमने ही ख़रीद लिये थे, इसलिए आम आदमी के लिए वे बहुत महँगे हो गए थे।

मुझे यह भी देखना था कि ढोल और तुरही बजाने वाले भी जो ज़्यादा दूर नहीं रहते थे, समय पर आ जायें। मुख्य तुरही वादक चाँदी से मढ़ी तुरही को बजाता था, ढोल वादक गले में सोने के मनकों वाली माला पहनता था। हाथी दाँत से मढ़ी अंगुलियों से ढोल बजाता था; ये दोनों अपनी कला में माहिर थे इसलिए उम्मीद करते थे कि उत्सव के आयोजक उनकी इज़्ज़त करें, जिनका प्रतिनिधि मैं ही था। पूरे दक्षिण भारत में शादियों और मंदिरों के समारोहों में उनकी ज़बर्दस्त माँग रहती थी, और हमारे उत्सव में भाग लेना उन्होंने इसलिए स्वीकार कर लिया था कि इस शहर के इतिहास में पहली बार ऐसा उत्सव किया जा रहा था। ये शहर के एकदम सिरे पर रहते थे, एलामन स्ट्रीट के आख़िरी मकान में, लेकिन चूँकि दोनों कबीर स्ट्रीट के कोने पर रहने वाले नाई के चचाज़ाद भाई थे, इसलिए नाई के द्वारा उनपर दबाव डलवा कर हमने यह निश्चित कर लिया था कि ये दोपहर बाद तीन बजे तक ज़रूर मंदिर पहुँच जायेंगे।

जनता को खिलाने का भी हमारा बहुत बड़ा प्रोग्राम था। हमारी योजना थी कि भगवान को गुड़ में पकाये चावल, जिसमें इलायची और नारियल भी पड़ा होगा, भोग लगाया जाये, और जुलूस में भाग लेनेवाले सब व्यक्तियों में इसे वितरित किया जाये। शहर के एक चावल के आढ़ती ने हमारी ज़रूरत का पूरा चावल गुड़ और नारियल, सब कुछ दान में दे दिया था। इसके बदले में वह सिर्फ़ यह चाहता था कि जो भी सार्वजनिक भाषण दिया जाये, उसमें उसकी दुकान के नाम का उल्लेख कर दिया जाये। मंदिर में एक रसोईघर था। एक विशालकाय कड़ाह लाया गया और ज़मीन में बड़ा सा गड्ढा खोदकर आधा टन लकड़ी उसमें जलाकर इस चूल्हे पर उसे रखा गया। चार पेशेवर खाना बनाने वाले बुलाये गए और केले के पत्तों के छोटे-छोटे दोने हज़ारों की संख्या में बनाए गए जिनमें भर-भरकर गुड़ का चावल जनता में वितरित किया जाना था। इसके अलावा किट्सन के रोशनी देने वाले सुरसुराते हंडे और पेट्रोल के लैंप मंदिर जुलूस में साथ-साथ चलने के लिए तैयार किये जाने थे और ज़बरदस्त आतिशबाज़ी होनी ही थी।

सारा शहर आयोजन में लगा था। म्युनिसिपल कौंसिल के प्रधान ने जलसे की अध्यक्षता करना स्वीकार कर लिया था, जिसका लाभ यह था कि म्युनिसिपेलिटी के सारे कर्मचारी प्रोग्राम को सफ़ल बनाने में जुट गए थे। शहर की सभी सड़कें साफ़ की गईं, उनपर छिड़काव किया गया और जुलूस निकालने का लाइसेंस भी हमें तुरंत मिल गया। कृष्ण जी के मंदिर के प्रांगण में पंडाल और मंच बनाया गया, जिसपर खड़े होकर मेयर साहब—प्रधान जी अपने को 'मेयर' कहलाना पसंद करते थे—महाकाव्य के समर्पण से पहले जनता को संबोधित करते।

मंदिर में होने वाले सब कार्यक्रमों के प्रबंध और प्रचार का पूरा ज़िम्मा सेन ने

लिया था और सात दिन तक दिन-रात वहीं रहकर वह काम करता रहा। उसने एलबर्ट मिशन कॉलेज एण्ड हाई स्कूल के युवा छात्रों का एक दल संगठित कर लिया था, जो दौड़-दौड़कर सब तरह के काम करते थे; बाँस और नारियल के रेशों से एक पंडाल खड़ा कर लिया था और अब उसकी सजावट करवा रहा था; और म्युनिसिपल कौंसिल के प्रधान को प्रभावित करने के लिए उनका भाषण भी लिख रहा था। दैनिक पत्रों में प्रचार करने के लिए उसने फ़ोटो और वक्तव्य भी तैयार कर लिये थे। हमारे जूस विशेषज्ञ ने मंदिर के फाटक पर अपनी दुकान खड़ी कर दी थी, जहाँ से पहली हज़ार बोतलें बिल्कुल मुफ़्त और बाद की आधी क़ीमत पर देने का वादा किया था। तीन दानदाता ऐसे थे, जिन्होंने पाँच-पाँच सौ रुपये दान में दिये थे, जिसके बदले में वे चाहते थे कि मैं उन्हें गाड़ी में बिठाकर मंदिर ले जाऊँ—इनमें से एक को न्यू एक्सटेंशन से लाना था, दूसरे को गाँधी पार्क से और तीसरे को लॉली रोड से। सौभाग्य से मुझे गफूर की सेवा प्राप्त थी, जो शेवरले का 1927 का मॉडल टैक्सी के रूप में चलाता था। यह गाड़ी फ़व्वारे के पास हमेशा उपलब्ध रहती थी। मुझे उसमें सिर्फ़ पेट्रोल भरवाना था, और शाम को उसे सिर्फ़ दस रुपये देने होते थे, और ज़रूरत पड़ने पर हमेशा उसका इस्तेमाल किया जा सकता था।

'मुझे पहला काम यही करना होगा कि तीन बजे मंदिर में पहुँच जाऊँ,' 'मैंने स्वयं से कहा। डॉ. जोशी भी थे, जिन्होंने हाथी का इलाज किया था और जो नल्लप्पा के बाग़ीचे के उस पार रहते थे—वे भी चाहते थे कि गाड़ी वहाँ आकर उन्हें ले जाये।' मुझे याद रखना है कि गुलाब जल की छह बोतलें और घिसा हुआ चंदन साथ ले जाना है, और...' समुद्र के किनारे टकराने वाली लहरों की तरह एक-के-बाद दूसरी ज़रूरी चीज़ें मेरे दिमाग़ में टकरा रहीं थी। हाँ, जब मुत्थू और उसके साथी आयेंगे, तब भी बस अड्डे पर एक आदमी रखना पड़ेगा जो उन्हें मंदिर पहुँचा सके। हर काम ज़रूरी था और सबसे पहले किया जाना माँगता था।

मैं जो भी कर रहा था, उस काम को वहीं छोड़कर प्रेस के पीछे के रास्ते से निकला और घर की तरफ़ आया। आज नदी जाने का मौका नहीं मिलेगा, इसलिए मैं सीधा बाथरूम में घुस गया। वहाँ पीतल के टब में ठंडा पानी भरा रखा था, कपड़े उतारकर उसी को बदन पर डाला और बीवी से चिल्लाकर कहा, 'एक तौलिया और बदलने के लिए कपड़े जल्दी ले आओ।' उसने अधखुले दरवाज़े से कपड़े भीतर ठूँस दिये, तो मैं फिर चिल्लाया, अरे, मैं शेव करना तो भूल ही गया। अब फटाफट शीशा और रेज़र ले आओ। मैं यही शेव कर लेता हूँ।' बीवी उन्हें लेने तेज़ी से दौड़ी और ज़रा देर बाद बाबू इन्हें हाथ में पकड़े भीतर घुसा। मैं फिर चिल्लाया, 'तुम्हें रेज़र ब्लेड नहीं छूना चाहिए।'

'माँ ने कहा कि दे आओ।'

मैंने तुरंत उसकी माँ को बुलाया और कहा, 'इतने छोटे बच्चे को रेज़र नहीं देना चाहिए।'

'उसने ही ज़िद की कि ले जाऊँगा।'

'यह कोई बहाना नहीं है। तुम्हीं को ध्यान रखना चाहिए।'

'मैं और क्या करती हूँ?' उसने कहा, 'अब तुम्हारा नाश्ता अंगीठी पर रखा है, और मैं जानती हूँ कि तुम इसके लिए भी ख़ुद तो नाचोगे ही, दूसरों को भी नचाओगे। बाथरूम से निकलते ही यह खेल शुरू हो जायेगा।'

'आज कोई बहसबाज़ी नहीं।'

पंद्रह मिनट बाद मैं नहा-धोकर और नाश्ता करके तरोताज़ा बाहर निकल आया। चलने से पहले बीवी से बोला, 'कोशिश करना कि बाबू को लेकर पाँच बजे तक मंदिर पहुँच जाओ। मैं वहाँ तुम्हें बहुत अच्छी जगह बिठा दूँगा। जलसे के बाद तुम घर आ जाना और फिर जुलूस के लिए पहुँच जाना। सजावट बड़ी शानदार होगी। पड़ोसियों को भी साथ ले आना।' यह कहकर मैं चल पड़ा।

सड़क पार करके प्रेस में दाखिल हुआ, तो मुझे यह परेशानी सताने लगी कि रंगी की चेतावनी के मद्देनज़र मुझे अपनी बीवी को घर पर ही रहने देना चाहिए था। 'पहला... काम' पहले अगर मैं हर काम के लिए चार मिनट ख़र्च करूँ तो मैं सारे काम पूरे कर लूँगा और प्रधानजी के आगमन से पहले जलसे में पहुँच जाऊँगा। लेकिन, लेकिन...यह वासु का मामला तो मुझे ही सुलझाना होगा; मैं उससे मुकाबले के लिए तैयार होने लगा। मैं ख़ुद पर कुछ भी समय खर्च नहीं करना चाहता था। अगर मैं सब बातों पर विचार करता, तो मुझे हर काम को न करने का कोई-न-कोई बहाना ज़रूर मिल जाता, लेकिन वासु के साथ होनेवाली बातचीत के नतीजे पर तो सैकड़ों नहीं, हज़ारों स्त्री-पुरुषों की जानें निर्भर थीं, क्योंकि वह सिर्फ़ बेचारे कुमार ही नहीं, हरेक व्यक्ति के लिए ख़तरा सिद्ध हो सकता था।

मैं मिनट-भर के लिए घर वापस गया और पत्नी से कहा कि उसने जो भी खाना बनाया हो, थोड़ा-सा पैक करके मुझे दे दे, फिर मैं वासु की तरफ़ चला। सड़क पार करके उसके दरवाज़े के पास पहुँचा। मैं उम्मीद कर रहा था कि उसकी जीप वहाँ नहीं होगी, लेकिन वह अपनी जगह पर खड़ी थी। मैं सीढ़ियों के नीचे क्षण भर के लिए रुका तो देखा कि वहाँ का प्लास्टर उखड़ गया है, तो मैंने मन में कहा, 'इसे ठीक कराना है, और यह सोचकर मेरे मन में एक हूक-सी उठी कि अपनी संपत्ति के इस हिस्से पर मेरा ज़रा भी अधिकार नहीं रहा। सीढ़ियों के नीचे लकड़बग्घा उसी तरह मौजूद था। मैंने सोचा कि अब मरे हुए लकड़बग्घे की बिक्री नहीं होती होगी। अब साँप यहाँ नहीं था, लेकिन उसके स्थान पर एक बड़ा-सा गिरगिट, एक घड़ियाल, और दूसरे बहुत-से जीव थे, जो सब मरने के बाद एक जैसे

ही लगते थे। मैं जितनी आवाज़ कर सकता था, उतनी करता हुआ ऊपर चढ़ गया। ग्यारह बज रहे थे और मैं जानता था कि अब रंगी यहाँ नहीं होगी। बाहर खड़े होकर मैंने आवाज़ दी, 'वासु, मैं अंदर आ जाऊँ?' मैंने दरवाज़ा नहीं खटखटाया क्योंकि मैं जानता था कि यह उसे अच्छा नहीं लगेगा। मैंने सोचा, 'इस काम के लिए आज ही वक़्त निकालना पड़ रहा है!' फिर दिमाग़ में आया, उम्मीद है कि उन्हें गुलाब जल की बोतलें लाने की याद रहेगी।' यह सब सोचता मैं वासु का इन्तज़ार करने लगा। उसने दरवाज़ा खोला।

'क्या बात है जो मुझे इज़्ज़त बख़्शी जा रही है?' वासु ने चुटकी लेते हुए कहा।

मैं भीतर जाकर लोहे की कुर्सी पर बैठ गया और बातचीत के लिए तैयार होने लगा, हालांकि दिमाग़ का एक हिस्सा जलसे की ज़रूरतों को दुहरा रहा था। वक़्त नहीं...गुलाबजल, घिसा हुआ चंदन, न्यू एक्सटेंशन, गाँधी पार्क...' जिस दिन मैंने उससे चंदे के हिसाब की बात की थी, उसके बाद से उससे मेरी भेंट नहीं हुई थी और यह लड़ाई का दूसरा मुद्दा बन गया था। पिछली दफ़ा वह मुझसे शांति की बात करने आया था, इस दफ़ा मैं उसके पास इसी उद्देश्य से गया था। मेरा हृदय यह सोचकर गर्व से भर उठा कि ईश्वर और देश के लिए मैं इतनी बड़ी क़ुर्बानी देने जा रहा हूँ। अपने को छोटा बनाकर उससे बात करने से मैं मानवता को विनाश से बचा सकूँगा...

मैंने कहा, 'वासु, तुम जानते हो कि आज मेरे पास किसी काम के लिए समय नहीं है फिर भी मैं तुम्हें शाम के जलसे में शामिल होने के लिए व्यक्तिगत रूप से निमंत्रित करने आया हूँ।' उसने मेरी बात चुपचाप सुन ली और कोई जवाब नहीं दिया। मैंने चारों तरफ़ सिर घुमाया तो देखा कि पहले की तरह फिर कमरा सूखी हुई खालों, मेरे हुए जीव-जंतुओं और डिब्बों से बेतरतीब भरा है। एक कोने में मैंने एक शेर का बच्चा भी देखा। उसे खुश करने के लिए मैंने कहा, 'बड़ा ख़ूबसूरत लगता है!'

उसने बच्चा उठाया और मुझे दिखाने लगा। 'किसी ने यह सड़क के बीच से उठाया था। वह सीधा...'

'अपनी माँ के पास से आ रहा होगा,' 'मैंने वाक्य पूरा किया।

'वह इसकी याद करती होगी। तब मैं बिज़ी था और पिछले हफ़्ते ही इसपर काम किया है।'

'तुम्हें इसे ज़िंदा रखकर पाल लेना चाहिए था,' उसे खुश करने के मैं उपाय सोचने लगा।'

'मैं? नहीं, मैंने तुम्हें पशुपालन और चमड़ा-विशेषज्ञ के बीच का फ़र्क समझाने में ज़िंदगी बिता दी,' उसने थके हुए स्वर में इस भाव से कहा मानो मैंने उसे पालक कहकर उसका अपमान किया हो। फिर बोला, 'जो हो, मृतपशु का पालन करना ज़्यादा

आसान है। इससे मकान-मालिक के साथ झगड़ों की संभावना कम हो जाती है।'

मुझे अच्छा लगा कि वह अब भी मुझे अटारी का मालिक समझता है। शेर के बिना भी वासु कम बड़ी परेशानी नहीं था, और मैंने तो यह बात उसे ख़ुश करने के लिए ही कही थी। उसे और ख़ुश करने के लिए मैंने कहा, 'बच्चा किसी का हो, सुंदर लगता है। मुझे इसे घूमते देखकर अच्छा लगता।'

'यह बच्ची है, बच्चा नहीं,' उसने मेरे वाक्य में सुधार किया।

'इनकी सुरक्षित उम्र क्या होती है?'

'क्या मतलब?'

'यानी किस उम्र तक इन्हें रखा जा सकता है?'

'जब तक यह तुम्हारे हाथ चाटना न शुरू कर दे,' उसने जवाब दिया। 'लेकिन मुझे ठीक पता नहीं। मैं चिड़ियाघर में काम नहीं करता।'

मैं चिड़ियाघर वालों के लिए कोई बुरी बात कहने के लिए सोचता रहा, क्योंकि यह उनसे चिढ़ता था, लेकिन सोच नहीं सका। इसलिए इतना ही कहा, 'घटिया काम है चिड़ियाघर में जानवरों की रखवाली। मैं तो कितने भी पैसों के लिए इसे नहीं करना चाहूँगा।

उसने मेरे सामने एक स्टूल पर शेर का बच्चा रख दिया। मैं यह सोचकर सिहर उठा कि इतनी कम उम्र में किसी की जान ले ली जाती है। वह बोला, 'कितना भोला लगता है! इसे बनाने में बड़े शेर की तुलना में मुझे ज़्यादा मेहनत लगी है। अच्छा, इसकी क़ीमत का अंदाज़ लगाओ।'

यह मेरे लिए बड़ी समस्या थी। अगर कम का अंदाज़ लगाता, तो यह नाराज़ हो सकता था। अगर काफ़ी ज़्यादा लगाता, तो यह मेरी चालाकी समझकर मुझसे नफ़रत कर सकता था। अंदाज़ा लगाते हुए मैंने चोरी-चोरी खिड़की के बाहर एक नज़र डाली हाँ, फ़व्वारे तक इसकी गोली पहुँच सकती थी। यही नहीं, उससे आगे, सड़क के पार, लॉली रोड तक कहीं भी यह निशाना साध सकता था।

'क्या देख रहे हो?' उसने अचानक सवाल किया।

'कुछ नहीं। मुझे जब भी कोई गिनती करना होती है, तो मेरी नज़र दूर तक फैल जाती है। मैं क़ीमत का अंदाज़ा लगा रहा था। अगर तुम पाँच हज़ार इसकी क़ीमत माँगो, जैसा तुमने एक बार कहा भी था...'

'कोई बात नहीं। अब अंदाज़ा लगाना बंद कर दो।' यह कहकर उसने बच्चे को वापस उसी जगह रख दिया और एक कपड़े से ढक दिया।

लेकिन मैं इस तरह चुप होने वाला नहीं था। 'दो हज़ार। इसे आकार देने में भी काफ़ी मेहनत लगी होगी?'

'तुम ठीक कहते है। ज़रा-सी कम है। देखो, मैं पूरे अंकों में क़ीमत नहीं

रखता...मैं इसकी क़ीमत अट्ठारह सौ पच्चीस रुपये रखता, पैकिंग का ख़र्चा अलग से।'

मैंने उसकी चतुराई की प्रशंसा में उपयुक्त शब्द कहे और इस विषय पर कुछ और चर्चा के बाद मुख्य विषय पर आया। 'तुम मेरे साथ तीन बजे जलसे में शामिल होने के लिए क्यों नहीं चलते?'

'जलसा बहुत शानदार लग रहा है। लेकिन मैं इस तरह की बेवकूफ़ियों से अलग रहता हूँ।'

'अच्छा! लेकिन पहले तो तुमने बहुत उत्साह दिखाया था!'

'मैं अलग ही रहना चाहता हूँ। तुम उसका आनंद लो।'

उसने अभी तक चंदे का हिसाब नहीं दिया था, लेकिन यह प्रश्न उठाने का यह समय नहीं था। इसके लिए बहुत समय मिलेगा–आज रात के बाद या मुत्थू को हाथी वापस करने के बाद। मैं इस समय उसे यह विश्वास दिलाना चाहता था कि मैं चंदे की बात करने नहीं आया हूँ। मैंने कहा, 'सब लोग यही पूछेंगे कि तुम क्यों नहीं आए? तुमने हमारे लिए बहुत काम किया है।'

'मुझे अपनी जेब से दो हज़ार रुपये खर्च करने पड़े। तुम्हें अंदाज़ा नहीं कि इसके कारण कितने व्यापार का नुकसान हुआ है। समय ही धन है। मैं तुम्हारे दोस्तों की तरह समय बर्बाद नहीं कर सकता।'

'इस वक़्त यह बातें मत करो,' मैंने कहा। वह भड़क उठा, 'मुझे तुम कौन रोकने वाले होते हो?'

हम फिर लड़ाई के नज़दीक पहुँचने लगे थे। मैं अपना-आपा नहीं खोना चाहता था, जिससे उसे अपने साथ रखकर हाथी को बचा सकूँ। इस काम के लिए मुझे यही तरकीब समझ में आई थी। मैं बार-बार उससे आग्रह करता और हर बार वह उसे ठुकरा देता। अंत में बोला, 'तुम्हारे लोगों से मुझे नफ़रत है। तुममें भी बुद्धि नहीं है। यह एक अक्षर की कविता लिखने वाला सिर्फ़ नाम का कवि तुम्हें क्यों इतना पसंद है, मैं समझ नहीं पाता और वह तुम्हारे शहर का नेहरू। वह अपने को समझता क्या है? तुम तीनों मिलकर लोगों का पैसा और वक़्त बर्बाद कर रहे हो। अगर मेरे पास अधिकार होते तो मैं इस तरह के जलसों पर रोक लगा देता। राष्ट्रीय शक्ति की बर्बादी है।'

यह सब सुनकर भी मैं उससे यह नहीं कहना चाहता था कि अगर उसे जलसे पसंद नहीं है, तो वह इसमें न आए। ईश्वर और देश के हित में मैं अपने धैर्य को ज़्यादा-से-बढ़ाना चाहता था। मैं उसे यह भी विश्वास दिलाने को तैयार था कि काफ़ी दिनों तक मैं उससे चंदे का हिसाब देने को नहीं कहूँगा। इसलिए मैंने कहा, 'वासु, मैं दोस्त की तरह तुम्हारे पास आया हूँ। मैं सोच रहा था कि तुम साथ रहोगे,

तो मज़ा आयेगा। हम एकसाथ तमाशा देखेंगे और एकसाथ हँसेंगे। तुम कहीं यह सोचकर तो परेशान नहीं कि हम चंदे की चर्चा करेंगे।'

'कौन? मैं और परेशान!' यह कहकर वह राक्षस की तरह हँसने लगा। बोला, 'तुम जैसे सौ लोग भी मुझे कभी परेशान नहीं देख पायेंगे।'

मैं भी यह दिखाते हुए, कि वह मज़ाक़ कर रहा है, हँसने लगा। इसके बाद मैंने घड़ी देखी। इस गपशप में मैंने पौन घंटा गुज़ार दिया था, फिर भी मतलब की बात नहीं पूछ पाया था। मैं उससे किस तरह यह आश्वासन लूँ कि वह हाथी पर गोली नहीं चलायेगा?

अब मैंने अपने थैले से चावल की बर्फ़ी और मिठाई का पैकेट निकाला और उसके सामने रखकर बोला, 'अरे, यह तो मैं भूल ही गया था! मैं तुम्हारे लिए कुछ खाने को लाया हूँ। यह मेरे घर में बनी थी और मुझे लगा कि तुम्हें ये चीज़ें अच्छी लगेंगी।'

'क्या हैं यह?' उसने पूछा। फिर पैकेट खोलकर देखा और भौंहे चढ़ाईं। 'तुम मुझपर कृपा कर रहे हो। ठीक है, अच्छी बात है। देखें, यह कब तक चलती है।' एक टुकड़ा तोड़कर मुँह में रखा और धीरे-धीरे चबाकर उसका ज़ायक़ा लिया, फिर कहा, 'बुरी नहीं है, लेकिन बनाने वाले से कहो कि काली-मिर्च ज़रा ज़्यादा भूनकर इसमें डाले। जो हो, कुछ न होने से जो कुछ है, वही अच्छी है। इसके बाद पूरा-का-पूरा मुँह में रखकर एक दफ़ा में ही कुछ इस तरह सारी निगल गया, जैसे इसपर उसी का अधिकार है। मुझे यह देखकर दुख भी हुआ कि उसने बिल्कुल मामूली ढंग से और नुक्ताचीनी भी करके इसे खा लिया, और व्यवहार के नाते ही सही, मेरी बीवी के लिए, जिसने इसे बनाया, धन्यवाद का एक शब्द भी नहीं कहा। बल्कि यह कहा कि 'यह चीज़ सबसे बढ़िया खानी हो, तो...के यहाँ चले जाओ।' फिर जिस दुकान का नाम बताया, वह काफ़ी बड़ी दुकान थी।

'यह मेरी पत्नी ने बनाया है,' मैंने यह सोचकर स्पष्ट किया कि कहीं वह कड़वी बात न कह दे। फिर भी उसने कहा, 'आज की औरतें चीज़ें बनाना नहीं जानतीं। और सच बात तो यह है कि आज की औरतों को कुछ भी नहीं आता।' मैं नहीं चाहता था कि वह इस विषय पर कुछ और कहे क्योंकि इसके बाद वह मेरी पत्नी के लिए ही कुछ भला-बुरा कह सकता था, इसलिए मैं जी-जान से विषय बदलने के प्रयत्न में और कुछ सोच पाने में कामयाब न होकर सीधे मुख्य विषय पर आ गया, 'वासु, मैं तुमसे यह अपील करने आया हूँ कि आज तुम हाथी को कोई नुक़सान मत पहुँचाना।'

'कोई किसी हाथी को क्या नुक़सान पहुँचा सकता है? तुम यह नहीं जानते कि उसकी खाल में कोई फ़रसा भी घुसा दे, तो फ़रसे की ही नोक टूटेगी। जो हो,तुम मुझसे कहना क्या चाहते हो, यह बताओ।'

यह एक तरह की चुनौती थी। वह चारपाई से उठकर खड़ा हो गया था और बहुत उत्तेजित दिखाई दे रहा था। ऊपर से तो वह शांत लगने की कोशिश कर रहा था, लेकिन उसकी साँसें तेज़ हो गई थीं। 'यह कौन है जो चुग़ली कर रहा है?' वह ग़ुस्से में लाल-पीला होने लगा, फिर एक क्षण रुककर खिड़की से बाहर नज़र डाली—मैं समझ गया कि वह फ़व्वारे की तरफ़ देख रहा है, 'उस कुतिया ने तुम्हें बताया है?'

'कौन-सी कुतिया?' मैंने सवाल किया।

'वह रंगी, और कौन?'

'यह रंगी कौन है?'

अब वह चीख़ा, 'अब बहाने मत बनाओ कि तुम रंगी को नहीं जानते। नाटकबाज़ी मत करो। मैं उसकी गर्दन मरोड़ दूँगा...।' उसने अपना वाक्य पूरा नहीं किया और अचानक पूछने लगा, 'यह बताओ कि अगर मैं हाथी को शूट कर दूँ तो तुम क्या करोगे?'

इसका मेरे पास जवाब नहीं था मैंने पूछा, 'यह बताओ कि हाथी ने तुम्हारा क्या बिगाड़ा है?'

'तुमने कभी सोचा है कि मरने के बाद हाथी की क़ीमत बढ़ जाती है? पहली बात तो यह कि उसे खिलाना नहीं पड़ता। इस हाथी के हिस्से बेचकर मैं दस हज़ार रुपये कमा सकता हूँ। उसके दाँत ही, अगर मेरा अंदाज़ा सही हो, तो वज़न में चालीस पौंड होंगे, जिनकी क़ीमत आठ सौ रुपये होगी। उसके पैरों की माँग तो आ ही चुकी है, जिनका इस्तेमाल छातों के स्टैंड बनाने में किया जायेगा, और उसकी पूँछ का एक-एक बाल अंगूठी और चुड़ियाँ बनाने के लिए बारह-बारह आने का बिक जायेगा—औरतों को ये चीज़ें बहुत पसंद हैं और उनकी पसंद की नुक्ताचीनी करने वाले हम कौन होते हैं! मेरा पहला काम यही होगा कि उसका खून गरम रहते-रहते बाल निकालकर रख दूँ—और इसके बाद नाखून, पैर और सूँड़, ये सब निकालूँ। दरअसल सबसे पूर्ण जानवर हाथी ही है, इसकी हर चीज़ क़ीमती होती है। मेरे पास, फ्रांस, जर्मनी और हांगकांग से आर्डर आ चुके हैं। एक आदमी को और क्या चाहिए? मैं एक हाथी की क़ीमत पर पूरा एक साल आराम से गुज़ार सकता हूँ।'

'तुम जंगल में हाथी क्यों नहीं मारते?'

'जंगल में! मैं उन्हें दिखाना चाहता हूँ कि कहीं भी हाथी मार सकता हूँ। इन जंगल के आदमियों को मैं एक सबक़ सिखाना चाहता हूँ।'

'अच्छा ढंग है, यह किसी को सबक़ सिखाने का!' मैंने हारकर कहा, 'जंगली हाथी मारो तो कोई कुछ नहीं कहेगा।'

'यह भी जंगली हाथी है, फ़िक्र मत करो।'

'क्या मतलब है तुम्हारा?'

'देखते रहो,' उसने कहा, 'तुम मुझे बाद में धन्यवाद दोगे। कुमार अभी भी पागल है, हालांकि किसी को पता नहीं है। कभी उसकी आँखें देखी हैं? उसकी छोटी-छोटी आँखों में लाल लकीर यह बताती है कि ज़रा-सी बात में यह बिगड़कर तूफ़ान खड़ा कर सकता है'

'क्या ज़रा-सी बात?' मैंने पूछा।

'यह मैं क्या बताऊँ? हाथी वास्तव में पागल क़िस्म के जानवर होते हैं। ज़रा-सी, बिल्कुल मामूली बात पर...' उसने अपनी बात पूरी नहीं की।

मेरी चिंता बढ़ने लगी। यह क्या करने की सोच रहा है? यह उसे कैसे उत्तेजित करेगा? 'तो तुम उसे उत्तेजित करने की योजना बना रहे हो?' मैंने सीधा प्रश्न किया।

अब वह हँसा, शैतान की तरह। 'तो तुम सब जानना चाहते हो, बालक! प्रतीक्षा करो, पता चल जायेगा। एक दिन आयेगा जब तुम्हें सब कुछ ज्ञात हो जायेगा,' उसने बाइबिल की भाषा में कहा।

मैं बोला, 'तुम जो भी भयंकर योजनाएँ बनाओ, याद रखना, उस वक़्त हज़ारों आदमी, औरतें और बच्चे रथ के साथ उसे खींचते हुए चल रहे होंगे।'

'वे सब अच्छे नागरिकों की तरह आधी रात तक घर चले जायेंगे। उस समय तक वे जुलूस का आनंद उठा सकते हैं।'

'तुम यह तय करने वाले कौन हो कि वे कब वहाँ आयें और कब जायें?'

'बस, बस करो। बकवास बंद करो। वे जब चाहे आयें और जायें, यह उनका अपना काम है। अगर हाथी पागल हो उठता है...' उसने कल्पना की।

'तो कई भीड़ में दबकर मर जायेंगे या घायल हो जायेंगे,' मैंने कहा।

'मैं जो नहीं कह रहा, वह तुम कह रहे हो! तुम्हारा दिमाग़ ख़राब हो गया है।' एक क्षण बाद वह बोला, 'मरने के बाद हाथी मुझे मिल जायेगा, यह वादा किया गया है। मेरे पास लिखित में है।'

'किसने किया है वादा?'

'तुम्हें सब बातें क्यों बताऊँ? जहाँ तक मेरा संबंध है, तुम्हारा मुझसे कोई रिश्ता नहीं है। लेकिन तुम्हें हाथी की इतनी चिंता क्यों है? वह तुम्हारा तो नहीं है। मैं तुम्हें कुछ भी बताने को बाध्य नहीं हूँ। मैं स्वतंत्र आदमी हूँ। तुम चाहो तो उसे ताले में बंद करके रख लो, मुझे कोई चिंता नहीं है। यहाँ मुझसे बात करने क्यों आये हो? जाकर कल सवेरे की सोचो।'

मैं उत्तेजना और असहायता की भावना से काँपने लगा। इससे ज़्यादा मैं उससे कह भी नहीं सकता था, क्योंकि अब वह मुझपर हमला कर देता। मैंने विनती की,

'वासु, तुम मनुष्य हो और हमारी तरह तुम्हारी भी भावनाएँ हैं। मैं जानता हूँ कि तुम सिर्फ़ दिखाने के लिए ये बातें कर रहे हो' यह सुनकर वह हँसने लगा। उसे यह देखकर ख़ुशी हो रही थी कि उसने मुझे पूरी तरह परास्त कर दिया है।

'ठीक है। तुम मेरे बारे में जो सोचते हो, उसे अपने पास रखो। तुम दरअसल... मैं बताऊँ तुम क्या हो? तुम बड़े भावुक आदमी हो! मुझे ऐसे आदमियों को देखकर नफ़रत होती है जो बूढ़ी विधवाओं की तरह रोते-पीटते हैं। मुझे वैज्ञानिक दृष्टिकोण वाले लोग पसंद हैं।'

'तुम्हारी इन भयंकर योजनाओं में वैज्ञानिक दृष्टिकोण क्या है?'

'देखो, तुमने 'भयंकर' शब्द का उपयोग किया है, यानी ऐसी भाषा बोलना और इस तरह सोचना तुम्हारी आदत है। गोली चलाना भयंकर काम नहीं है। आदमी बंदूक़ की कुंडी खींचकर छोड़ता है और उससे गोली निकलती है, और उसके सामने कोई उसे लेने के लिए तैयार रहता है। यह सिर्फ़ देने और लेने का खेल है। एक वक़्त था जब मैं भी तुम्हारी तरह इससे परेशान होता था। फिर हुसैन ने मेरे सोचने का ढंग व्यापक बनाया। वह मुझसे कहता था कि जो बात तुम्हें पसंद नहीं है, उसी को पसंद करना विशाल दृष्टिकोण की शुरुआत करना है। वैज्ञानिक दृष्टिकोण यही होता है।'

'यह विज्ञान हो सकता है लेकिन दूसरे सिरे पर खड़ी वस्तु का क्या कोई मूल्य नहीं है? यह तुम्हें कभी नहीं लगा?'

'यह तुम कैसे कह सकते हो? जो जानवर उत्पात मचाता है, उसके साथ तुम क्या करते हो? उससे लोगों की रक्षा नहीं करनी चाहिए?'

'यह उस क़िस्म का जानवर नहीं है,' मैंने धीरे से कहा। उसका दिमाग़ बदलना आसान नहीं था, फिर भी मैं कोशिश तो कर ही सकता था।

'अवैज्ञानिक कैसे? कैसे अवैज्ञानिक?' उसने चिल्लाकर पूछा। 'तुम्हारी धारणा का आधार क्या है? सामान्य व्यवहार एक बात है और पशुओं का असामान्य व्यवहार बिल्कुल दूसरी बात है। कोई जानवर कब असामान्य व्यवहार करने लगेगा, यह वे ही लोग बता सकते हैं, जिन्होंने इस विषय का अध्ययन किया है। तुम अगर मेरी किताब छापते, तो तुम्हें बहुत लाभ होता। इसमें मैंने जानवरों के व्यवहार पर दो अध्याय लिखे हैं। लेकिन तुम तो एक अक्षर वाली किताब में लग गए।'

मैंने उसे खुश करने के लिए कहा, 'कोई बात नहीं, अब छाप दूँगा। कल ही काम शुरू करवा दूँगा।' लेकिन इसके साथ मैंने असली हाइडेलबर्ग का नाम नहीं लिया।

'मुझे तुमपर विश्वास नहीं है,' उसने कहा। 'तुम्हारा ख़्याल है, मैं हमेशा इंतज़ार करता रहता। किताब छपना शुरू हो गई है।'

मुझे आश्चर्य हुआ, जलन भी हुई। 'इस शहर में किताब छापने वाला कौन है?'

मेरा सवाल सुनकर वह हँसा और बोला, 'अच्छा, अब तुम मुझे छुट्टी दो। मैंने तुम्हें बहुत समय दे दिया है। मुझे अब ज़रूरी काम करना है।'

मैं उसकी भावना समझकर काँप उठा।

इस भेंट से उत्सव के लिए मेरा सब उत्साह समाप्त हो गया। मैंने कई सप्ताह से इसकी कल्पना और तैयारियाँ की थीं; लेकिन अब मुझे लगा कि मैं अपने साथ और भी हज़ारों को लेकर एक भयंकर अंत की तरफ़ जा रहा हूँ। अगर व्यावहारिक होता, तो मैं बड़ी प्रसन्नता से सारा समारोह रोक दे सकता था। लेकिन अब तो पहाड़ी से हमारा नीचे गिरना शुरू हो चुका था और इसकी गति रोक पाना किसी भी तरह संभव नहीं था।

जब मैं विनायक स्ट्रीट पर स्थित मंदिर पहुँच पाने में सफल हुआ, तब चार बज रहे थे। स्त्री, पुरुष और बच्चों की भीड़ न सिर्फ़ मंदिर के भीतर, बल्कि बाहर सड़कों पर भी उमड़ी पड़ रही थी। सेन ने अपने साथियों की मदद से कई जगह बाँस की बाड़ें खड़ी कर दी थीं जिससे थोड़ी-बहुत जगह ख़ाली रहे और मेयर इत्यादि नेताओं को मंच तक पहुँचने में कठिनाई न हो। उसने एक सफ़ेद धोती पहनकर, कंधे पर लाल सिल्क का शाल डाल रखा था और उसका माथा भभूत, चंदन के टीके और सिंदूर से चमक रहा था। इस धार्मिक वेशभूषा में उसे पहचान पाना संभव नहीं था। कवि ने जलसे के लिए गुलाबी रंग का बंद गले का कोट पहना था, जो मेरी आँखों में चुभ रहा था। इसे देखकर मुझे के. जे. के रंगीन लेबिलों की याद आ गई। के. जे. ने तख़्ते बिछाकर अपनी दुकान खड़ी कर ली और ख़ूब बिक्री कर रहा था। चूँकि उसने यह स्पष्ट नहीं किया था कि हज़ार मुफ़्त बोतलें कब लोगों को पिलायेगा, इसलिए लोग पैसे देकर ही जूस ख़रीद और पी रहे थे। शोर इतना मच रहा था कि कान फटे जा रहे थे। बहुत सी छोटी-छोटी दुकानें लग गई थीं और लड़के घूम-घूमकर भी काग़ज़ के खिलौने, भुनी हुई मूँगफली और रंग-बिरंगी मीठी गोलियाँ मंदिर के फाटक पर बेचते फिर रहे थे। मंदिर के पीछे चावल पकाया जा रहा था जिसका धुआँ चारों तरफ़ फैल रहा था। मंदिर के भीतर पुजारी लोग भगवान का शृंगार करने और दीपक जलाने में लगे थे।

मंदिर के गलियारे के अंत में एक पेड़ के नीचे कुमार एक ज़ंजीर से बँधा खड़ा था। उसके चारों तरफ़ बच्चों की भीड़ लगी थी, जो उसे गन्ना खिला रहे थे और वह उन्हें सपाटे से खाता जा रहा था। टॉप स्लिप पहाड़ी का महावत उसकी पीठ पर बैठा उसके माथे और कंधों पर सफ़ेद, लाल और हरे रंग से फूल-पत्तों की डिज़ाइन पेंट

कर रहा था, जिसे देखकर बच्चे बड़े प्रसन्न हो रहे थे। वह बच्चों से कह रहा था, 'ज़रा दूर रहो, मुझे काम करने दो। अगर इतना शोर मचाओगे तो कुमार मेरी आवाज़ नहीं सुन सकेगा।' उसने हाथी के दोनों दाँत कस-कसकर धोए और साफ़ किए थे, जिससे वे चाँदी की तरह चमकने लगे थे। उसने दाँतों को पीतल के गोलों और रंगीन चूड़ियों से सजाया था। वह बहुत ख़ुश था, क्योंकि किसी ने उसे हाथी के मस्तक पर लटकाने के लिए सोने के आभूषण देने का वादा किया था। लगता था कि हाथी को भी इस सबसे बड़ा मज़ा आ रहा है और उसका मूड बड़ा अच्छा लग रहा था। लेकिन उसे देखकर मेरा दिल बैठा जा रहा था।

मैंने देखा कि डॉ. जोशी उसके पास खड़े उसकी सूँड पर हाथ फेर रहे हैं। कामों की अफ़रा-तफ़री में मैं तो भूल ही गया था कि उनको गाड़ी पर बिठाकर लाना है, लेकिन वे आ गए थे। मैं भीड़ में से जगह बनाते हुए उनकी तरफ़ बढ़ा कि माफ़ी माँग लूँ, लेकिन मुझे देखते ही उन्होंने कहा, 'मैं माफ़ी माँगता हूँ, आपके आने का इन्तज़ार नहीं किया। मुझे किसी काम से शहर आना था, फिर मैं यहीं रुक गया।'

'अच्छा...कोई बात नहीं डॉक्टर साहब, आपको देखकर ख़ुशी हो रही है। कुमार आपको कैसा लग रहा है?'

'मेरा ख़्याल है, वह एकदम ठीक है।'

'यह जलसे-जूलूस की भीड़-भाड़ और उत्साह सह सकेगा?'

'बिल्कुल। आप क्या सोचते हैं, उसका काम क्या है! ऐसे वातावरण में ही हाथी खुश रहता है।'

'मैं सोचता था कि यह आतिशबाज़ी और बैंड-बाजा उसे परेशान न करें!'

'बिल्कुल नहीं। बस, यह ख़्याल रखें कि कोई चिंगारी वगैरह उसपर न गिरे। जब बहुत पास से कोई रोशनी की जाती है तब कुछ हाथी डर जाते हैं। गैस के हंडे लेकर चलने वालों पर ध्यान रखें, बस, इतना काफ़ी है।'

'अगर कोई विशेष बात हो, तो यह पागल तो नहीं हो जायेगा?'

'यह आप क्यों पूछ रहे हैं?' डॉक्टर ने सवाल किया।

'मैंने लोगों को कहते सुना है कि कई दफ़ा हाथी भीड़ पर हमला कर बैठता है।'

यह सुनकर वे हँसने लगे। 'इस तरह की बातें मत सोचिए। कई दफ़ा लोग ही डर जाते हैं और इस तरह की भीड़ में इससे नुक़सान हो सकता है।' अब हम लोगों का जमावड़ा देखने लगे। कोई भी अफ़वाह संकट पैदा कर सकती थी, और लोग भागना-दौड़ना शुरू कर सकते थे। वितरण का कार्यक्रम सबसे बाद के लिए निश्चित किया गया था, जब जुलूस मंदिर में वापस लौट आता। इसका अर्थ यह भी था, कि तब तक सब लोग जुलूस के साथ ही रहेंगे। इसलिए भीड़ को कम करने का

एक उपाय यह हो सकता था कि मीठा चावल पहले ही बाँट दिया जाये। मैं प्रधान पुजारी से बात करने गया कि क्या ऐसा करना संभव हैं। लेकिन उसने मेरी बात सुनते ही ना कर दिया। 'समर्पण का कार्यक्रम ग्यारह बजे निश्चित किया गया है। इससे पहले हम कैसे कुछ भी बाँट सकते हैं?'

लेकिन मैं बराबर यही सोच रहा था कि किस तरह इन हज़ारों लोगों की जानें बचाई जायें, जिनमें छोटी-छोटी लड़कियाँ रंग-बिरंगे कपड़े पहनकर आई हैं, औरतें सर्वोत्तम गहने पहने और फूलों से सजी चारों तरफ़ से उमड़ी पड़ रही हैं, और पुरुष भी एक-से-एक बढ़कर शानदार कोट, पगड़ियाँ और शॉल पहने जैसे एक-दूसरे के ऊपर चढ़े पड़ रहे हैं। इसी अपार भीड़ में मेरी बीवी और बाबू भी होंगे। उन्हें ढूँढ पाना बिल्कुल संभव नहीं था। रथ चमेली और गुलाब के फूलों से लदा था जिनकी खुशबू सारे वातावरण में फैल रही थी।

शोर इतना ज़बरदस्त था कि लाउडस्पीकर और माइक्रोफ़ोन का इंतज़ाम होने पर भी मेयर का भाषण किसी को सुनाई नहीं दे रहा था। यह प्रबंध पत्रकार के ज़िम्मे था, इसलिए मैं मंच से दूर ही रहा। दूर से ही मैंने कवि को गुलाबी कोट पहने उठकर खड़े होते हुए देखा। वह बड़ी इज़्ज़त के साथ सिल्क से मँढ़ी महाकाव्य की प्रति प्रधान पुजारी को समर्पित कर रहा था। लोगों ने अपने व्यवहार से यह स्पष्ट कर दिया था कि वे किसी का भाषण सुनने बिल्कुल नहीं आए हैं। बाजे वाले ज़बरदस्त प्रदर्शन कर रहे थे। पुजारी जी श्रीकृष्ण और राधा का पूजन करने में व्यस्त थे और रंगी उनकी स्वर्ण मंडित मूर्तियों के समक्ष पागल की तरह नृत्य कर रही थी। उसने भी ज़री के वस्त्र पहन रखे थे और अपने सिर तथा कमर पर विभिन्न प्रकार के नक़ली आभूषण लटकाए हुए थे। मैं उससे बात करना चाहता था—यह मुझे ज़रूरी लग रहा था—लेकिन इतने लोगों के सामने उस जैसी औरत से बात करना अनुचित था और दर्शक मेरे ख़िलाफ़ शोर मचाने लग सकते थे। मैंने सोचा कि किसी छोटे बच्चे के ज़रिये उसे अपना संदेश भेजूँ, लेकिन वह भी शैतानी कर सकता था और सबको बता सकता था कि किसने उसे भेजा है, तो मेरी कितनी भद्द होती। उस समय वहाँ इकट्ठी भीड़, दूसरों की क़ीमत पर उनका मज़ाक उड़ा सकने को तैयार थी।

लेकिन मैं उससे बात क्या करना चाहता था? इस बारे में मैं ज़्यादा स्पष्ट नहीं था। उससे कोई राज़ की बात करना भी अच्छी बात नहीं थी। अगर शास्त्री को इसका पता चल जाता, तो वह एकदम मेरा विरोध करता और नौकरी तक छोड़ सकता था। लेकिन फिर भी मैं उसका ध्यान आकृष्ट करना चाहता था—क्यों, पता नहीं क्यों? इस वक़्त तो मैं बहुत-से सिरों के ऊपर से लोगों के कंधों के बीच में से उसकी एक झलक भर देख सकता था। वह इस तरह गोल-गोल चक्कर लगा रही

थी कि किसी के लिए भी उसकी नज़र पकड़ पाना आसान नहीं था। फिर भी, मैं भीड़ में जगह बनाता हुआ उसकी तरफ़ बढ़ने लगा। कपूर और अगरबत्तियों के धुएँ के बीच पुजारी जी की प्रार्थना समाप्त हो जाने के बाद अचानक भीड़ का शोर असहनीय महसूस होने लगा। मैं सारी रात फ़र्मे छापता रहा था, और इतनी सब मशक़्क़त के बाद अब जलसा महत्त्वहीन लगने लगा था। मुझे तो अब पता नहीं क्यों, कवि के गुलाबी कोट से भी चिढ़ हो रही थी और ग़ुस्सा आ रहा था कि उसके कारण मुझे इतनी कठिनाई झेलनी पड़ रही है।

देवता की मूर्ति बहुत सुंदर सजाई गई थी। उनके गले में गुलाब के फूलों की माला थी और सीने पर हीरे का हार जगमगा रहा था। उन्हें सिल्क के वस्त्र पहनाए गए थे जिनमें सोने का काम किया हुआ था, और हाथों में बाँसुरी थी; और छोटी-सी उनकी सुनहरे रंग की हीरों से अंलकृत वधू उनके बग़ल में शर्माती हुई खड़ी थी। तुरही बजाने वाला बार-बार अपने गाल फुलाकर कल्याणी राग बजा रहा था, जो इस अवसर के लिए सर्वोत्तम राग था। यह मंदिर एक शताब्दी पहले उस समय जनता के धन से बनाया गया था, जब मेरे बाबा और अन्य कुछ लोग यहाँ एक नई बस्ती बसाने आए थे। मंदिर के पीछे नदी तक का हिस्सा जंगल था, जो बिल्कुल ख़त्म हो चुका था, और जिसके स्थान पर उसी समय के बने कुछ टूटे-फूटे मकान दिखाई देते थे, जिनकी टाइलें समय और हवा की मार खाकर घिस और चटक गई थीं, और अब जिनमें शहर के बुनकर रहने लगे थे—उनके करघे सड़क तक फैले दिखाई देते थे। लेकिन ऊँचे शिखर और सुनहरी चोटी वाला यह मंदिर आज तक खड़ा था, इसे हर समय सारे शहर की सहायता प्राप्त रहती।

मंदिर के प्रांगण में कुछ गायक कभी बहुत तीखे और कभी एकदम मद्दिम लेकिन बेसुरी आवाज़ों में कृष्ण और राधा की कथा सुना रहे थे, और वाद्यों के सामने रंगी हाथ-पैर ज़ोर-ज़ोर-से हिलाकर नृत्य कर रही थी। इन सब कमियों के बावजूद गंध और गायन के प्रभाव से मुझे नशा-सा आने लगा, उत्तेजना भी हुई, कि मैं कुछ समय के लिए अपनी समस्याओं को भूल गया। वासु का विचार अब मुझे व्यर्थ-सा लग रहा था। मेरी कार्य योजनाओं में उसके लिए कोई स्थान नहीं होना चाहिए, मैंने जिन लोगों को जीवन में कभी नहीं देखा था, वे ही मेरे सामने, पीछे, दायें, बाँयें मुझसे सटे हुए चल रहे थे। मैं एक निश्चित परिधि में जीवन व्यतीत कर रहा था और मुझे नहीं पता था कि दुनिया में इतने ज़्यादा तरह-तरह के लोग हैं: दाढ़ीवाले, हजामत किये हुए, गंदे-संदे कपड़े पहने, एकदम चाक़-चौकबंद: स्त्रियाँ लंबी, आकर्षक, टब की तरह फैली और विशाल, बदशक्ल; बच्चे हज़ारों की संख्या में, अधनंगे, साफ़-सुथरे कपड़े पहने, उलझे बालों वाले, बड़ों की टाँगों के बीच से निकलते भागते, ख़ुशी से चीखते-चिल्लाते और भगवान के लिए रखे फलों में से एकाध निकाल लाने को तैयार।

पाँच-छह लोग दल बनाकर यही काम करने में लगे थे कि बच्चों को मंदिर के मुख्य हॉल में हर चीज़ से दूर रखा जाए और बार-बार उन्हें बाहर भगाते रहा जाए और हॉल ही नहीं, बरामदों सें में भी घुसने न दिया जाए। इसी तरह पाँच-छह और लोगों ने अध्यक्ष के भाषण और अन्य कार्यक्रमों के समय उन्हें प्रांगण से दूर रखा। वे बच्चों को बाहर भगाते लेकिन बच्चे दूसरे ही क्षण किलकारियाँ मारते फिर वहीं घुस आते, और घुसने-भगाने का यह खेल बंद नहीं होता था।

इस सब गहमागहमी के बीच संगीत चलता रहता था। मैं भी हर विचार और भावना से मुक्त होकर कुछ समय के लिए मन की शांति प्राप्त कर चुका था।

देवता की मूर्ति, संगीत के स्वर, मजीरों की लय और कपूर तथा अगरबत्ती और चमेली की गंध ने मेरे भीतर दुनिया से अलगाव का भाव उत्पन्न कर दिया था। हाथी ? हाथी को कौन मार सकता है ? मुझे पुराणों की वह कथा याद आई, जिसमें गजेंद्र नामक हाथी झील में नहाने जाता है, वहाँ एक अपार शक्तिशाली मगरमच्छ उसका पैर पकड़ लेता है जिससे, तमाम कोशिश करने के बाद भी वह अपना पैर नहीं छुड़ा पाता, और अंत में एकदम लाचार होकर वह भगवान विष्णु का स्मरण करता है, जो तुरंत प्रकट होकर उसे मगरमच्छ के मुँह से अपना पैर छुड़ाने को महान शक्ति प्रदान कर देते हैं। इस कहानी के माध्यम से हमारे पुरखों ने हमें बताया है, मैंने स्वयं से कहा 'कि हमारी संस्कृति में हाथी सुरक्षित प्राणी है और उसे कोई मार नहीं सकता।' यह सोचकर मेरा मन हल्का हो गया। जब आवश्यकता होगी, हाथी को आवश्यक शक्ति प्राप्त हो जायेगी। पुजारी सुनहरी मूर्तियों के चारों ओर कपूर की थाली घुमा रहा था और लोगों के चेहरों पर उसकी रोशनी इस तरह पड़ रही थी मानो वह जीवित शक्ति हों। कृष्ण भी भगवान विष्णु के वास्तविक अवतार थे, जिन्होंने गजेंद्र की रक्षा की थी, वे इस समय भी आवश्यकता पड़ते ही कुमार की रक्षा के लिए प्रकट हो जायेंगे, जिसकी ओर से मैं...

अचानक मेरे मुँह से एक भयंकर चीख़ निकली, जो चारों तरफ़ होते शोर-शराबे, संगीत और बच्चों की हलचल, इन सबसे ऊपर वातावरण में गूँज गई। मैं कह रहा था, 'हे विष्णु भगवान, हमारे हाथी को बचाओ और इन सब हज़ारों स्त्री-पुरुष-बच्चों को बचाओ, जो आज रथ खींचेंगे। हमारी रक्षा के लिए तुरंत प्रकट हो जाइये!' मेरे बिल्कुल अनजाने मेरी यह आवाज़ हॉल के बाहर और भीतर फैले सारे जनसमूह में फैल गई और उसे सुनते ही सब लोग एकदम स्तब्ध हो गए और सारी कार्यवाही भी रुक गई। अध्यक्ष का जो भाषण लाउडस्पीकर से बड़ी आवाज़ में तब्दील होकर लोगों के कानों में पड़ रहा था, वह भी एकदम रुक गया। रंगी तेज़ी से नाचते-नाचते अचानक जड़ होकर खड़ी हो गई। लोग मेरी तरफ़ दौड़ने लगे और

मैं चारों तरफ़ से घिर गया। भीड़ के कारण मेरी साँस रुकने लगी और मैं बेहोश होने लगा।

'इस तरह आप चिल्लाए? चेयरमैन के भाषण के बीच...,' यह सेन की आवाज़ थी जिसके लिए चेयरमैन का भाषण ही सबसे महत्त्वपूर्ण था। वह क्रोध से पागल हुआ जा रहा था। मैंने किसी को यह कहते हुए सुना, 'इनमें देवता आ गया है। इनकी बातें सुनो।' मेरी चीख़ के कारण मेरे सभी मित्र, जिनसे मैं बात करना चाहता था, मेरे चारों ओर इकट्ठे हो गए थे। चाय की दुकान वाला बड़ी चिंता से पूछ रहा था, 'आप ठीक तो हैं?' मैं ठीक ही महसूस कर रहा था, हालांकि यह देखकर कि इतने सारे लोग मुझे घेरे खड़े हैं, अपनी बेवक़ूफ़ी से परेशान भी हो रहा था। 'आप इतनी देर तक कहाँ थे? मैं तो आपको ढूँढ रहा था।' अब अपने ऊपर से मेरा अधिकार समाप्त हो गया था। कई लोग मुझे बरामदे से उठाकर खुले आसमान में ले आए और मेरे मुँह पर हवा करने लगे। पशुओं के डॉक्टर ने मेरी नब्ज़ की जाँच की और एक इंजेक्शन बाँह में लगा दिया। कवि ने अपनी गोद में मेरा सिर रख लिया। मैंने कहा, 'डॉक्टर साहब, मुझे हाथी के हिसाब से दवा की डोज़ मत देना। आपने आदमियों का इलाज नहीं किया है।' मेरे इर्द-गिर्द ज़बरदस्त भीड़ इकट्ठी हो गई थी। दायें-बायें, आगे, पीछे, सब तरफ़ लोग-ही-लोग थे। तरह-तरह की बातें करते, आहें भरते, सहानुभूति प्रदर्शित करते लोग-ही-लोग। एक-एक इंच उन्हीं से भरा था। अचानक पत्रकार चिल्लाते हुए भीड़ पर झपटा, 'अगर आप जगह ख़ाली नहीं करेंगे तो हवा के बिना ये मर जाएँगे।' यह सुनते ही लोग हटने लगे। चेयरमैन का भाषण अधूरा रह जाने के कारण पत्रकार का तनाव और ज़्यादा बढ़ गया था।

चेयरमैन साहब भी पूरी शान-बान के साथ मेरे पास आए। मेरे ऊपर झुककर पूछा, 'अब कैसा लगा रहा है?'

'मैं बिल्कुल ठीक हूँ, मुझे कुछ नहीं हुआ है। आप मंच पर जाकर अपना भाषण समाप्त करें। यह किसी भी कारण रुकना नहीं चाहिए।'

उन्हें यह देखकर खुशी हुई कि मैं उनके भाषण को इतना महत्त्वपूर्ण समझता हूँ। वह बच्चे की तरह चहचहाने लगे। असल में उनकी शहर में मिठाई की दुकान थी और काफ़ी परिश्रम के बाद वे इस महत्त्वपूर्ण पद पर पहुँचे थे। दुकान पर उन्होंने नौकर की हैसियत से काम शुरू किया था और बाद में उसके मालिक बन बैठे थे। कांग्रेस पार्टी के सदस्य होने के कारण वे हमेशा सफ़ेद गांधी टोपी पहने रहते थे—लोगों का कहना था कि सपने में भी पहने रहते हैं—और उनके लाल फूले गाल हर समय दमकते रहते थे—शायद इस कारण कि वे अपनी ही मिठाइयाँ खूब खाते होंगे। उनका चेहरा अपने इतने समीप देखकर मेरा आत्मविश्वास जागा और मैंने उनसे कहा, 'आप हाथी को ज़रूर बचा लें।'

'कौन-सा हाथी?' जैसे उन्होंने चौंक कर पूछा। मैंने उन्हें कुमार के बारे में बताया। फिर कवि की गोद से अपना सिर हटाकर उससे कहा, 'इन्हें उस जगह ले जाओ जहाँ हाथी बँधा हुआ है।' कवि ने इसके लिए आनाकानी की, मेयर साहब ने भी उत्साह नहीं दिखाया, लेकिन मैं अपनी बात पर अडिग था। भीड़ के बहुत-से लोग मेयर को देख रहे थे, और वे ख़ुद भी मेरे साथ बँधना नहीं चाहते थे, इसलिए वे चल पड़े। कवि को भी मुक्ति पाकर अच्छा लगा। अब मैं बैठ सकता था। मुझे लगा कि मैं लोगों के आकर्षण का केंद्र बन गया हूँ। वे, जो भी मैं कहता, करने को तैयार थे। मुझे अच्छा लग रहा था। इसी समय मेरी पत्नी बेटे को साथ लिये वहाँ पहुँच गई। दोनों मुझे देखते ही रोते हुए मेरी तरफ़ दौड़े। मुझे ऐसी नाटकबाज़ी पसंद नहीं थी, इसलिए मैंने कहा, 'तुम इतने परेशान क्यों हो रहे हो? मुझे भीतर ज़रा घुटन-सी महसूस हुई, इसलिए यहाँ आकर बैठ गया।'

बेटे ने फौरन कहा, 'आप तो अंकल की गोद में चित पड़े थे!'

'वह तो इसलिए क्योंकि लोग मुझे उठने ही नहीं दे रहे थे।' मेरी बीवी ने और भी ज़ोर से रोना और सुबकना शुरू कर दिया। मैंने कहा, 'अब यह सब बंद करो। चुप हो जाओ। लोग हमारे ऊपर हँसेंगे और कहेंगे कि इन्होंने हमारा दिन बर्बाद का दिया। जाओ, तुम लोग भी जलसे में शामिल हो जाओ।'

यह कहकर मैं भी अपने पैरों पर उठ खड़ा हुआ और भीड़ से निकल आया, जिससे वे सब लोग सामान्य हो जायें। मैं खुद को बेबक़ूफ़ महसूस करने लगा था कि इतने लोगों का ध्यान बिलावजह अपना तरफ़ खींच लिया। मैं मंदिर के एक पीछे के दरवाज़े से निकलकर गलियों में होता हुआ अपने घर चला आया। पत्नी और बेटा साथ आए। मुझे यह सोचकर बुरा लगा कि ये लोग जलसे और जुलूस में भाग लेने गए थे और मैंने इनका मज़ा खराब कर दिया। बेटा तो खुलकर कहने लगा, 'हम इतनी जल्दी घर क्यों चल रहे हैं? मैं तो यहीं रुककर तमाशा देखना चाहता हूँ।' लौटते वक़्त मैंने देखा कि स्कूल के मास्टर साहब जलसे में जा रहे हैं, तो बेटे को इस हिदायत के साथ कर दिया कि इसे जुलूस में न जाने दें, क्योंकि इसे घर आकर खाना खाना है।

मास्टर ने कहा, 'मैं इसे वापस पहुँचा जाऊँगा।'

हमें वापस आए देर नहीं हुई थी कि तुरही की आवाज़ फिर से शुरू हो गई और भीड़ में शोर-शराबे के साथ लाउडस्पीकर की उठती-गिरती आवाज़ें भी आने लगीं। मुझे यह सोचकर खुशी हुई कि मंदिर का समारोह फिर उसी तरह शुरू हो गया है।

10

घर आकर मेरी बीवी ने एक चटाई बिछाकर उसपर मुलायम-सा तकिया रखा और मेरे बार-बार यह कहने के बाद भी कि अब मैं बिल्कुल ठीक हो गया हूँ, मुझे उसपर ज़बरदस्ती लिटा दिया। फिर कॉफ़ी और नाश्ता बनाने रसोईघर में चली गई। उसका भुनभुनाना जारी था, 'न ठीक से खाते हो, न सोते हो, न आराम करते हो। ईश्वर ही जानता है कि तुम इतनी मेहनत क्यों करते हो!' अब मैं उसे रंगी की कहानी कैसे बताता? यह संभव ही नहीं था क्योंकि इससे और भी परेशानियाँ खड़ी हो जातीं। मैं उसे बताना चाहता तो रंगी का नाम हर हालत में लेना पड़ता। तो फिर बीवी मुझसे पूछ सकती थी कि यह रंगी तुम्हें कहाँ और कैसे मिली? और मैं उसे कुछ भी जवाब नहीं दे पाता। इसलिए मैंने परिस्थिति को ज्यों-की-त्यों स्वीकार करके चटाई पर लेट रहने और जो भी सामने आता, उसे खा लेने का निश्चय किया। कार्यक्रम में किसी को मेरी कमी खलने वाली नहीं थी और बिना कोई रद्दोबदल किये उसे चलाया जा सकता था। सारा कार्यक्रम इस तरह बनाया गया था कि उसमें कुछ भी छोड़ देना संभव नहीं था। अब सबसे बड़ी परेशानी भी यही थी: न तो वासु और न मंदिर के कार्यकर्ता, कोई भी अपना कार्यक्रम ज़रा-सा भी बदलने को तैयार नहीं थे। सब एक ऐसी पूर्वनिश्चित परिधि में चल रहे थे, जिसमें कुछ और करने की गुँजाइश नहीं थी।

पत्नी का दिया नाश्ता खा-पीकर मुझे नींद आने लगी। मेरी समस्या इन दिनों यही थी कि न मैं ढंग से खा पाता था और न सो पाता था, और अब मुझे ये दोनों मिल रहे थे और इनसे मुझे लाभ भी हो रहा था। आँखें बंद करते ही मैंने कल्पनाओं और विचारों में उड़ना शुरू कर दिया। बीवी पास बैठी पंखा झल रही थी। वह मेरे लिए बहुत चिंतित हो उठी थी। उसने मेरी स्थिति के बारे में क्या सुना था, यह मुझे पता नहीं था। मुझे ख़ुद यह पता नहीं था कि हाथी के बारे में जब मैं चिल्लाने लगा, उस मेरी मन:स्थिति क्या थी। उसने उस दिन सूर्य की किरणों के अनुसार रंग बदलने वाली सिल्क की साड़ी पहनी थी, जो अति विशेष अवसरों पर ही पहनने के लिए रखी रहती थी, जिससे उत्सव के प्रति उसकी भावना का पता चलता था। इसलिए मुझे यह देखकर दुख हुआ कि वह इससे वंचित रही है। मैंने

उससे ज़ोर देकर कहा, 'तुम जाकर जलसे में भाग लो। मेरी चिंता मत करो। मैं अपनी देखभाल कर लूँगा।'

लेकिन उसने मेरे सुझाव की उपेक्षा करते हुए हँसकर कहा, 'मैं तो तुम्हारे ही कारण उसमें गई थी।' यह सुनकर मुझे अच्छा लगा। वह बोली, 'मुझे ऐसी भीड़-भाड़ अच्छी भी नहीं लगती। बाबू को भी बहुत उत्साह था और उसने गुल्लक से सारे पैसे निकालकर मिठाइयाँ और खिलौने ख़रीद लिये।'

'अच्छा, तो मुझे उसके साथ रहना चाहिए। मैं उसे ज़्यादा घुमा-फिरा सकूँगा,' मैंने दुखी होकर कहा।

'आप इस भीड़ से दूर रहेंगे तो हम सब पर बड़ी कृपा होगी। अब ज़रा सो जाइये।'

मैंने इसका विरोध किया, कहा, 'मुझसे बच्चे की तरह व्यवहार क्यों कर रही हो? लेकिन उसने जवाब नहीं दिया और मुझे नींद आने लगी। मैं तब तक सोता रहा, जब तक रूई की जिन मुलायम दीवारों से घिरा मैं आराम से सो रहा था, उनपर हल्की-हल्की हथौड़ों की चोटें नहीं पड़ने लगीं। जब ये चोटें रुकीं, कुछ आवाज़ें सुनाई दीं, फिर मेरी पत्नी मेरे ऊपर खड़ी दिखाई दी। डाइनिंग हॉल की छत की एक खिड़की से शाम के सूरज की किरणें नीचे आ रही थीं, जिनमें धूल के चमकते हुए कण नाचते लग रहे थे। जब हम छोटे थे, तब यहाँ एक लाल रंग का शीशा लगा था, जिसमें से होकर आने वाली किरणें रक्त की तरह लाल हो जाती थी, जो मुझे अच्छी नहीं लगती थीं। फिर भाग्यवश यह शीशा उस समय टूट गया था जब बाहर से गली के एक लड़के ने पास ही लगे आम के पेड़ से आम तोड़ने के लिए कसकर एक पत्थर फेंका था, जो पेड़ में न लगकर शीशे में जा लगा था—और उसके बाद कभी इसमें नया शीशा नहीं लगाया गया।

तभी मेरी बीवी ने कहा, 'कोई मिलने आया है।'

इस वक़्त किसी का मुझसे मिलने आना उसे पसंद नहीं था, जो उसकी आवाज़ से झलक रहा था। उसने बताया, 'उसका नाम मुत्थू है, किसी गाँव से आया लगता है।'

यह सुनते ही मैं उठकर खड़ा हो गया। 'अरे, मुत्थू! मुत्थू! आओ भाई, भीतर आओ।'

हमेशा की तरह उसका छाता उसकी बाँह से लटका था। 'मैं मिलना चाह रहा था इसलिए आ गया। मैंने घर की मालकिन से कहा था कि जब तक आप जाग न जाए, मैं इंतज़ार करूँगा। आप आराम करते रहें। मैं इंतज़ार करूँगा।'

मैंने उसकी बात न मानने का बहुत प्रयत्न किया, लेकिन उसका आग्रह इतना ज़बरदस्त था कि मुझे वापस जाकर चटाई पर फिर लेट जाना पड़ा। वह मेरे साथ-

साथ आया और चटाई के कोने पर बैठ गया। अपने पैरों के पास छाता बड़ी सावधानी से रख लिया और चारों तरफ़ सिर घुमाकर देखने लगा। फिर आश्चर्य करते हुए बड़े ज़ोर-से कहने लगा, 'आप कितने बड़े मकान में रहते हैं! इस पूरे मकान में ख़ुद ही रहते हैं या इसका कुछ हिस्सा किराये पर उठा रखा है?'

मैं तकिये पर लेटा-लेटा ही इसका प्रतिवाद करने लगा: 'मैंने ज़िंदगी में कभी यह इच्छा नहीं की कि किराया वसूल करने वाला बनूँ। हमने हमेशा मेहमान रखे हैं, किरायेदार कभी नहीं रखे।' इस वाक्य में मैंने वह सारा ज़हर भरने की कोशिश की जो वासु के मेरे कमरे पर अधिकार कर लेने से मेरे मन में पैदा हो गया था।

मुत्थू बोला, 'यह तो स्थितियों पर निर्भर करता है। जिस जगह की आपको ज़रूरत नहीं, उसे किराये पर उठाकर कुछ पैसा कमा लेने में कोई नुकसान नहीं है।'

मैंने कहा, 'मेरी पत्नी मुझे इसकी कभी भी इजाज़त नहीं देगी–मैं चाहूँ तो भी नहीं।'

उसने कहा, 'इस स्थिति में आप सचमुच कुछ नहीं कर सकते। पत्नी की बात मानना ही सबसे अच्छा होता है–आज नहीं तो कल, हरेक को उसकी बात माननी ही पड़ती है–वह चाहे जितना कठोर क्यों न हो। मेरे चाचा, जो चालीस साल तक चाची पर अपना हुक्म चलाते रहे, साठ साल के होते ही उनके ग़ुलाम हो गए। साठ से पहले वे जो भी चाहे कर लें, बाद में नहीं कर पाते। दरअसल वह मनोरंजक बातें करके मुझे ख़ुश करने की कोशिश कर रहा था। उसका असली उद्देश्य यह था कि मैं जलसे और जुलूस पर ज़्यादा सोच-विचार न करूँ। वह हँस-हँसकर कहने लगा, 'इसके बाद तो हर पति उसी के इशारों पर काम करने लगता है, उठता भी है और उसके कहते ही बैठ जाता है।' साठ की उम्र के बाद पति के पत्नी की आज्ञाओं का पालन करने की तस्वीर की कल्पना कर मुझे भी हँसी आ गई, और मैंने ज़ोर से आवाज़ लगाई, 'मेरे मित्र के लिए कॉफ़ी लाओ–जिसके तुरंत बाद मुत्थू ने भी उसी स्वर में कहा, 'बड़ी बहिन जी, मुझे कॉफ़ी नहीं चाहिए, आप ज़रा भी तकलीफ़ न करें।'

'इनकी बात सुनने की ज़रूरत नहीं, अगर अभी तक न बनाई हो, तो अब बना लेना,' मैंने फिर कहा, जिसके उत्तर में उसने फिर उसी तरह ज़ोर-से कहा, 'बड़ी बहिन जी, आप तकलीफ़ कर ही रही हैं, तो मुझे एक गिलास पानी ला दीजिए, सिर्फ़ एक गिलास पानी।'

'मैं तुम्हें यहाँ कुछ खिला-पिला नहीं सकता,' मैंने कहा।

'ठीक है, ठीक है। मुझे कोई ज़रूरत भी नहीं है। मैं पहले ही बता चुका हूँ कि मैं घर से बाहर कुछ नहीं खाता।'

'फिर भी तुम गाँव में सबको चाय पिलाते हो,' मैंने मज़ाक़ किया।

'मैं किसी पर ज़बरदस्ती नहीं करता,' उसने जवाब दिया।

तभी दरवाज़े की कुंडी फिर खड़की और मेरी बीवी ने दौड़कर उसे खोला, तो सेन उसके पीछे-पीछे आया। मैंने पत्नी को आवाज़ दी, 'एक कप कॉफ़ी और...,' वह रसोई घर में पहुँच चुकी थी। 'तुम्हें यहाँ हँसते देखकर अच्छा लग रहा है,' सेन ने घुसते ही कहा, 'बाधा के बावजूद चेयरमैन का भाषण बहुत शानदार रहा। अरे, तुमने जो चीख़ मारी थी, वह तो आसमान में भगवान तक पहुँच गई होगी।'

'अब इसकी बात क्यों करना?' मुत्थू बोला।

'क्यों नहीं करना?' सेन ने बिल्कुल ज़ोर देकर कहा। 'इनकी चीख़ सही थी। इन्होंने बिल्कुल ठीक किया। अगर किसी को कोई खुशी हो, तो चीख़ मारकर उसे जाहिर करने का अधिकार उसे क्यों नहीं है? सरकार के रोज़ नए-नए बनने वाले बेवक़ूफ़ी के क़ायदे-क़ानूनों के बाबजूद हमारा एक स्वतंत्र देश है!'

जब तक मेरी बीवी की दो कप कॉफ़ी तैयार हुई, दरवाज़े पर एक तीसरी आवाज़ हुई, फिर उसके क्षण भर बाद एक और, और गुलाबी कोट पहने कवि के साथ पशुओं के डॉक्टर जोशी नमूदार हुए। अब मेरी चटाई पर पूरी सभा जुड़ गई थी। बीवी को फिर दौड़कर कॉफ़ी बनानी पड़ी। वह बड़ी खुशी से यह काम कर रही थी, उसे अच्छा लग रहा था कि मैं सामान्य हो रहा हूँ। पशुओं के डॉक्टर ने मेरी नब्ज़ की जाँच की और हँसते हुए घोषणा की, 'अब आप एकदम फ़िट हैं। उस वक़्त शायद थकान की वजह से हल्का-सा दौरा पड़ गया होगा।'

'हाँ, मैं एकदम दुरुस्त महसूस कर रहा हूँ,' मैंने कहा, हालांकि यह ख़्याल मुझे बराबर परेशान कर रहा था कि पशुओं के डॉक्टर को मनुष्यों की बीमारियों में दख़ल देना चाहिए या नहीं।

'आपने अक्सर देखा होगा कि कुत्ता अचानक भौंकने लगता है और हाथी भी बिना कारण सूँड उठाकर आवाज़ मार देता है। सब प्राणी इसी प्रकार व्यवहार करते हैं, उनका शरीर-यंत्र एक जैसा है। हमारे संस्थान में तुलनात्मक शरीर-व्यवस्था और मनोविज्ञान का छह महीने का एक कोर्स पढ़ाया जाता है। बस, मनुष्य और पशुओं के प्रेरक कारणों और दवा के अनुपात भिन्न होते हैं।'

हमारी बातचीत के बीच दीवार पर खिड़की से पड़ती रोशनी की किरणें ग़ायब होने लगी थीं और बाहर आँगन में धुँधलका छाने लगा था। हमें यह अच्छा नहीं लग रहा था कि जिस कार्यक्रम के लिए हमने कई हफ़्ते तक ज़बर्दस्त मेहनत की थी, उसी अवसर पर हम मंदिर की गहमा-गहमी में शामिल होने के बजाय घर में इस चटाई पर बैठे बातचीत कर रहे थे। मैंने जिस तरह के आयोजन की कल्पना की थी, उसके स्थान पर अब यह क्या हो रहा था!

पत्रकार ने कहा, 'इस समय कुछ विशेष आयोजन नहीं है। यह एक तरह का

इंटरवल है। मुख्य पूजा हो चुकी है, कविता पढ़ी जा चुकी है और पुस्तक का समर्पण भी कर दिया गया है।'

'लेकिन मैं इसमें शामिल नहीं हो पाया,' मैंने दुख प्रकट करते हुए कहा।

कवि बोला, 'आपने ज़्यादा मिस नहीं किया। मैं बड़ा नर्वस हो रहा था और मेरा ख़्याल है, किसी को कुछ समझ भी नहीं आया।'

लेकिन पत्रकार ने उत्साह बढ़ाते हुए कहा, 'नहीं, बहुत अच्छा कार्यक्रम रहा। उसके बाद कई लोग मेरे पास आए और पूछा कि पुस्तक कहाँ मिलेगी।'

'ये लोग मुफ़्त में चाहते होंगे।'

'मुफ़्त हो या पैसे देकर, जब तक मैं छापने लायक नहीं हो जाता, दुनिया को इंतज़ार करना पड़ेगा,' मैंने कहा।

मुत्थू ने कहा, 'एक किताब मुझे भी देना।'

मैंने कहा, 'ठीक है', हालांकि मुझे संदेह था कि वह पढ़ना जानता है या नहीं।

कवि शांत प्रकृति का और ज़्यादातर चुप रहने वाला व्यक्ति था, इसलिए ज़रा-सा मुँह बिचकाकर रह गया। पत्रकार ने उसपर पूरा कब्ज़ा जमा लिया था। वह बोला, 'हाँ, मैं कल ही सबसे पहले पुस्तक की 30 प्रतियाँ विभिन्न पत्र-पत्रिकाओं को समीक्षा के लिए भेज रहा हूँ, और एक प्रति विशेष रूप से साहित्य अकादमी, दिल्ली, जायेगी। ये लोग हर ऐरे-ग़ैरे-नत्थू ख़ैरे को पुरस्कार देकर पैसा बर्बाद कर रहे हैं। उन्हें पहली दफ़ा पता चलेगा कि असली साहित्य क्या होता है। हमारी सरकार के पास धन की कमी नहीं है, लेकिन वे यह नहीं जानते कि उसका सही उपयोग कैसे करना चाहिए, यही उनकी असली समस्या है। मैं उनको यह बताऊँगा कि कैसे क्या करना चाहिए। मैंने अध्यक्ष के भाषण में यह बात बड़े सख़्त शब्दों में रख दी थी और कांग्रेसी होते हुए भी उन्होंने, जैसे मैंने लिखा था, वैसे ही पढ़ दिया।' अपनी इस चतुराई को बताकर वह हँसा।

रात होने लगी। बत्तियाँ जल गईं। मेरी बीवी ने रसोई में काम करना शुरू कर दिया। मुझे उसके बर्तनों के खड़कने की आवाज़ें आने लगीं। मेरे मन में भी अब एक-एक कर के मेरी ज़िम्मेदारियाँ आने लगीं। 'फूलों की सप्लाई ठीक हो गई थी? क्या...,' मैं बहुत-सी बातें पूछने लगा, और उन सबने मुझे विश्वास दिलाथा कि सब कुछ ठीक हुआ और ठीक चल रहा है। इसके बाद फिर उन सभी ने मुझसे पूछना शुरू किया कि मुझे हुआ क्या था? मुझे उन्हें वासु की योजना के बारे में बताना पड़ा। यह सुनकर वे उत्तेजित हो उठे।

'यह हमारी योजनाओं में दख़ल देने वाला कौन होता है? हम पुलिस लेकर उसकी बंदूक़ पर कब्ज़ा कर लेंगे। उसे शहर से बाहर निकाल देंगे।'

'ज़रूरत पड़ी तो मैं हथौड़े लेकर उसपर सवार हो जाऊँगा।'

मैंने सुझाव दिया, 'जुलूस का रास्ता ही क्यों न बदल दिया जाये?'

'क्यों करें यह? इस आदमी के कारण ऐसा कुछ नहीं किया जायेगा। हम उसी की गर्दन मरोड़कर दूसरी तरफ़ कर देंगे।'

'रास्ता बदलना संभव नहीं है। इसी रास्ते के लिए लाइसेंस लिया गया है। अब यह कुछ नहीं किया जा सकता।'

'तो जुलूस का प्रोग्राम ही क्यों न रद्द कर दिया जाए?'

'यानी उस मूर्ख के कारण हज़ारों लोगों को निराश होना पड़ेगा?'

'कभी नहीं। हम उससे निबट लेंगे। अब तक बहुत सह लिया है।'

'तो हाथी के बिना जुलूस निकाल लें?'

'असंभव! हाथी के बिना भी कोई जुलूस होता है? मालूम है, हाथी पर हमने कितना ख़र्च किया है?'

'मैं ख़ुद कुमार के साथ रहूँगा और देखूँगा कि कैसे क्या होता है। हमारा हाथी शहर के हर आदमी से ज़्यादा समझदार और ताक़तवर है।'

'नहीं, कुछ भी नहीं बदला जायेगा,' सेन ने कहा और सबने उसका समर्थन किया। सबने शपथ ली और कहा, 'जुलूस निश्चित मार्ग से ही निकलेगा, बिल्कुल कुछ नहीं बदला जायेगा। हम देख लेंगे, कोई क्या करता है!'

मुत्थू इस चर्चा से बेहद परेशान हो उठा था। उसने धीमे स्वर में कहा, 'मुझे पता है, कुछ ऐसी बात चल रही थी। इसकी शुरुआत काफ़ी दिन पहले हुई थी। याद है उस दर्ज़ी की? वह वासु का दोस्त है और अपने को हाथी का आधा मालिक समझता है। सुना है कि वासु ने उसे पैसा दिया है और उसने वासु को लिखकर दिया है कि हाथी में दोनों का हिस्सा रहेगा। मैंने अफ़वाह भी सुनी कि वासु ने उस समय हाथी को ज़हर देने की कोशिश की थी।'

'हाँ,' डॉक्टर बोला, 'मुझे भी कुछ यही संदेह हुआ था।'

इसके बाद वे सब ग़ुस्से में भुनभुनाते, यह कहते निकल गए कि सब मिलकर वासु का सामना करेंगे। मैं उन्हें रोक नहीं सका।

उनका निश्चय दृढ़ था। अपनी संख्या के कारण भी उन्हें बल प्राप्त हो रहा था। सबसे पहले पत्रकार के नेतृत्व में वे ज़िला पुलिस सुपरिंटेंडेंट से मिलने उसके घर लॉली एक्सटेंशन गए, और इस काम के लिए फ़व्वारे से ग़फ़ूर की टैक्सी ली। वहाँ पहुँचकर उन्हें पता चला कि वह लंबे सफ़र से अभी वापस लौटा है और टेरेस पर आरामकुर्सी पर बैठा अख़बार पढ़ रहा है। सेन उसका मित्र था, वह सीधा टेरेस पर चला गया और बात करने लगा।

शिकायत सुनने के बाद उसने पूछा, 'आप यह कैसे जानते हैं कि वह जुलूस में उपद्रव करना चाहता है! आप यह कैसे जानते हैं कि जिस तरह आप बता रहे हैं,

उस तरह वह अपनी बंदूक़ का उपयोग करना चाहता है? उसके पास बंदूक़ का लाइसेंस होगा, है न?'

'क्या इसका मतलब यह है कि लाइसेंसी बंदूक़ का कोई जैसे मर्ज़ी हो, इस्तेमाल कर सकता है? यह तो बढ़िया क़ानून है!'

सुपरिटेंडेंट क़ानून की यह व्याख्या सुनकर नाराज़ हो गया। बोला, 'यह कई बातों पर निर्भर है। हम किसी की लाइसेंसी बंदूक इस आधार पर नहीं छीन सकते कि कोई उसके बारे में कुछ सोच रहा है।'

'यानी आप दुर्घटना होने तक इंतज़ार करेंगे?'

'हम तब तक कार्यवाही नहीं कर सकते जब तक दुर्घटना होने का ठोस सबूत न हो।'

'क्या आप जनता के जान-माल के लिए संभव ख़तरे के बारे में कुछ भी नहीं कर सकते?'

'यह काम मजिस्ट्रेट ही कर सकता है, और बिना ठोस सबूत वह भी कुछ नहीं कर सकता।'

सुपरिंटेंडेंट लफ़्फ़ाज़ी में कुशल और तकनीकी कमज़ोरियों का जानकार पुलिस अफ़सर था। उसने वासु के कमरे पर जाने से तो इन्कार कर दिया, लेकिन शहर के इंस्पेक्टर को फ़ोन करके पूछा, 'आज शाम के जुलूस का सारा इंतज़ाम कर दिया है? भीड़ को संभालने के लिए काफ़ी आदमी तैनात कर देना। कहीं से किसी क़िस्म की कोई शिकायत नहीं आनी चाहिए। यहाँ कुछ लोग मुझसे मिलने आए हैं, जिन्हें शांति भंग होने की आशंका हैं। आप उनके साथ जाइए और उस आदमी को सँभालिए जो शांति भंग करने की धमकी दे रहा है। पाँच मिनट में फ़व्वारे के पास उनसे मिलिए।'

जब ये लोग फ़व्वारे पर पहुँचे, एक वर्दीधारी पुलिस अफ़सर उनका इंतज़ार कर रहा था। ये सब टैक्सी से कूदकर उतरे और अफ़सर को घेरकर उसे सब बातें बताईं। यह एक लंबा और दुबला-सा आदमी था, जिसकी वर्दी पर तरह-तरह की पेटियाँ बँधी हुई थीं, चेहरा बहुत गंभीर था और माथे पर कई लाइनें पड़ी हुई थीं। उस पर एक नज़र डालते ही इन्हें भरोसा हो गया कि यह बिल्कुल सही आदमी है, चाक़-चौबंद और शक्ल-सूरत से कड़क सख़्त, जिसके सामने किसी की बेवक़ूफ़ी नहीं चल सकेगी।

लेकिन उसने भी वह बात कही जो सुपरिटेंडेंट ने कही थी, 'अगर उसके पास बंदूक का लाइसेंस है तो वह उसे कहीं भी ले जा सकता है। हम उसे रोक नहीं सकते।'

'ऐसा वह क्यों करेगा? आपकी इस बात का आधार क्या है?' वे इस प्रश्न का

संतोष जनक उत्तर नहीं दे सके, फिर भी उसने कहा, 'कोई बात नहीं। हम देखते हैं, क्या किया जा सकता है।'

इंस्पेक्टर नीचे खड़ा रहा, और पत्रकार को आगे करके, उसके पीछे पशुओं का डॉक्टर, और सबसे पीछे कवि, लाइन बनाकर ऊपर गए और वासु का दरवाज़ा खटखटाया। उन्हें इस बात से बहुत साहस मिल रहा था कि एक जीता-जागता असली पुलिस इंस्पेक्टर नीचे खड़ा है और ज़रूरत पड़ते ही ऊपर आ जायेगा। दरवाज़ा खुला और काले बालों से भरा वासु का चेहरा बाहर निकला। 'आप लोग मुझसे इसी समय मिलना चाहते हैं?'

'हाँ,' पत्रकार ने जवाब दिया। 'ज़रूरी काम है।'

वासु ने भौंहें ऊपर कीं और कहा, 'ज़रूरी? आप सब मिलने आए हैं।' फिर गिनना शुरू किया, 'एक, दो, तीन, चार-सब। लेकिन मैं इस वक़्त किसी से नहीं मिलूँगा। कल कोशिश कीजिएगा।' यह कहकर वह पीछे घूमा और दरवाज़ा बंद करने की कोशिश की, लेकिन दरवाज़ा बाहर की तरफ़ खुलता था, इसलिए पत्रकार ने उसकी कड़ी पकड़ ली और अपनी तरफ़ खींचा। वासु ने इसपर मुँह बिचकाया और बोला, 'जानते हो, मैं तुम चारों को एक साथ पकड़कर नीचे फेंक सकता हूँ? जब मैंने एक दफ़ा कह दिया कि मैं बात नहीं करूँगा, तो यह ज़ोर-जबरदस्ती क्यों? अच्छा... मैं आप सबको एक-एक मिनट देता हूँ। बताइये, क्या कहना है?' वह दरवाज़े पर अड़कर खड़ा हो गया क्योंकि किसी को भीतर नहीं आने देना चाहता था।

पत्रकार ने घुसते ही कहा, 'हमें ख़बर मिली है कि जुलूस जब यहाँ से गुज़रेगा, उसपर कुछ हमला किया जायेगा।'

'आप यह जानते हैं, तो जुलूस को किसी और रास्ते से क्यों नहीं ले जाते?'

'इससे आपको कुछ लेना-देना नहीं है। हम कोई उपद्रव बर्दाश्त नहीं करेंगे।'

'यह तो बड़ी हिम्मत की बात है। मैं आपका समर्थन करता हूँ। मत बर्द्राश्त कीजिए...।'

'यह हाथी किसी व्यक्ति का नहीं, मंदिर की देवी का है। अगर कोई इसे हानि पहुँचायेगा...,' मुत्थू ने कहना शुरू किया, तो वासु बीच में ही बोला, 'तुम अपनी चाय की दुकान सँभालो और मक्खियाँ उड़ाओ, ये बातें दूसरों के लिए छोड़ दो। हाथी की बात क्यों कर रहे हो?'

अब पशुओं के डॉक्टर ने दख़ल दिया, 'हमें पता है कि तुम उसके लिए क्या करना चाहते हो और हम ऐसा कुछ भी बर्दाश्त करने को तैयार नहीं हैं। मैंने हाथी का इलाज किया है और उसके बारे में सब कुछ जानता हूँ। वह बिल्कुल स्वस्थ है, उसे कोई तकलीफ़ नहीं है।'

'तो फिर?' वासु ने सवाल किया।

'फिर यह कि अगर कोई उसे पागल करना चाहेगा तो उसे सफलता नहीं मिलेगी।'

'डॉक्टर, तुम्हारे पास अमेरिकी डिग्री भले ही हो, लेकिन तुम जानवरों के बारे में कुछ नहीं जानते। अमेरिका में हाथी होते हैं? आपको सरकारी नौकरी मिल गई है, अब आराम से तीस दिन गिनिये और तनख़्वाह लेकर आराम कीजिए। इन पचड़ों में क्यों पड़ते हैं? और कविजी, आप चुप क्यों हैं, आप भी एक-एक अक्षर में कुछ फ़रमाइए। ख़ुद अपनी लड़ाई लड़िये, दूसरों से क्यों लड़वा रहे हैं? आपकी कविता जब छप जाए तो मुझे भी एक कापी भिजवाइयेगा। बस, अब काफ़ी बातें हो गई, अब आप लोग रुख़सत होइए।'

पत्रकार ने चेतावनी दी, 'हम आपकी की वजह से चिंचित नहीं हैं। हम यहाँ से जा रहे हैं। बस, आप जुलूस को बख़्शिये। यह पवित्र अवसर है। लोग अपने ईश्वर के साथ शहर में निकलेंगे...'

'ईश्वर अगर सब जगह है तो जुलूस में उसके साथ जाने की क्या ज़रूरत?'

पत्रकार ने इस बात को अनसुना कर दिया और बोला, 'इसमें हज़ारों स्त्री-पुरुष और बच्चे रथ के साथ निकलेंगे...'

'स्त्रियों और बच्चों में क्या कोई ख़ास बात है? आप तो बहादुरी दिखा रहे हैं, है न? अगर पुरुषों पर कठिनाई आती है तो स्त्रियों और बच्चे उससे कैसे बच सकते हैं? सिर्फ़ स्त्रियों और बच्चों को बचाना क्यों ज़रूरी है? अगर आप सच्चे मायनों में दार्शनिक हैं और पुनर्जन्म में विश्वास रखते हैं, तो परेशान होने की ज़रूरत नहीं है अगर कोई कभी मर जाता है तो दूसरे क्षण वह एकदम नया शरीर लेकर पैदा भी हो जायेगा। ख़ैर, आप जानते हैं कि हमारे देश में इतने ज़्यादा मेले क्यों होते हैं? इसलिए कि आबादी को ज़्यादा न होने दिया जाए। आपने यह देखा भी होगा! कुंभ मेले में हज़ारों-लाखों लोग इकट्ठे होते हैं, लेकिन घर लौटने वालों की संख्या कम होती है—बहुत-से हैज़ा या चेचक से या भीड़ में दबकर मर जाते हैं। हर मेले की भीड़ में मंदिर के रथ लोगों को मारते रहते हैं। कभी इस बात पर ग़ौर किया है कि इनका इस तरह आयोजन क्यों किया जाता है?'

वासु का दार्शनिक भाषण यहाँ ख़त्म हो गया, क्योंकि इसी समय पुलिस इंस्पेक्टर वहाँ आकर खड़ा हो गया। उसने लोगों के हटाया और वासु से पूछने लगा, 'आपके पास बंदूक़ है?'

'दो बंदूक़ें हैं,' उसने उत्तर दिया।

'अपना लाइसेंस दिखायेंगे?'

वासु ने एक अलमारी खोली और उसमें से एक पूरा लिफ़ाफ़ा निकालकर

इंस्पेक्टर के सामने फेंक दिया। इंस्पेक्टर ने काग़ज़ निकालकर देखे और पूछा, 'बंदूक़ें कहाँ हैं?' वासु ने इशारा करके दिखाया, राइफ़ल कुर्सी पर और रिवाल्वर मेज़ पर रखा थे। इंस्पेक्टर ने पास जाकर दोनों का मुआयना किया। फ़िर पूछा, 'ये भरी हुई हैं?'

'हाँ, भरी हुई हैं। ये खिलौने नहीं हैं!'

'गोली-बारुद का हिसाब दिखाइये।'

'उसी लिफ़ाफ़े में है।'

'आख़िरी गोली कब चलाई थी?'

'इंस्पेक्टर, चुप रहो और बाहर जाओ मुझे तुम्हारे सवालों का जवाब नहीं देना है। तुम किस अधिकार से यहाँ आकर सवाल पूछ रहे हो?'

'ज़िला सुपरिटेंडेंट का हुक्म है।'

'अब मेरा हुक्म यह है कि इन सब लोगों को लेकर यहाँ से दफ़ा हो जाओ।'

पत्रकार ने इसका विरोध किया। मुत्थू ग़ुस्से से पागल उछलने-कूदने लगा। वासु बोला, 'इंस्पेक्टर, तुम मेरे घर में अनधिकार प्रवेश के दोषी हो। इसका वारंट कहाँ है? मुझे वारंट दिखाओ। नहीं तो मैं तुम्हारी शिकायत करूँगा और ये लोग मेरे गवाह होंगे। मैं इंस्पेक्टर जनरल और होम मिनिस्टर को तार से सूचित करूँगा। तुम्हारा ख़्याल है कि जिस तरह तुम बैलगाड़ी वालों, राह चलते लोगों और ग़रीबों को परेशान करते हो, उसी तरह मुझे भी कर लोगे। तुम किससे बात कर रहे हो, जानते हो?'

'शांत होइये, शांत होइये। मैं तो आपके मित्र की तरह आया हूँ।'

'बकवास बंद करो। मेरे मित्र हो? मैंने तो तुम्हें कभी नहीं देखा।'

'मैं सिर्फ़ कुछ पूछने आया हूँ, बस!'

'क्या पूछना है? तुरंत पूछो।'

'मैं यह सुझाव देना चाहता हूँ कि आपके हथियार पुलिस स्टेशन में रखे जा सकते हैं। कल आप उन्हें वापस ले लें।'

वासु बोला, 'अच्छा, तो मेरी बंदूक़ अब तक तुम्हारे हाथ में है। जहाँ से उठाई है, वहीं रख दो। इससे खिलवाड़ मत करो।'

'मैं आपको पब्लिक सेफ़्टी ऐक्ट के तहत दुर्व्यवहार के आरोप में रात भर या जब तक चाहूँ, बंद कर सकता हूँ।' यह कहकर उसने जेब से सीटी निकाली और सड़क पर गश्त लगाते सिपाहियों को बुलाने के लिए उसे मुँह की तरफ़ ले गया। उसके बजाने के क्षण ही वासु ने लपक कर सीटी उसके मुँह से छीन ली और उसे फेंक दिया। सीटी हवा में उड़ती हुई ज़मीन पर जहाँ तरह-तरह के मरे हुए पशु-पक्षी रखे थे, उनपर 'टन' की आवाज़ करती जा गिरी। इंस्पेक्टर को ग़ुस्सा हो आया

और उसने वासु को मारने के लिए हाथ उठाया। वासु ने अपना सिर पीछे किया, एक हाथ चेहरे के सामने रखा और दूसरे को हथेली तिरछी करके इंस्पेक्टर की कलाई पर मारी, जिससे वह उखड़ गई। इंस्पेक्टर दर्द से चीख़ा और इस तरह पीछे हटा जैसे आग पर हाथ पड़ गया हो। लेकिन वह दूसरे हाथ में बंदूक पकड़े रहा।

'मैंने तुमसे कहा हैं कि बंदूक़ अपनी जगह पर वापस रख दो। रखते हो या नहीं?'

'तुम मुझे हुक्म दे रहे हो,' इंस्पेक्टर ने कहा। दर्द के कारण उसकी आँखों में आँसू आ गए थे। वासु ने उसे कंधे से थामा और हल्का-सा धक्का देकर चारपाई पर लिटा दिया। 'ज़रा देर आराम कर लो। तुम्हें यह जाने बिना कि कहाँ और क्या कर रहे हो, किसी पर हाथ नहीं डालना चाहिए।' उसने बंदूक छीन ली और वापस कुर्सी पर रख दी। इंस्पेक्टर दर्द से तड़प रहा था। वह कुछ देर तक उसे देखता रहा, फिर बोला, 'तुमने ख़ुद अपने को चोट लगाई है। मैंने कुछ नहीं किया। मैं किसी पर हमला नहीं करता। अगर मैं तुम पर हाथ चलाता–तब क्या होता, यह देखना चाहोगे?' उसने खाट के लोहे पर हाथ मारा, जो एकदम टूट गया। इंस्पेक्टर चुपचाप देखता रहा। पत्रकार ने पूछा, 'तुम जानते हो कि ड्यूटी पर लगे पुलिस अफ़सर पर हमला करने की सज़ा क्या है?'

'तुम जानते हो कि किसी के घर में अनधिकार प्रवेश के परिणाम क्या होते हैं? मेरा वकील इससे निबट लेगा। अब तुम समझे कि मैं किसी पर हमला क्यों नहीं करता? इंस्पेक्टर, तुम्हें इस तरह अपने को चोट नहीं पहुँचानी चाहिए थी।' वह अफ़सर का मज़ाक़ उड़ाने से नहीं चूका।

डॉक्टर इंस्पेक्टर के पास गया और बोला, 'इसकी मरहम-पट्टी तुरंत करनी होगी। हम अस्पताल चलते हैं।' सब चलने को तैयार हुए, तो सेन ने कहा, 'अगर जुलूस में किसी को कुछ हुआ...,' और मुत्थू बोला, 'हम जानते हैं, तुम हाथी के साथ क्या करना चाहते हो। अगर उसे कुछ हुआ...,' ये बातें सुनकर वासु हँसने लगा। इंस्पेक्टर चारपाई से उठकर अपने पैरों पर खड़ा हुआ और वासु की तरफ़ नज़र डालकर बोला, 'मैं इसके लिए आपको दफ़ा... ।' अकेला कवि ही ऐसा था, जो बिना एक शब्द बोले बाहर निकलने लगा। वासु ने आगे बढ़कर उसका कॉलर पकड़ लिया और पूछा, 'तुम्हारा असली नेता कहाँ है? इस मूर्खतापूर्ण काम के लिए उसी ने तुम्हें भेजा है। अब उसे भी यहाँ भेज देना।'

जब ये सब घटनाएँ–जैसे सेन ने मुझे बाद में बताया–मेरे प्रेस के ऊपर हो रही थी, घर पर मेरी पत्नी मुझसे चटाई पर लेटे रहने की ज़िद कर रही थी। मेरे मन में यह विचार आ रहा था कि अब मैं मंदिर पहुँच जाऊँ और जुलूस का सारा कार्यक्रम

अपने हाथों में संभाल लूँ। पत्नी को यह सही नहीं लगा। उसने बार-बार कहा, 'डॉक्टर साहब कह गए हैं...,'

'डॉक्टर कौन? वह तो पशुओं का डॉक्टर है,' मैंने कहा, 'उसकी बात पर ज़्यादा ध्यान नहीं दिया जा सकता।'

लेकिन वह टस-से-मस नहीं हुई और बोली, 'साल में एक दिन भी घर पर नहीं रह सकते।' उसने मेरे लिए मेरी पसंद का खाना तैयार किया था–आलू और प्याज़ की घुटी हुई सब्ज़ी, तेल में तली चावल की बड़ियाँ, हरी मिर्च की चटनी, बैंगन और नारियल की सॉस, कटा हुआ खीरा, जिसपर मसाला पड़ा हो। वह इतने उत्साह से खाना बनाने में लगी थी कि मुझे उससे ज़ोर देकर कहना पड़ा कि दस चीज़ों से ज़्यादा न बनाए। घर भर में खाना पकने की खुशबू भर गई थी। यह एक तरह से, मंदिर में हुए कार्यक्रमों में–फूलों की शानदार सजावट, संगीत, रंगबिरंगी रोशनी इत्यादि–मेरे भाग न ले पाने की क्षतिपूर्ति थी। बेटा अपने अध्यापक के साथ मंदिर से वापस आ गया था और बड़े उत्साह से बता रहा था कि वहाँ उसने क्या-क्या किया! 'पापा, पापा, मैंने हाथी को गन्ना ख़रीदकर खिलाया। उसने मेरे हाथों से झपटकर ले लिया और मालूम है, कितनी जल्दी सब खा गया! फिर मैंने एक और गन्ना ख़रीदा और इसके बाद मेरे पास सिर्फ़ छह आने बचे। उससे मैंने यह सीटी खरीद ली। उसने जेब में हाथ डालकर सरकंडे की एक सीटी निकाली और बजाकर दिखाई। महावत ने मुझसे वादा किया है कि हाथी पर बिठाकर घुमाऊँगा। मेरा दोस्त रामू कहता है कि हाथी उधार लाया गया है और कल वापस चला जायेगा। पापा, यह सच है क्या? हमें अपने मंदिर के लिए अपना हाथी ले लेना चाहिए। महावत ने उसे सिखाया है कि टोकरी से माला निकालकर भगवान के गले में पहना दे। बड़ा समझदार हाथी है। पापा, पापा, मैं जुलूस में शामिल होने चला जाऊँ? उसकी माँ ने भीतर से आवाज़ लगाई; 'अगर हमारे पड़ोसी भी जा रहे हों, और तुम यहीं आराम करने का वादा करो, तो मैं भी चली जाऊँगी और जुलूस निकलना शुरू होते ही वापस आ जाऊँगी। बेटा बड़ा खुश होगा, उसे ऐसा मौका फिर कब मिलेगा?'

'ठीक है, तो मैं ही तुम को पहुँचा आऊँगा।'

'नहीं, बिल्कुल नहीं। तो फिर मैं नहीं जाऊँगी,' उसने कहा, 'जुलूस इतना ज़रूरी नहीं है।' मुझे अच्छा लग रहा था कि मुझे जुलूस से ज़्यादा महत्वपूर्ण माना जा रहा है। मुझे इस तरह की देखभाल दस साल में एकाध बार ही नसीब होती थी, जब या तो बुख़ार आ जाये या सीढ़ियों से नीचे गिर जाऊँ, और यह के घर प्रमुख के नाते सबका ध्यान रखने और हर काम में उनका मार्गदर्शन करने से कहीं अच्छा था।

मैं चटाई पर लेटा रहा और एक तस्वीरों की किताब उठाकर बाबू को एक कहानी सुनाने लगा, हालांकि उसे इसमें कोई दिलचस्पी नहीं था और वह हाथी और

जुलूस की ही बातें करते रहना चाहता था। अब तक भी वह यही बातें सुनाता रहा था–कि वह किस-किस से मिला, मंदिर के शिखर की सीढ़ियाँ चढ़ते हुए कौन अचानक नीचे गिर पड़ा, ज़ोरदार गाने-बजाने के बीच ढोल भी बजाते-बजाते एकदम इसलिए रुक गया क्योंकि उसकी पीठ पर एक टिड्डा चढ़ गया था–बाबू यह भी जानता था कि यह मज़ाक़ किसने किया क्योंकि उसने ख़ुद घास में से एक टिड्डा निकालकर उसे पकड़ाया था, कैसे उसने अपने एक दोस्त के साथ मिलकर प्रधान पुजारी की ऐन नाक के नीचे रखी थाली में से भगवान के भोग के लिए रखे केले बड़ी चालाकी से सरका लिये थे, और मज़ा यह कि आख़िर तक किसी को यह पता नहीं चला कि फल ग़ायब हो गए हैं। अपनी इन चालाकियों की कहानी सुनाते-सुनाते वह काफ़ी गर्व से मेरी तरफ़ देखता जा रहा था। उसने बताया कि उसके सब साथियों ने मिल-जुलकर हॉल में इकट्ठे लोगों के साथ लुका-छुपी का मज़ेदार खेल किस तरह खेला, और किस तरह जब सब प्रार्थना करने के लिए आँखें बंद करके खड़े हुए, तब वे किस तरह उनकी टाँगों के बीच से इधर-उधर चल-फिरकर उनके पैरों में चुटकियाँ काट-काटकर उन्हें चकमा देते परेशान करते रहे। मैं सोचता रहा कि इन बच्चों ने उन लोगों का काम कितना बढ़ा दिया होगा, जो सवेरे से छोटे-छोटे दल बनाकर हॉल में से इनको बाहर भगाने का काम सँभाले हुए थे। फिर बताया कि किस तरह उसका एक दोस्त घर से सुई लेकर आया था और जब तक वहाँ रहा, यही कोशिश करता रहा कि जैसे ही मौका मिले, हाथी के बदन में कहीं उसे चुभा दे। यह सुनकर मैं परेशान हो उठा और फ़ौरन उसे हिदायत दी, 'नहीं, यह काम कभी मत करना। ऐसा करने वाले को हाथी पहचान लेता है और फिर कभी नहीं छोड़ता...। इस बात को सुनने के बाद मैंने फ़ैसला किया कि उसका दिमाग़ बदलने के लिए उसे किताब से कोई कहानी सुनाई जाये। 'एक समय की बात है...,' मैंने सुनाना शुरू किया लेकिन उसने इसमें कोई दिलचस्पी नहीं दिखाई मंदिर की उस समय हो रही घटनाएँ ही उसके लिए ज़्यादा जीवंत और यथार्थ थीं। और कल्पना करके लिखी इन बातों में उसे कोई रुचि नहीं थी। वह यह कहकर रसोई घर में घुस गया कि उसे ज़ोर की भूख लगी है।

इसी समय पत्नी ने मुझे खाने के लिए बुलाया। उसने मेरे सामने केले का पत्ता बिछाकर उसपर इतनी ज़्यादा चीजें सजा दीं मानो किसी ख़ास मेहमान का सत्कार कर रही हो। आज उसने बैठने के लिए भी एक पीढ़ा रख दिया था। मैं आराम से मज़ा ले-लेकर खाने लगा, तो वह प्रसन्न होकर मुझे देखती रही। मैंने कहा, 'तुम भी अपने लिए पत्ता क्यों नहीं रख लेती, हम दोनों साथ मिलकर खायेंगे।' लेकिन उसने मेरा सुझाव ठुकरा दिया। उसने आज के दिन मुझे समारोहपूर्वक ही खिलाने का निश्चय किया था, और इसमें कोई परिवर्तन किया जाना संभव नहीं था।

मैं आनंदपूर्वक खाता रहा और बीच-बीच में उसकी पाक-कुशलता की प्रशंसा भी करता रहा, कि फ़लाँ चीज़ तो बहुत स्वादिष्ट बनाई है...।

तभी दरवाज़ा खड़का। बाबू ने खाना ख़त्म कर लिया था। वह दौड़कर उसे खोलने गया। वापस आकर बोला, 'एक आंटी आई हैं।'

'आंटी?' मेरी बीवी परोसते हुए बोली, 'पड़ोसिन होगी, मुझे जूलूस के लिए लेने को आई होगी। उन्हें भीतर बुला लो और कुर्सी पर बिठाओ। मैं अभी आ रही हूँ।'

लड़के ने फट से कहा, 'वह तुम्हें नहीं पूछ रही, पापा को पूछ रही हैं।'

'क्या? कौन है वो?' मेरी बीवी ने चेहरा टेढ़ा करके पूछा।

मैं भी भीतर-ही-भीतर काँपने-सा लगा और बनावटी आश्चर्य दिखाते हुए बोला, 'मुझे पूछ रही है? हाँ! हाँ! ज़रूर कोई ग़लती होगी।'

पत्नी ने हाथ का बर्तन नीचे रख दिया और यह कहती कमरे से बाहर निकल गई कि 'मैं ख़ुद देखती हूँ।'

बेटा भी उसके पीछे जाने को हुआ। लेकिन मैंने उसे यह कहकर रोका, 'बेटे, वो पानी का जग ले आओ।' फिर जब वह जग ले कर आया, तो उसके कान के पास मुँह लाकर धीरे से पूछा, 'कौन है वो? कैसी लगती है?'

'पता नहीं कौन है। जलसे में नाच रही थी।'

अब मैं समझ गया। मुझे जो डर था, वही हो रहा था। उस शाम की सब ख़ूबसूरती, खाने के तरह-तरह के स्वाद, जीभ पर कड़वा ज़हर लगने लगे। मैं अपनी बीवी का स्वभाव जानता था। हालांकि अब तक इसकी जाँच करने का अवसर नहीं मिला था, वह बड़ी ईर्ष्यालु स्त्री थी। लेकिन जब तक मैं यह निश्चय कर पाता कि क्या कहूँ और किस तरह कहूँ, वह मेरे सामने आ खड़ी हुई थी।

'वो औरत तुमसे मिलना चाहती है।...उसके साथ तुम्हारा क्या संबंध है?'

'कौन वो औरत?' मैंने दिखावटी अनजानेपन से पूछा। इसके बाद मैं पीढ़े से उठा, बाहर जाकर हाथ धोये और तौलिये से उन्हें पोंछा, और हॉल में वापस आ गया। बोला, 'अब पान-वान खिलाओ।' मैं जानबूझकर ऐसा व्यवहार कर रहा था, जैसे मुझे इससे कोई मतलब नहीं है, हालांकि हर क्षण मुझे लग रहा था कि रंगी ही बाहर मेरा इंतज़ार कर रही है। पान चबाते हुए मैं रसोई घर की तरफ़ वापस लौटा। पत्नी खाने के लिए बैठ गई थी और चीज़ें निकाल रही थी। उसने ऊपर नहीं देखा। मैंने हल्के मन से पूछा, 'तुम्हारे लिए कुछ खाना बाक़ी भी है या मैं ही सब खा गया? अगर कुछ नहीं बचा तो तुम्हारी ही ग़लती है, इतना बढ़िया खाना तुम्हें बनाना ही नहीं चाहिए था।'

उसने मुस्कराने की कोशिश की। मेरी तारीफ़ सच्ची और दिल से निकली थी,

इसलिए उसका कुछ असर भी हुआ। इस क्षण वह पत्ते से खाने का निवाला बनाकर अपने मुँह की तरफ़ ले जा रही थी। अब उसने सिर उठाया और कहा, 'मैंने उसे अँधेरे गलियारे में इंतज़ार करने को कहा है। मैं नहीं चाहती कि पड़ोसी उसे हमारे दरवाज़े पर खड़ा देखें।' उसने बहुत धीमी आवाज़ में कहा जिससे कहीं वह सुन न ले।

मैं फुसफुसाकर बोला, 'तुमने ठीक किया, बिल्कुल ठीक किया...तुम यह भी पूछ लेती कि काम क्या है?'

'मैं क्यों पूछती? यह काम तुम्हारा है, तुम्हारा काम है, बस। मुझे इससे क्या मतलब!'

मैंने भी ग़ुस्सा दिखाने की कोशिश की। कहा, 'यह एक और परेशानी है। मंदिर के बारे में कोई बात होगी। मुझे तो कभी आराम नसीब में नहीं है!' इस तरह भुनभुनाता गलियारे की तरफ़ चला। वह कोने में चुप खड़ी थी। उसने जलसे के लिए पहने ज़ेवर और रंगीन कपड़े उतार दिये थे और एक सादा-सी सूती साड़ी पहन ली थी, लेकिन अँधेरे में भी उसके शरीर की गठन और रेखाएँ साफ़ दिखाई दे रहीं थीं। मैं उससे काफ़ी हटकर भीतर के दरवाज़े के साथ खड़ा हो गया और काफ़ी ज़ोरदार आवाज़ में पूछा, 'क्या बात है?' मैं यहाँ उससे सटकर और फुसफुसाकर बात नहीं कर सकता था।

लेकिन उसने फुसफुसाकर ही कहा, 'मालिक मैं आपको देखना चाहती थी, अब आप कैसे हैं?'

उसकी चिंता मुझे छू गई। 'अरे, मैं तो बिल्कुल ठीक हूँ। मुझे कुछ ख़ास नहीं हुआ था।'

'मैंने आपको जो कुछ हुआ, वह सब देख लिया था, लेकिन आ नहीं सकती थी क्योंकि भगवान की सेवा में तैनात थी।'

मुझे उसके ये शब्द बहुत प्यारे लगे। मैंने पूछा, 'अब तुम्हारी ड्यूटी ख़त्म हो गई? जुलूस की क्या ख़बर है?'

'नौ बजे से निकलेगा। मुझे वापस जाना है।'

'अच्छा,' मैंने कहा।

'सर, आप जुलूस के साथ नहीं जायेंगे?'

मेरा बेटा, जो मेरे पास ही चुपचाप खड़ा था, एक नाचने वाली औरत के सामने शर्मिंदगी महसूस कर रहा था, इसलिए वह वहाँ से हट गया और रसोई में जाकर छिप गया। अब रंगी ने बहुत धीमी आवाज़ में कहा, 'वह दोपहर बाद मेरे घर आया था। उस वक़्त मैं मंदिर में थी, इसलिए मेरे लिए संदेशा छोड़ गया कि मैं उससे ज़रूर मिलूँ।'

मुझे संदेह हुआ। 'तुम मत जाना। मंदिर ही लौट जाना और भीड़ के साथ रहना।'

'वह घर फिर आ सकता है और उसमें आग लगा सकता है। वहाँ सिर्फ़ मेरी माँ है—अंधी और बहरी।'

'आग क्यों लगायेगा?'

'वह मुझसे सख़्त नाराज़ है और बात करना चाहता है,' उसने आह भरकर कहा।

'बात करना चाहता है? कहीं तुम्हारी हत्या न कर दे!' मैंने डरकर कहा। वह मेरी बात पर सोचने लगी। मैं बोला, 'तुम पुलिस से शिकायत क्यों नहीं कर देती?'

उसने सिर हिलाया, 'वह पुलिस से नहीं डरता। किसी से भी नहीं डरता। पुलिस मुझपर हँसेगी और वह कर भी क्या सकती है। उसे किसी चीज़ का या किसी आदमी का डर नहीं है। ऐसा शख़्स है वह।'

'उससे मिलने मत जाना,' मैं उसे समझाने लगा।

मेरी बीवी ने खाना खा लिया था और अब वह किसी-न-किसी बहाने से मेरे इर्द-गिर्द चक्कर काट रही थी, और अँधेरे में खड़े बात करते हम दोनों की तरफ़ संदेह की नज़रें डाल रही थी। रंगी ने डर से सुबकना शुरू कर दिया था। 'पता नहीं, मेरे साथ वह किस तरह पेश आयेगा! उसने मुझपर विश्वास किया था, लेकिन मैंने उसे तोड़ दिया। मुझे, मुझे...आपने तो अपने लिए सावधानी...'

'हाँ, हाँ,' मैंने आत्मविश्वास और अकड़ दिखाते हुए कहा। 'हम उस जैसे आदमी से निबटना बख़ूबी जानते हैं।'

'आप उसे पूरी तरह नहीं जानते। उसे न इस दुनिया में न स्वर्ग में या नरक में किसी का भी डर है।'

'ऐसे लोगों को काबू में करने के हमारे ढंग अलग होते हैं। यह कोई मुश्किल काम नहीं है।'

'वह बड़ा ज़िद्दी है और उसमें बड़ी ताक़त है। जिस बात को सोच लेता है, उसे किए बिना दम नहीं लेता। दुनिया की कोई ताक़त उसका दिमाग़ नहीं बदल सकती।'

रंगी इस आदमी की अदम्य इच्छा और शक्ति से अभिभूत थी। यह मुझे बर्दाश्त नहीं हो रहा था। मैंने कहा, 'रंगी, तुम उससे बहुत प्रभावित हो। वह दूसरों की तरह एक साधारण गुंडा है। हम उससे निबटना जानते हैं।'

'सर, अब बताइए मैं क्या करूँ। मैं इसीलिए आपसे मिलने आई हूँ। दरअसल मैं उसी से मिलने जा रही थी, कि उसका मन बदलने की कोशिश करूँ। मैं उसकी पसंद का पुलाव भी बनाकर ले जा रही थी।' यह कहकर उसने डिब्बा दिखाया जिसमें पुलाव की खुशबू आ रही थी।

'लेकिन तुम तो कह रही थीं कि उसका मन बदल पाना संभव ही नहीं है?'

उसने आँख दबाकर कहा, 'मैं कोशिश करना चाहती हूँ। मेरे जैसी औरत बहुत कुछ कर सकती है।'

मैं समझ तो नहीं पाया कि इससे उसका मतलब क्या था, लेकिन बात गोपनीय ही लग रही थी। मैंने कहा, 'वह तुम्हें वापस जुलूस में नहीं जाने देगा। इसलिए तुम यहाँ से घर ही जाओ।'

'मैंने उसकी बात नहीं मानी, तो वह मेरे घर में आग लगा सकता है, और मेरी अंधी माँ को पता भी नहीं चलेगा कि क्या हो रहा है।'

'मैं तुम्हारे घर की देखभाल के लिए कुछ लोग भेज दूँगा। इस तरह उसके जाल में मत फँसो। वह तुम्हें वहीं रोक लेगा। मैं बहुत अच्छे लोगों की ड्यूटी लगा दूँगा।' मैं बड़ी शान-बान से यह बात कह रहा था, हालांकि कैसे क्या करूँगा, इसका कोई ज्ञान मुझे नहीं था। उसने दोनों हाथ जोड़कर मुझे नमस्ते की और बाहर निकलकर चाँदनी से भरी सड़क पर ग़ायब हो गई।

मैं पत्नी के पास लौट आया। वह पीछे वाले कमरे में शीशे के सामने खड़ी श्रृंगार कर रही थी। मैंने उत्साह दिखाते हुए कहा, 'मालूम है, यह औरत क्यों आई थी?'

'मुझे मालूम करने की क्या ज़रूरत है?' मैं उसकी आवाज़ की ठंडक से चौंक उठा। 'मैं क्या जानूँ कि यह औरत कौन है और मुझे जानने की ज़रूरत भी नहीं है।' उसने अपनी साड़ी ठीक की और बाबू को आवाज़ लगाई। वह दौड़कर आ खड़ा हुआ।

'मंदिर चल रहे हो?'

'हाँ, चल रहा हूँ,' यह कहकर वह क्षण भर में बाहर के दरवाज़े तक पहुँच गया।

मैंने पूछा, 'तुम मंदिर जा रही हो?'

'हाँ,' उसने एक अक्षर में जवाब दिया।

'लेकिन तुमने तो कहा था, नहीं जाऊँगी?' मैंने कहा।

'अब कह रही हूँ कि जाऊँगी। बस, बात ख़त्म।' मैंने देखा, उसके कान लाल हो रहे थे।

'मैं तुमसे बात करना चाहता था। मेरा ख़्याल था, तुम यहीं आराम करोगी, तब कर लेंगे'

उसने मुझे अनसुना कर दिया। मैं उसके पीछे-पीछे यह कहते हुए चला, 'तुम चाहती थीं कि मैं घर पर आराम करूँ, अब तुम ख़ुद जा रही हो?' मैं यह कहते आर्द्र हो उठा था।

'मैं ठहरूँ या जाऊँ, मेरे लिए सब बराबर है।' यह कहकर वह तेज़ी से सीढ़ियाँ उतर गई। फिर सड़क पार की, बाबू उसके पीछे उचकता चला जा रहा था। आज तो उसने मुझे झगड़ा तक करने का मौका नहीं दिया।

मेरा भीतर जाने का मन नहीं हुआ। बाहर ही चबूतरे पर बैठ गया और उसे जाते देखता रहा। लेकिन इसका कोई लाभ नहीं था। एक नन्हीं सी आशा थी कि वापस लौट आयेगी और अपने व्यवहार पर खेद व्यक्त करेगी, तो सब ठीक हो जायेगा। अब रात भर के लिए मेरा साथी सिर्फ़ कुत्ता था जो सामने की नाली में लोट लगा रहा था। मुहल्ले के और सब जीते-जागते प्राणी जुलूस में शामिल होने चले गए थे। किसी घर में कोई आदमी नहीं था, सिवाए छठे घर में पड़े दमे के मरीज़ के, जिसकी लगातार खाँसने और थूकने की आवाज़ सुनाई दे रही थी। अब यहाँ अकेला बैठा मैं पिछले दिनों हुई घटनाओं पर विचार करने के अलावा और कुछ नहीं कर सकता था। मेरी मुख्य समस्या यह थी कि मैं किसी को भी 'ना' नहीं कह पाता था—चमड़ा विशेषज्ञ से लेकर सड़कों पर नाचने वालियों तक सभी को और इस कारण सब तरह की परेशानियों का शिकार होता चला जाता था। मैं उन सब उत्तरों की याद करने लगा, जो मुझे समय-समय पर अपनी पत्नी को देने चाहिए थे, लेकिन सोचकर ही रह गया, नहीं दे पाया। मुझे अपने उस पुरखे की तरह व्यवहार करना चाहिए था—मेरी बड़ी चाची अक्सर उसकी कहानी सुनाती थी—जो अपनी रखैल को अपने साथ घर लाता था और बीवी से कहता था कि इसे खाना परोसकर खिलाओ। तो, जब पत्नी ने मुझसे यह पूछा था कि इस औरत से तुम्हारा क्या संबंध है तो मुझे जवाब देना चाहिए था, 'मैं इसे फँसाना चाहता हूँ,' या, 'यह मुझे फँसा ले।' अगर वह यह सवाल करती, 'बस, यही मिली,' तो मुझे कहना चाहिए था, तुम तो जलन से पागल हो रही हो। भले ही यह तंबाकू खाती है और रंग साफ़ नहीं है, लेकिन इसमें कुछ बात है, जब वह बात करती है तो मज़ा आ जाता है? कौन इसके आकर्षण से बच सकता है? तुम्हारे पास अब क्या रहा है? मुझे ख़ुश करने के लिए ज़्यादा कोशिश किया करो। इस तरह मुँह फुलाना, टेढ़ी बातें क़रना या लड़ाई-झगड़ा करना बेकार है। अगर मैं भी अपने पुरखे की तरह करूँ, तो तुम एक क्षण बर्दाश्त नहीं कर सकोगी। मैं पुरुष हूँ, मेरे भीतर तुम्हारी बातें सहने की ताक़त है। लेकिन तुम ज़्यादा खींचोगी तो ग़लती करोगी। आज जो किया सो किया, फिर कभी मत करना।'

सामने बने मकानों की क़तार के ऊपर फैली छतों पर चंद्रमा की रोशनी छा गई थी। आधा मील दूर मंदिर में एकत्र जन समूह का शोर मुझे सुनाई दे रहा था। मुझे अफ़सोस हो रहा था कि इस ज़बरदस्त गहमागहमी से मैं अलग आ पड़ा हूँ। मैं महसूस कर रहा था कि मुझे कोई छूत की बीमारी हो गई है जिसका कारण सबसे

अलग है। बीवी से बदला लेने के उद्देश्य से मैंने तय किया कि मैं खुद जुलूस में जाकर शामिल हो जाऊँगा और यही नहीं, सारा इंतज़ाम भी अपने हाथ में ले लूँगा। फिर बिना किसी को बताए मैं रथ की बागडोर सँभाल लूँगा और उसे एक भिन्न रास्ते पर डाल दूँगा। और इससे पहले ज़रा-सी दौड़-धूप करके मैं पुलिस सुपरिंटेंडेंट से मिलकर नए रास्ते का परमिट भी ले लूँगा। इस सारी भीड़ में एक भी ऐसा आदमी नहीं था, जो मेरी तरह जुलूस का मार्गदर्शन कर सके। यह सोचकर मैं घमंड से फूला नहीं समाया। मैं ऐसा आदमी था, जो इस परिस्थिति में भी कुछ कर दिखा सकता था।

लेकिन तभी मुझे याद आया कि मैं तो अब सबके लिए अछूत था। मुझे भीड़ के सामने आने की हिम्मत जवाब दे गई। मैं तय नहीं कर पाया कि क्या करूँ। भीड़ के दबाव में अगर फिर मैं पहले की तरह चीख़ने लगा, तो मैं तो ख़त्म हो जाऊँगा। इसका एक अच्छा परिणाम यह भी हो सकता था कि पत्नी अपने क्रोध पर पश्चात्ताप करने लगे, और दूसरा बुरा परिणाम यह हो सकता था कि मुझे अगली ट्रेन से मद्रास के पागलख़ाने में भेज दिया जाता। मुझे उस विलक्षण लड़के की याद हो आई, जो तीन दिन और रात लगाकर कबीर स्ट्रीट के चक्कर लगाता महाकवि त्यागराज के भजन गाता और सुनाता रहा, और उनके सभी प्रसिद्ध भजन उसने पूरे सुना दिए। उसे एक दिन और मिल जाता, तो उनका संपूर्ण काव्य ही समाप्त कर देता, लेकिन लोगों ने उसे ज़बरदस्ती धर पकड़ा और पाँच बजे शाम की गाड़ी से मद्रास के लिए रवाना कर दिया। एक साल बाद जब वह वापस लौटा, तब उसके सिर के बाल मुँडे हुए थे और वह बहुत गंभीर तथा सामान्य हो गया था। स्कूल में वह मेरा सहपाठी था और उसने मेरे सामने यह क़बूला था कि उसने आम जनता को महाकवि की रचनाओं से परिचित कराने के लिए यह गाना आरंभ किया था, लेकिन बाद में वह इतना डर गया कि नहाते वक़्त भी उनकी पंक्तियाँ गुनगुनाने से हिचकने लगा था। दरअसल हमारी कबीर स्ट्रीट के निवासियों के स्वस्थ-संतुलति व्यक्ति संबंधी मानदंड काफ़ी सख़्त हैं। मैं नहीं चाहता था कि मुझे भी उसी की तरह मद्रास की ट्रेन पर चढ़ना पड़ जाए। अब भी अगर मैं कुछ अजूबा न करता, तो भी लोग मुझे देखकर यही सोचते कि मिर्गी का दौरा पड़ा था, अब ठीक हो गया है। वे मुझे जुलूस के साथ चलने ही नहीं देंगे।

मेरी पुरानी चिंताएँ, जो अब तक कुछ शांत हो चली थीं, फिर जाग उठीं। मैंने पूरी स्थिति का जायज़ा लिया। मुझे ख़ुश होने की कोई वजह नहीं थी। मैंने जुलूस का रास्ता बदलने का कोई प्रयत्न नहीं किया था, वासु को अपने उद्देश्य से विरक्त करने के लिए कुछ नहीं किया था, न उसकी बंदूक़ वापस ली थी, ईश्वर ही जानता था कि उसके दिमाग़ में क्या पक रहा है। हो सकता है, वह इससे ज़्यादा कुछ न करे

कि खिड़की से एक पटाख़ा जुलूस पर फेंक कर बस कर दे, या रोशनियाँ उठाकर चलने वालों में से किसी को रिश्वत देकर, हाथी के पैरों पर कुछ डलवा दे। सारी शाम हम सबने इन्हीं बातों पर विचार किया था कि हाथी को कैसे पागल किया जा सकता है–जैसे केले या नारियल में एक सुई लगाकर उसे खाने को दे दिया जाए, उसके कान में चींटी डाल दी जाए, आँख में रेत डाल दी जाए, और हाथी एकदम पागल हो जायेगा। जो लोग भाग्यवान होंगे, वे तो भागकर बच जायेंगे, लेकिन जो नहीं होंगे, वे सब भगदड़ में कुचलकर मर जायेंगे, खास तौर पर मार्केट रोड के उस मोड़ पर जहाँ एक तरफ़ काफ़ी बड़ा तूफ़ान से भरने वाले पानी का गंदा तालाब-सा है, और दूसरी तरफ़ उस लोहे–लकड़ी का पहाड़-सा खड़ा है–जो सारा सामान मार्केट रोड को आधुनिक बनाने के लिए ख़रीद कर इकट्ठा किया गया था, लेकिन जो सन 1945 के बाद से आज तक उसी तरह पड़ा हैं। यहाँ उपद्रव हुआ, तो लोग हाथी को मारने वाले की तारीफ़ करेंगे। बेचारा कुमार! आज वह क़ीमती चीज़ों से सजाधजा, बच्चों के साथ हँसी-मज़ाक़ करता जलसे जुलूस का मज़ा ले रहा है। उसे किसी-न-किसी तरह पहाड़ियों के नीचे अपने पुराने मंदिर में वापस पहुँचाया ही जाना चाहिए, जिससे पहले की तरह जंगलों में घूम-फिर सके और उन अनेक गाँवों के बच्चों के साथ खेल-कूद सके। मुत्थू की इच्छा थी कि हाथी को किराये पर दे-देकर धीरे-धीरे इतना पैसा जमा किया जा सके कि मंदिर का छोटा-सा शिखर इतना ऊँचा बनवा दिया जाए जो वहाँ से पचास मील की दूरी से भी दिखाई दे। कुमार के लिए यह कल्पना करना भी कठिन था कि उसका भरा हुआ सिर या पैर पूर्व या पश्चिमी दुनिया के किसी धनी मानी व्यक्ति के ड्राइंग रूम की शोभा बढ़ा रहा होगा।

मुझे कुछ करना होगा। मेरी बीवी जुलूस में यह सोचकर शामिल होने चली गई थी कि मैं घर की देखभाल करूँगा। अब अगर मैं भी कहीं चला जाऊँ तो लौटने पर उसे यह ज्ञान हो जायेगा कि मुझपर ज़्यादा विश्वास नहीं किया जा सकता, जो अच्छी बात होगी। इससे भी अच्छा यह होगा कि मैं ताला डालकर चाभी अपने साथ ले जाऊँ, जिससे आधी रात के बाद वापस लौटने पर उसे सोने की परेशानी हो। इस समय दस बज रहे थे और जुलूस निकलना शुरू हो रहा होगा। वह फ़व्वारे पर कब पहुँचेगा, यह कहना आसान नहीं था। सड़क पर आने के बाद तुरही वादक आलाप बजाना शुरू करेगा, और जब तक वह ऊपर-नीचे लंबे-लंबे स्वर निकालकर उसे एक निश्चित लय में नहीं ले आयेगा, जिसमें काफ़ी समय लग जाता है, तब तक जुलूस का चलना शुरू नहीं होगा। इसमें एक घंटा ज़रूर लग सकता है। इस तरह फ़व्वारे तक का रास्ता तय करने में उसे कई घंटे लग जायेंगे।

अभी तक संगीत शुरू नहीं हुआ था। भीड़ के कारण होने वाली आवाज़ें ही

सुनाई दे रहीं थीं, जिससे लगता था कि लोग जुलूस के चलने का इंतज़ार कर रहे हैं। अगर चल पड़ा होता तो भीड़ और संगीत की आवाज़ें पास आती सुनाई देने लगतीं, और मेरी बीवी भी घर लौट आती। वह कितनी भी तुनकमिज़ाज क्यों न हो, मैं जानता था कि उस भीड़ के साथ वह जुलूस में आगे कभी न जाती। उसे इतनी समझ ज़रूर थी कि सही वक़्त पर घर लौट आये।

मुझे गुस्सा आ रहा था कि घर पर इस तरह बँधा बैठा हूँ। मैं भीड़ के इर्द-गिर्द घूमूँगा जहाँ कोई मुझे पहचान न सकेगा और देखूँगा कि कैसा क्या चल रहा है। घर का दरवाज़ा बंद करके मैं बाहर निकला। सड़क के छोर तक गया। दो लोग मेरी तरफ़ आ रहे थे। उन्हें रोककर मैंने पूछा, 'जुलूस शुरू हो गया?'

'अभी नहीं। हाथी को पहनाने के लिए ज़ेवरों का इंतज़ार किया जा रहा है। असली सोने के ज़ेवर, जो सिर पर लगाए जायेंगे। कोई उन्हें लाने तालपुर के मंदिर गया है।'

दस मील जाना और दस मील आना और घंटा भर अलमारियों को खोलकर उनमें से ज़ेवर निकालना। यानी सवेरे दो बजे से पहले जुलूस रवाना नहीं हो सकता। कैसा पागलपन है! तो इसका मतलब यह हुआ कि मेरी बीवी दो बजे तक मंदिर में ही रहेगी? और वह भी बच्चे के साथ? लेकिन मुझे अच्छा भी लगा, जितनी भी देर लगेगी, उतनी ही देर मैं मुक्त रहूँगा। मैं वापस घर लौट आया; अगर जुलूस देर से शुरू हो रहा था, तो उस समय तक मंदिर के फाटक पर चक्कर लगाने का क्या मतलब! घर आकर मैं फिर चबूतरे पर लेट गया। अगर मैं चौकीदार होता, तो मैं यह काम बहुत अच्छा करता, यूँ ही घूमने-फिरने वाला नहीं। मैं नहीं चाहता था कि कोई घर लूट ले, क्योंकि चोर ऐसे ही मौक़ों की तलाश में रहते हैं, और आज तो हर घर के लोग जलसे में गए थे।

चबूतरे पर चटाई बिछाकर लेटा तो चंद्रमा को देखते-देखते मुझे नींद आ गई। कई घंटे बाद जब नींद खुली तो ढोल-ढमाकों की आवाज़ सुनाई देने लगी—मैं समझ गया कि जुलूस मार्केट रोड आ पहुँचा है, जो घर के बग़ल में ही थी। मुझे यह सोचकर चिंता सताने लगी थी। कि बीवी और बच्चा अभी तक जुलूस में ही थे, उनका पता नहीं क्या हाल होगा! फिर कुछ ख़्याल आया और मैं भीतर गया। मैंने देखा कि बीवी और बच्चा दोनों मज़े से सो रहे हैं। यानी जब वे घर लौटे, मैं गहरी नींद में सो रहा होऊँगा, जिससे मुझे उनके आने का ज़रा भी पता नहीं लगा। उसे मुझे जगा लेना चाहिए था, लेकिन शायद उसका ग़ुस्सा अभी तक ठंडा नहीं हुआ था। उसे इसका बदला इसी तरह चुकाने के लिए मैं फिर चबूतरे पर वापस आकर लेट गया।

मैं चटाई पर करवटें बदलता रहा। दूर से जुलूस की आवाज़ें सुनाई दे रही थीं।

उनसे मैं उसकी प्रगति का अंदाज़ लगाता रहा। अब वह प्राथमिक स्कूल तक पहुँच गया होगा, जो चेमलैन की मिठाई की दुकान के ऊपर चलता है—जो एक इतना टूटा-फूटा कमरा और दालान है कि किसी भी समय गिर सकता है लेकिन जिसे कोई भी नहीं रोक सकता क्योंकि वह चेयरमैन की इमारत है, इसलिए उसे सुरक्षित होने का सर्टिफ़िकेट प्राप्त है। जब भी यह गिरेगा, इसके सौ बच्चों और छह या आठ मास्टरों की जान पर आ बनेगी। लेकिन अब तक यह म्युनिसिपल अधिकारियों की आशाओं के खिलाफ़ नहीं गया है और इसमें पढ़े बच्चे बड़े होकर देश भर में फैले तरह-तरह के काम करके अपनी रोज़ी-रोटी कमा रहे रहें—जो हो, मैंने बाबू को पढ़ने के लिए दूसरे स्कूल में भेजना ही ठीक समझा। इसके सामने आकर ढोलवाले ने देर तक धम-धमाधम बाजे बजाए, कि उसकी दीवारें तक हिलने लगीं, और तुरही वादक ने अपना सर्वोत्तम भैरवी राग भी यहीं खड़े होकर देर तक बजाया। वह राग के विभिन्न आलाप लंबे-लंबे सुरों में बजाने लगा, जिन्हें सुनने के लिए भीड़ उसी के इर्द-गिर्द जमा हो गई, रथ में आसन लगाये भगवान ने भी चैन की साँस ली और पीठ पर आराम से सो रहे महावत के साथ हाथी कुमार भी सबसे आगे डटकर खड़ा सुनता रहा। लोग वादक के इर्द-गिर्द इस तरह स्थिर हो गए थे जैसे यह उनका आख़िरी पड़ाव हो।

अच्छा हुआ कि कि जुलूस फ़व्वारे पर ज़्यादा देर न रुककर यहाँ ही रुका। आधी रात हो चुकी थी और फ़व्वारे तक पहुँचने में जुलूस को एक घंटा ज़रूर लगेगा। मैंने सोचा, तभी मैं भी उसमें शामिल हो जाऊँगा और तब तक एक नींद ली जा सकती है, इस जगह अध-सोते हुए भी भैरवी आराम से सुनी जा सकती है। इसलिए मैं लेट गया—दरअसल भैरवी मुझे पसंद भी थी। इसे सुनकर मुझे बचपन याद आ जाता था। जब संगीतज्ञ हमारे घर मेहमान होते थे। घर का एक कमरा उनके लिए नियत था जिसे संगीतज्ञों का कमरा ही कहा जाने लगा था, क्योंकि उसमें हर समय कोई-न-कोई ठहरा ही रहता था—मेरे पिता को गर्व था कि वे दक्षिण भारत के सभी संगीतज्ञों को जानते हैं और वे मालगुडी में उनके कार्यक्रम आयोजित करते रहते थे—बँटवारे के समय उनके ख़िलाफ़ लगाये गए आरोपों में एक यह भी था कि उन्होंने संगीतज्ञों की आवभगत में परिवार का बहुत-सा पैसा बर्बाद कर दिया। इसी कमरे में पुरानी बोतलों का भंडार भी रहता था। उन दिनों हमारे घर में इसे लेकर भी एक मज़ाक़ प्रचलित था—यदि कोई पूछता कि ये सब पुरानी बोतलें क्यों इकट्ठा की जाती हैं, तो जवाब दिया जाता कि बँटवारे के समय चाचा लोग हर चीज़ में हिस्सा माँगेंगे, तो ये भी उन्हें गिनकर दे दी जायेंगी। कमरे में दर्शन के सत्तर ग्रंथ भी थे, संस्कृत और तमिल के सारे महत्त्वपूर्ण ग्रंथ जिन्हें मेरे पिता और उनके पूर्वज समय-समय पर इकट्ठे करते रहे थे—और उन्हीं के साथ काँसे की देवी-देवताओं की

अनेक मूर्तियाँ भी थीं। बँटवारे के समय ये सब मेरे तीसरे चाचा के हिस्से में आई थीं, लेकिन उन्होंने इन्हें हमारी ही देख-रेख में यहीं रहने दिया था, क्योंकि वे रेल विभाग में नौकरी करते थे और तीन महीने से ज़्यादा किसी एक जगह रह ही नहीं पाते थे। उनके बारे में कहा जाता था कि स्कूल छोड़ने के बाद उन्होंने कभी कोई किताब खोलकर नहीं देखी, फिर भी अक्सर उनका लिखा पोस्टकार्ड हमें मिलता रहता था, कि उनकी दर्शन की किताबें अच्छी तरह रखी हैं या नहीं। मेरी माँ जब भी ग़ुस्से में होती, तो पिताजी को इस बात के लिए आड़े हाथ लेती थी कि वे दूसरों की संपत्ति की ज़िम्मेदारी क्यों लिये हैं और क्यों नहीं इन्हें बाहर फेंक-फाँककर इससे मुक्त हो जाते? लेकिन मेरे पिता, भाइयों के व्यवहार के बावजूद, उनसे प्यार करते थे, और माँ से कहते कि उस कमरे में उसे झाँकने की ज़रूरत नहीं है, बहुत-से ख़ाली कमरे उसकी देखभाल के लिए पड़े हैं।

मैं ज़रूर सो गया होऊँगा, क्योंकि जब मेरी आँख खुली, भैरवी ख़त्म हो गई थी और कोई दूसरा राग बज रहा था—यानी जुलूस अब मार्केट रोड तक पहुँच गया होगा। मेरा अंदाज़ा सही हुआ तो वह सिल्क भंडार पर होगा, जिसके बाद वह फ़व्वारे पर पहुँच जायेगा। यह सोचकर मैं परेशान हो उठा। यानी अब जुलूस वासु की खिड़की के सामने पहुँच रहा होगा। मैंने अब तक इसके लिए कुछ क्यों नहीं किया? मुझे यह मान लेने का क्या कारण है कि मुत्थू और उसके साथियों ने वासु को प्रभावित कर लिया होगा? अगर वे अपने उद्देश्य में सफ़ल न हुए हों, तो रिश्वत लेकर कोई भी हंडेवाला हाथी के अँगूठे को आग से झुलसाकर उसे पागल कर सकता है।

अब मेरा कर्तव्य मेरे सामने स्पष्ट हो गया। मुझे तुरंत वहाँ पहुँचकर जुलूस को फ़व्वारे की तरफ़ जाने के बजाय किसी भी बग़ल की सड़क पर मोड़ देना चाहिए। लेकिन यह भी हो सकता है कि इससे भी लोगों में डर फैल जाए और अगर वासु सचमुच कुछ कर गुज़रने पर उतारू हो, तो गड़बड़ पैदा करने के लिए मुझे ही ज़िम्मेदार ठहरा दिया जाए।

मेरे लिए यहाँ पड़े रहकर तरह-तरह की बातें सोचते रहना सही नहीं था, क्योंकि क्षण-प्रति-क्षण हज़ारों लोग विनाश की दिशा में बढ़ते चले जा रहे थे। मैं फ़ुर्ती से उठा। मैं पत्नी के बिस्तर पर सरकने की आवाज़ सुन रहा था, शायद जुलूस का शोर उसे भी सुनाई देने लगा था। हो सकता है, वह भी बाहर निकल आए और कबीर स्ट्रीट के छोर से जुलूस को देखे। ऐसा हो तो मैं उसके सामने नहीं पड़ना चाहता था। मैंने सड़क पार की और प्रेस का पीछे का दरवाज़ा खोलकर भीतर घुस गया, फिर इसे बंद कर दिया। वासु को रोकने की एक आख़िरी कोशिश करना ज़रूरी था। मुझे लगा कि वह इतना बुरा आदमी नहीं है, मेरी बात पर ज़रूर ध्यान

देगा। पहले से कहीं ज़्यादा विनम्र हो गया है। मैंने सिर उठाकर अटारी की तरफ़ देखा। भीतर बत्ती नहीं जल रहीं थी। उसने ख़ुद ही बत्तियाँ बुझा दी होंगी। उसे अँधेरा ही पसंद था क्योंकि अँधेरे में ही उसके काम अच्छी तरह हो सकते थे।

अचानक मेरे दिमाग में एक-से-एक बढ़कर शानदार योजनाएँ आने लगीं। इन्हें किस तरह किया जाए, यह तो स्पष्ट नहीं था, लेकिन इनकी सफलता में मुझे संदेह नहीं था। कोई मुझसे उनका ब्योरा माँगता तो शायद मैं न दे पाता, लेकिन मेरे भीतर कहीं गहरे में यह काम किया जा रहा था । मैं चुपचाप उसके कमरे में घुसूँगा, फिर धीरे-से उसके पास पहुँच जाऊँगा; उस वक़्त वह निश्चय ही खिड़की की तरफ़ देख रहा होगा। क्यों न मैं उसे पीछे से एकदम चौंका दूँ, जिससे बहस-मुबाहिसे की संभावना ही समाप्त हो जाए? नहीं, यह व्यावहारिक नहीं है। क्योंकि लोग साँप को बाँस से पीटकर मार देने की बातें तो कर सकते हैं। लेकिन साँप उनसे ज़्यादा चतुर साबित हो सकता है, हो सकता है, वासु खिड़की की तरफ़ न देखकर दरवाज़े की तरफ़ देख रहा हो। उसके लिए अहिंसा की नीति ही सबसे अच्छी रहेगी। महात्मा गांधी लोगों को अहिंसक उपायों से लड़ने का उपदेश सही ही देते थे; इसमें चोट खाने की संभावना बहुत कम रह जाती है।

मुझे प्रेस और सीढ़ियों की बीच की पतली-सी जगह में ही अपने को सिकोड़कर रखना पड़ा। जीप वहीं खड़ी थी, जिसका मतलब यह था कि वासु अंदर है। अगर मैं पेट्रोल की टंकी में आग लगा दूँ, तो कैसा रहे? इससे वह उसे बुझाने में लग जायेगा और तब तक जुलूस वहाँ से निकल जायेगा। अगर उसने मुझे आग लगाते देख लिया, तो वह मेरा भुर्ता ज़रूर बना डालेगा, लेकिन हर्ज क्या है? मेरे बाद कोई नहीं था, जो मेरी याद करता। बीवी तो मुझसे अलग हो ही रही थी; हाँ, बाबू ज़रूर कुछ दिन मेरी याद करता, लेकिन बच्चे नई परिस्थितियों को आश्चर्यजनक ढंग से बड़ी जल्दी स्वीकार कर लेते हैं। मुझे यह सोचकर अच्छा लगा कि बीवी को एक सबक यह मिल जायेगा कि मुँह फुलाने का नतीजा अच्छा नहीं होता। जब रंगी एक महत्त्वपूर्ण विषय पर मुझसे मशविरा कर रही थी, तब बुद्धिमान व्यक्ति का काम यह होता है कि उस बात की सही जानकारी प्राप्त करे और वैज्ञानिक ढंग से उसपर...। वासु का दुनिया पर इसलिए क्रोध करना वाजिब है क्योंकि लोगों की दृष्टि बिल्कुल वैज्ञानिक नहीं होती। यदि पत्नियाँ वैज्ञानिक दृष्टि संपन्न हों तो वे पति के रंगी जैसी औरतों से अँधेरे में बातचीत करने का मतलब समझने में ग़लती नहीं करेंगी।

मैं सीढ़ियों के नीचे खड़ा था। लकड़बग्घा वहीं था, उसे ज़रा-सा सरका दिया गया था। शायद यह बिक नहीं सका था और यह मेहनत बेकार गई थी। उसके इर्द-गिर्द चीज़ें आ गई थीं, हालांकि कोई बहुत विशेष नहीं दिखाई दी। बस, कुछ छोटे-छोटे जानवर, जैसे एक जंगली गिलहरी, एक लोमड़ी, एक जंगली कुत्ता, छोटा-सा

चीता और कई साँप। लगता था, जब से हमारी सरकार ने लघु उद्योगों पर ध्यान देना शुरू किया था, वासु ने भी छोटे पशुओं को पकड़ना आरंभ कर दिया था। सूखे माँस की बू से मेरा दिमाग़ फटने लगा।

मैं सीढ़ियों पर चढ़ा। अभी तक मैं सोच रहा था कि दरवाज़ा खुला हुआ होगा। लेकिन अगर वह बंद हुआ, तो? तो मैं दरवाज़ा खटखटाऊँगा और जो भी होगा, उसके अनुसार काम करूँगा। मैं उसे जुलूस पर कुछ करने से रोकना चाहता था, यह बात तो तय थी; लेकिन किस तरह यह करूँगा, इसका उत्तर मेरे पास नहीं था। उस समय जो ठीक लगेगा, करूँगा। इस उद्देश्य के लिए मैं अपना बलिदान तक देने को तैयार था।

दरवाज़ा खुला हुआ था। मैंने धीरे से उसे धक्का दिया और भीतर झाँका। मैंने जो सोचा था, उसी तरह वह खिड़की के सामने आरामकुर्सी पर बैठा था। जुलूस के साथ चल रहे हंडों की रोशनियाँ पूरे कमरे में भर रहीं थीं और लोगों की परछाइयाँ उनपर चलती-फिरती दिखाई दे रही थीं। ढोल और तुरही और भीड़ का नीचे होता शोर-शराबा यहाँ भी सुनाई दे रहा था। मुझे खिड़की के पास आरामकुर्सी पर तकिये के सहारे लेटा उसका शरीर दिखाई दे रहा था। उसके पैर सामने रखे एक स्टूल पर फैले थे। बग़ल की मेज़ पर घड़ी रखी थी और बंदूक बिल्कुल पास ज़मीन पर पड़ी थी। यह सब खिड़की से आ रही रोशनी में बिल्कुल साफ़ दिखाई दे रहा था, और दूसरी बहुत सारी चीज़ें अँधेरे के कारण अस्पष्ट थीं। वह हिलडुल नहीं रहा था। यह अच्छी बात थी। जुलूस के यहाँ पहुँचने का इंतज़ार करते-करते शायद उसे नींद आ गई थी। ढोल-ढमाकों का भी उसपर कोई असर नहीं पड़ा लगता था—इन लोगों को इतनी समझ तो होनी चाहिए थी कि यहाँ कुछ देर के लिए बाजे बंद कर देते। शायद इसे गहरी नींद आती है—शुक्र है ऊपर वाले का।

मैंने तुरंत फैसला किया: मैं तेज़ी से आगे बढ़ूँगा और झपटकर बंदूक पर कब्ज़ा कर लूँगा। यह सोचकर मेरा दिल धड़कने लगा और साँस धौंकनी की तरह चलने लगी, इसलिए मैंने धीरे-धीरे बंदूक़ की तरफ़ क़दम रखना शुरू किया। अगर मेरे वहाँ पहुँचने से पहले वह जाग गया, तो मेरा तो ख़ात्मा निश्चित है। मैंने मेम्पी जंगल के तेंदुओं की तरह, जो बहुत धीरे-धीरे घिसट-घिसटकर अपने शिकार की तरफ़ बढ़ते हैं, बंदूक़ तक का मुश्किल से बारह फ़ीट का फ़ासला तय करना शुरू किया और आधी दूर तक आसानी से पहुँच गया, पर बाक़ी का आधा बहुत लंबा लग रहा था। घिसटने से मेरे घुटनों में ख़ून निकलने लगा था, लेकिन मैं एक उद्देश्य के लिए काम कर रहा था, इसलिए इसे बर्दाश्त करने के लिए तैयार था।

वह अभी तक सो रहा था। मेरी अंगुलियाँ बंदूक़ के हत्थे को छूने लगी, तो उत्तेजना से मैं पागल हो उठा। इससे पहले मैंने कभी बंदूक़ नहीं छुई थी और उससे

डरता रहा था। मैं अपने पैरों पर खड़ा हो गया और बंदूक उठा ली। खिड़की के नीचे, मुझे लग रहा था, कि जुलूस बड़ी तेज़ी से निकलता जा रहा है। मैंने सोचा कि खिड़की पर जाकर जुलूस पर नज़र डालूँ, लेकिन बीच में वह था। सबसे अच्छा होता, अगर वह सोता ही रहता, लेकिन अगर वह जाग जाता, तो–हाँ, अब मेरे हाथ में बंदूक़ थी। मैंने तय किया कि जैसा फ़िल्मों में दिखाते हैं, उसी तरह मैं उसपर बंदूक तान दूँगा और हुक्म दूँगा कि जब तक जुलूस गुज़र नहीं जाता, बिना हिले वहीं रहो। फिर भी अगर वह कुछ करता, तो मैं बंदूक़ का खटका दबा दूँगा। हालांकि मुझे बंदूक़ चलाने का बिल्कुल अभ्यास नहीं था। मैं इतना ज़रूर जानता था कि खटके से खिलवाड़ करना ख़तरनाक हो सकता है। इसलिए मैं बहुत समझदारी से उसे पकड़े हुए था। मैंने बंदूक़ की नली सीधे उसके सिर पर तान दी थी क्योंकि अगर वह उसे छीनने की कोशिश करे तो मैं उसका सही उपयोग कर सकूँ... उसे मैं तब तक हिलने न दूँगा, जब तक पूरा जुलूस नीचे से गुज़र नहीं जायेगा।

फिर इस मुक़ाबले का अंत किस प्रकार होगा, मैं कह नहीं सकता? इस संबंध में मैं चिंतित भी था, यद्यपि यहाँ तक पहुँच जाने की अपनी सफलता पर फूला भी समा रहा था। मैं उससे अपनी नज़रे नहीं हटा पा रहा था, हालांकि बार-बार खिड़की में से बाहर झाँकने का मन कर रहा था। जहाँ मैं खड़ा था, वहाँ से रथ का ऊपरी शिखर और उसमें लगे छोटे-छोटे बल्ब मुझे दिखाई दे रहे थे, और हाथी का सोने के मुकुट से सजा सिर–जिसे तालपुर से लाया गया था–और उसकी पीठ पर बैठे महावत की पीठ भी दिख रही थी। खिड़की के नीचे से निकलते हुए उसने एक बार सिर उठाकर ऊपर देखा। मुझे लगा, उसे यहाँ से जल्दी निकल जाने को कहा गया होगा। क्षण भर में वह आगे बढ़ गया और ज़रा देर बाद जुलूस भी वहाँ से निकल गया। दीवारों पर पड़ रहीं छायाएँ भी ख़त्म हो गईं और ढोल-तुरही की आवाज़ें भी काफ़ी दूर से सुनाई देने लगी। बस, फूलों और अगर बत्तियों की गंध वातावरण में रह गई।

ठीक इसी क्षण घड़ी का अलार्म बज उठा, जिसे सुनकर मैं चौंक पड़ा। मैं तेज़ी से उछला, बंदूक हाथ से गिर गई और वासु की पकड़ से बचने के लिए दरवाज़े की तरफ़ झपटा।

11

दूसरे दिन मार्केट रोड की ज़िंदगी अपनी हर रोज़ की रफ़्तार से चलने लगी, हालांकि सवेरे रोज़ से ज़रा देर से सोकर उठे। लग रहा था कि सारा शहर रंग, चमक, भीड़ और संगीत के काल्पनिक संसार से निकलकर आया है, और उसे रोज़मर्रा की कामकाजी हलचल से भरी ज़िंदगी रास नहीं आ रही है। मार्केट रोड कूड़े-करकट, केले के छिलकों, नारियल के खोलों, पत्तियों और फूलों से भरा था, और म्युनिसिपेलिटी के सफ़ाई कर्मचारी उसकी सफ़ाई करने में लगे थे। शास्त्री ठीक नौ बजे आ गया और आते ही अपने काम में लग गया; उसने तय कर लिया था कि के. जे. के लेबिल आज छाप कर ही रहेगा। मुत्थू और उसके साथी सवेरे की बस से अपने गाँव चले गए थे। मैंने अपने सामने एक काग़ज़ रखा और पेंसिल हाथ में लेकर हिसाब लिखने की तैयारी की कि अब किस-किसको कितना पैसा देना है, और किसकी क्या-क्या चीज़ें वापस करनी हैं। जलसे के इंतज़ाम की बहुत-सी बातें मेरे दिमाग़ में स्पष्ट नहीं थी।

आज मुझसे मिलने वाला पहला व्यक्ति पोस्टमैन थानप्पा था, जिसे हम बचपन से चिट्ठियाँ बाँटते देखते आ रहे थे, और उम्र के हिसाब से उसे आज तक कई दफ़ा रिटायर हो जाना चाहिए था लेकिन पता नहीं क्यों, अब तक नौकरी करता चला आ रहा था। मुझे याद आया कि मैंने उसे तब पहली बार देखा था, जब डाकियों को ख़ाकी वर्दी और बड़े से थैले के साथ लाल रंग की पगड़ी और एक चमकदार पेटी भी कमर में बाँधने के लिए दी जाती थी। उस समय से आज तक, जब इन सबकी जगह एक नुकीली टोपी ने ले ली थी, यह वृद्ध शहर में उसी तरह काम कर रहा था—वह न सिर्फ़ हर आदमी का नाम और पता जानता था, बल्कि उनके पूरे इतिहास की जानकारी रखता थे। यह समय मुक्त प्राणी था! अपने निश्चित स्थानों पर वह अपनी चिट्ठियाँ, पैकेट और पार्सल रखकर बैठ जाता और डाक बाँटने के साथ-साथ समाज और परिवारों के बारे में बात करता रहता, वह अनेक परिवारों के बीच की कड़ी था। और एक घर से दूसरे घर तक सूचनाएँ और समाचार पहुँचाता रहता था। इस सबमें समय लगता था। वह अपनी इच्छानुसार काम करता था और सब उसकी बात मानते थे। उसका हर जगह स्वागत होता था। वह जब भी प्रेस आता, दरवाज़े

पर कंधा लगाकर खड़ा हो जाता और कम-से-कम आधे घंटे तक इधर-उधर की बातचीत करने के बाद आगे बढ़ता। चलते समय ही वह मुझे यहाँ की डाक पकड़ाता। आज जब वह यहाँ आकर खड़ा हुआ, तब वह बहुत गंभीर दिखाई दे रहा था और एक इंच मोटे चश्मे के भीतर उसकी आँखें तेज़ी से झपक रही थीं। उसके चेहरे पर ज़बरदस्त तनाव था और साँस बड़ी तेज़ चल रही थी। उसके हाथ में एक चिट्ठी थी। मैंने कहा, 'थानप्पा, आ जाओ।' और पूछा, 'कल का जलसा कैसा लगा?' उसने कोई जवाब नहीं दिया और आगे बढ़कर एक लिफ़ाफ़ा मेरे सामने रख दिया। लगता था, जैसे नशे में हो। बोला, 'इस रसीद पर दस्तख़त चाहिए।'

मैंने लिफ़ाफ़ा देखा, वह वासु के नाम था। मैंने कहा, 'इसे ऊपर ले जाओ।'

'मैं गया था ऊपर लेकिन...लेकिन' और होंठों को जबान से तर करके बोला, 'वह तो मर चुका है।' यह उसने बहुत धीरे-से कहा, जैसे डर गया हो। 'मैं उसकी डाक हमेशा ऊपर ही पहुँचाता हूँ, हालांकि वह जगह मुझे पसंद नहीं है। मैं समझा, वह कुर्सी पर सो रहा है। मैं चिट्ठी लेकर गया और उसे छूकर भी देखा। यह कहते हुए वह काँपने लगा था। उसे छूने से वह अपने को बहुत घृणित महसूस कर रहा था।

मैंने कहा, 'थानप्पा, ये चिट्ठियाँ बाँट दो और यह बात अपने मन से निकालने की कोशिश करो। इसके बारे में किसी से बात मत करना। मैं खुद ऊपर जाकर देखता हूँ कि क्या हुआ है।'

थानप्पा क्षणभर रुका और फिर मेरी बात मानकर बाहर जाने को हुआ। चलते-चलते बोला, 'तो यह रजिस्टर्ड चिट्ठी वापस किये देता हूँ। किसी और को उसकी तरफ़ से दस्तख़त करने का अधिकार नहीं है?' यह कहकर उसने थैला उठाया और बाहर निकल गया।

मैं दफ़्तर से बाहर आया, बग़ल की सड़क से अहाता पार करके उसकी सीढ़ियों के सामने पहुँचा और एक क्षण रुककर चारों तरफ़ देखा—एक तरफ़ लकड़बग्घा लटक रहा था और उसकी चमकती आँखें मुझे घूर रही थीं। मैं ज़रा देर इसी उम्मीद में वहाँ खड़ा रहा कि उसके पैरों की आवाज़ ऊपर सुनाई देगी। लेकिन बिल्कुल शांति थी—मृत्यु की निस्तब्ध निश्चल शांति। मैं धीरे-धीरे ऊपर चढ़ने लगा।

वह उसी तरह कैनवस की आराम कुर्सी पर, दोनों बाँहें नीचे लटकाये, पड़ा था, जैसा मैं कल रात उसे छोड़ गया था। मैं उसके पास यह देखने के लिए गया कि क्या यह सचमुच मर चुका है। इस समय मुझे यह जानने की इच्छा नहीं थी कि यह किस तरह मरा, मैं सिर्फ़ यह जानना चाहता था कि उसकी मृत्यु वास्तविक तथ्य है। वह स्तब्ध-स्थिर जीवन के इतने ज़्यादा नमूने हमारे सामने प्रस्तुत कर चुका था, जो

उसके चारों ओर बिखरे पड़े थे, कि अब उसका भी शरीर उसी का एक भाग बन जाना कोई अद्‌भुत घटना नहीं लगती थी–वह अपनी जीवन–चर्या का स्वयं अंग बन चुका था। मेज़ पर रखी जिस अलार्म घड़ी ने रात को मुझे डराकर यहाँ से भगा दिया था, वह अब अपनी सामान्य गति से टिक–टिक करती चल रही थी। उसके हल्के पीले चेहरे ने वासु की मृत्यु की घटना आरंभ से अंत तक देखी होगी। मैंने चारों ओर सिर घुमाकर देखा। चारपाई का लोहे का सिरहाना टूटा पड़ा था; शायद इसी कारण वह आराम कुर्सी पर आकर लेट गया होगा। किसी कारण से इस समय मैंने यह जानने की कोशिश नहीं की कि उसकी मृत्यु कैसे हुई होगी, मैंने बस, अपनी बाँहे सीने पर बाँध ली जिससे कोई चीज़ अपने हाथ से छू न लूँ और मेरी अंगुलियों का निशान उसपर अंकित हो जाएँ।

मैंने सोचा कि थानप्पा की अंगुलियों के निशान तो वहाँ अंकित होंगे ही, और मेरे भी उसमें जुड़ गए तो जाँच करने में पुलिस के लिए उलझन पैदा हो जायेगी। मेरी बड़ी इच्छा थी कि वासु का पर्स खोलकर उसमें रखा नीला लिफ़ाफ़ा खोलकर पढ़ूँ, लेकिन मैं पुलिस के लिए यह सबूत नहीं पेश करना चाहता था कि मैंने ही उसकी हत्या की है उसका पर्स खोला है। मैंने झुक कर यह देखने की कोशिश की कि उसके शरीर पर कहीं कोई चोट तो नहीं है। उसके काले सिर के बाल उलझे हुए और खुश्क थे। आँखें बंद थीं। चोट का कहीं कोई निशान नहीं था। मैं उसे देखकर सोचने लगा, अब तुम्हारा वह घमंड कहाँ गया? कहाँ गई वह सब बकवास, तर्क–वितर्क और हरेक के साथ बदसलूकी? अब कहाँ हो तुम–स्वर्ग में या नरक में? ख़ैर, जहाँ भी हो, तुम इसी तरह लोगों से व्यवहार कर रहे हो?' तभी मैंने देखा कि एक छोटे से स्टूल पर खाने का वह थैला रखा है जो रात को रंगी ने मुझे दिखाया था। मैंने यह देखने की कोशिश की कि क्या यह खाना उसने खाया है, लेकिन बर्तन का ढक्कन कसकर लगा हुआ था और उसे मैं खोलता तो मेरी अंगुलियों के निशान उसपर पड़ जाते। उसके कपड़े, हमेशा की तरह, चारपाई पर और इधर–उधर बिखरे पड़े थे। उसके ट्रंक का ढक्कन आधा खुला था, जिसमें से उसके परिचित कपड़े दिखाई दे रहे थे–खास तौर पर चारख़ाने की लाल बुशर्ट और मोटी जैकेट, जिन्हें पहनकर वह जंगल में शिकार के लिए जाया करता था। मैं ट्रंक के ऊपर कुछ देर खड़ा उसके भीतर देखता रहा–अगर बिना छुए मैं उसकी तलाशी ले सकता, तो मैं ज़रूर यह काम करता। मैंने सोचा कि अगर मैं दस्ताने पहने होता–लेकिन दुनिया के इस भाग में दस्तानों का प्रचलन अभी तक नहीं हुआ था। लेकिन इन सब सावधानियों के बावजूद जैसे ही मुझे इन उलटे–सीधे कपड़ों के बीच वह हरा फ़ोल्डर झाँकता दिखाई दिया, तो मैं खुशी से उछल पड़ा। इसके लिए उसने हमें कितना परेशान किया था! इसके लिए उसने कहा था, 'एक ओरंग–उटान इसे लेकर जंगलों में भाग

गया था। अगर वह मुझे फिर मिल जाए तो मैं उससे कहूँगा कि इसे इसके असली मालिक, मि. नटराज को वापस कर दे। मेरा ख़्याल है, वह मेरी बात मान लेगा, बहुत समझदार ओरंग...,' और हमारी परेशानी देखकर ज़ोर-से हँसा था मैं इसके जवाब में इतना ही कह पाया था, 'मैं नहीं जानता था, ओरंग-उटान भारत में भी हैं।'

'तुम मुझे वन्य जीवन की शिक्षा दे रहे हो?' उसने मुझे डपटते हुए कहा था। यह हमारे आख़िरी झगड़े से पहले की बात है, जिसके बाद वह मेरा दफ़्तर छोड़कर बाहर निकल गया था और फिर तब तक हमारी भेंट नहीं हुई जब तक मैंने ख़ुद विनम्र होकर उसके पास जाकर हाथी के खिलाफ़ कुछ न करने की बात करने का फैसला किया। यह हरा फ़ोल्डर एक बुश कोट और सिंगापुरी धारीदारी लुंगी के बीच में अटका हुआ था। मैं थोड़ी देर विचार करता रहा कि इनको ऊपर-नीचे किए बिना किस तरह इसे बाहर निकालूँ बाहर छज्जे पर जाकर मैंने किसी ऐसी लंबी चीज़ की तलाश की जिससे पकड़कर मैं उसे आसानी से निकाल सकूँ, लेकिन सफलता नहीं मिली। मुझे यह भी लगा कि मुझे जल्दी करना चाहिए। सड़क पर लोगों की आवाज़ों से मुझे डर लगने लगा था। मुझे यह भी डर था कहीं शास्त्री ऊपर न आ धमके और पुलिस को बुलाने लग जाए। यह ज़रूरी था कि और किसी की नज़र पड़ने से पहले यह हरा फ़ोल्डर मैं अपने क़ब्ज़े में कर लूँ। मैं यह भी आशा कर रहा था कि थानप्पा अपना मुँह बंद रखेगा। यहाँ फिटकरी का घोल, साँचे, डिब्बे और कीलें वग़ैरह बहुत-सी चीज़ें तो थीं, लेकिन ऐसा कोई चीज़ नहीं थी, जिससे पकड़कर मैं फ़ोल्डर को निकाल सकता। हारकर मैंने अपनी कमीज़ में हाथ डाले, उसका एक सिरा अंगुलियां से पकड़ा और उसी के सहारे कपड़ों में फँसे फ़ोल्डर को ऊपर की तरफ़ सरकाया। दो-तीन मच्छर मेरे कानों के इर्द-गिर्द भिनभिनाते चक्कर लगाने लगे, लेकिन मेरे हाथ दूसरे ज़रूरी काम में व्यस्त थे, इसलिए मैं उन्हें उड़ा भी नहीं सकता था। आख़िरकार फ़ोल्डर पर मेरा क़ब्ज़ा हो गया। इससे उसकी मृत्यु का रहस्य तो नहीं, जलसे के लिए उगाहे गए इसके धन का रहस्य ज़रूर स्पष्ट हो जायेगा। अब इसकी सहायता से मैं कवि को उसकी ओर से जमा किये गए धन का हिसाब दे सकता था, हालांकि धन देना संभव नहीं था। मैंने जल्दी से फ़ोल्डर खोला और उसमें रखी चीज़ें देखीं; काग़ज़ सब सुरक्षित थे, छपी हुई अपील, रसीद बुक और दाताओं की सूची, लेकिन पैसा?—एक रुपये के नोटों की एक गड्डी, बस। ये सब चीज़ें मैंने अपनी बाँहों में सँभाली और लौटने को तैयार हुआ, तभी मेरी नज़र छोटी मेज़ पर रखे बाघ के बच्चे के सिर पर पड़ी, जिसे उसने रूमाल से ढक दिया था। इसकी क़ीमत वह दो हज़ार रुपये बताता था। मैंने उसे रूमाल सहित उठा लिया और दरवाज़ा खुला छोड़कर, धीरे से नीचे उतर गया। फिर बग़ल की सड़क पार की; उसकी क्लासिक कृति बाघ का बच्चा, काफ़ी छोटी

थी और काग़ज़ों के साथ मेरी बाँहों में आराम से समा गया था। दो-तीन लोग सड़क पर दिखाई दिये, लेकिन मैं वीरतापूर्वक आगे निकल आया। मुझे डर था कि प्रेस में कोई मेरा इंतज़ार न कर रहा हो, लेकिन मैं भाग्यवान था कि वहाँ कोई नहीं था। मैंने गोलमेज़ का ढक्कन खोला और सब चीज़ें उसमें बंद कर ताला लगा दिया।

मेरा दफ़्तर कुछ दिन के लिए मालगुडी पुलिस स्टेशन का एक विस्तार बन गया था। ज़िला सुपरिंटेंडेंट ऑफ पुलिस क्वीन एन चेयर पर बैठा रहता था। मैंने ट्रेडिल मशीन और सीढ़ियों के बीच जो लोहे की ग्रिल लगा ली थी, वह उन्हें परेशान करती थी, क्योंकि अटारी पर जाने के लिए उन्हें सड़क और अहाते का पूरा चक्कर लगाना पड़ता था। उन्होंने ग्रिल का ताला खोल दिया और शहर के सब लोग वहाँ निर्द्वंद्व होकर विचरने लगे। तरह-तरह के लोग देखने आते और हर वक़्त ऊपर-नीचे चढ़ते-उतरते दिखाई देते। इतनी भीड़ होने लगी कि हमें काम करने की जगह मिलनी बंद हो गई; शास्त्री भी मशीन के सामने खड़े होकर काम नहीं कर पा रहा था। नीले पर्दे का महत्त्व एकदम समाप्त हो गया था, शायद हमेशा के लिए। हर कोई इसे सरका कर ऊपर चला जाता था, मैं उससे पूछ भी नहीं सकता था कि वह कौन है—वह कोई भी हो सकता था: सादे कपड़ों में पुलिस का अफ़सर, जाँच समिति का आदमी, वासु की मृत्यु की जाँच करने के लिए पाँच सदस्यों की यह समिति नियुक्त की गई थी, किसी अख़बार का प्रतिनिधि, या यूँही किसी का पिछलग्गू या पुलिस के दुबले-पतले गार्ड, जिन्हें अटारी की देखभाल के लिए पहले ही दिन नियुक्त कर दिया गया था, कि कोई वहाँ की किसी चीज़ से छेड़छाड़ न कर सके। जीवित वासु की तुलना में अब यह मृत वासु कहीं ज़्यादा परेशानियाँ पैदा कर रहा था। पिछले छह हफ़्तों में जिस किसी भी आदमी ने उससे संपर्क किया था, उन सबको पुलिस ने मेरे प्रेस में हाज़िर होने का हुक्म दिया था। इसमें मुत्थू था, जो अपनी चाय की दुकान छोड़कर यहाँ आया था, कवि था, पत्रकार तो था ही, और हाथी का डॉक्टर तथा दर्ज़ी—जो हर वक़्त रोता रहता था कि उसने किसी की शादी के कपड़े बनाने का काम लिया है और उसे अपनी मशीन पर ही होना चाहिए। पुलिस की गाड़ी इन सबको बिठाकर एक साथ ले आई थी।

शास्त्री इन सबसे समझदार निकला। जैसे ही उसे अटारी में लाश होने की सूचना मिली, उसने वहाँ से हट जाना ही सही समझा। पहले तो उसने मुस्कराकर यह बात कही, 'मैं जानता था कि इस आदमी का ऐसा ही कोई अंत होगा: ऐसे लोग सामान्य ढंग से नहीं मरते।' वह इस समय जूस के लेबिल छापने की तैयारी कर रहा था, लेकिन अब उसने चुपचाप काम एक तरफ़ रख दिया, कपड़े से अपने हाथ पोंछे और गले में पहना एप्रेन उतार दिया—मैं उसे यह करते देखता रहा। वह बड़ी

कुशलता से सब काम कर रहा था, बोला, 'ये चीज़ें हमेशा इसी तरह होती हैं। लेकिन मैंने यह नहीं सोचा था कि इतनी जल्दी और यहीं पर यह हो जायेगा। कितनी चिंता की बात है! आज तक हमारे प्रेस की शहर भर में कितनी इज़्ज़त थी!' यह कहकर उसने एक लंबी आह भरी और मेरी तरफ़ इस तरह देखा, मानो मैं ही इसके लिए ज़िम्मेदार हूँ। फिर अपने इस मंतव्य पर मुहर-सी लगाते हुए उसने शायद पिछले महीनों में सौवीं बार कहा, 'जिस दिन यह आदमी यहाँ आया था, उसी दिन आपको इसे निकाल देना चाहिए था। आपने यह नहीं किया।'

मैंने पूछा, 'अब तुम्हारी योजना क्या है?'

'अभी तो मैं घर जा रहा हूँ, फिर दोपहर को कराहमुडी की ट्रेन पकड़ लूँगा। मेरी पत्नी की भतीजी की शादी है।'

ग़ुस्से और ताज़्जुब से मैंने कहा, 'पहले तो तुमने कभी बताया नहीं?'

'तो अब बता रहा हूँ,' उसने बड़ी शांति से जवाब दिया। 'कल दिन भर आप इतने व्यस्त रहे कि बात करने का समय ही नहीं मिला।'

उसने प्रमाण के रूप में जेब से एक नीला निमंत्रण निकालकर दिखाया।

'फिर वापस कब आओगे?' मैंने सवाल किया।

'जैसे ही शादी ख़त्म होगी...,' उसने जवाब दिया और जाने को मुड़ा। 'ट्रेन एक बजे छूटती है।'

'यहाँ पुलिस तुमसे पूछताछ करना चाहेगी,' मैंने ज़हर भरे शब्दों में कहा।

'मुझे वासु से या पुलिस से क्या लेना-देना।' उसने बड़ा स्पष्ट तर्क प्रस्तुत करते हुए उत्तर दिया, जो इस परिस्थिति में ताज्जुब की बात थी। लेकिन उसकी बात सही थी। उसने आज तक वासु के सभी मामलों से अपने को प्रयत्नपूर्वक अलग रखा था। हम सभी जब उसके इर्द-गिर्द मँडराते थे, शास्त्री एकदम अलग रहता था। वासु को उससे जोड़ पाना किसी के लिए भी संभव नहीं होता। शास्त्री पर मेरा कोई अधिकार नहीं था; मैं उसे किसी भी तरह नहीं रोक सकता था। वह पीछे के दरवाज़े से कबीर स्ट्रीट पर निकल आया और चलते-चलते बोला, 'और यहाँ मेरे रहने का फ़ायदा भी क्या है? जगह ही नहीं है कि कोई काम किया जा सके,' और इसके बाद तेज़ी से गायब हो गया।

मैंने पहले ही बताया है कि मेरे सब मित्र यहाँ जमा थे—जैसे ग्रुप फ़ोटो के लिए इकट्ठे हुए है। रंगी...अरे, उसे तो मैं भूल ही गया। उस रात भगवान के सामने नाचने-गाने के बाद, सूती साड़ी में वह एकदम ढली हुई-सी लग रही थी, उलझे हुए बाल, उदास आँखें—एक कोने में खड़ी वह इतने लोगों के सामने बैठ भी नहीं सकती थी। शहर का इंस्पेक्टर, वह दुबला-सा आदमी, उसे बैठने के लिए एक कुर्सी की ज़रूरत थी। केंद्रीय बड़ी कुर्सी पर बैठा सुपरिंटेंडेंट हमारी तरफ़ बार-बार

नज़रें डाल रहा था। उसने एक मेज़ की माँग की थी, जिसके लिए मुझे अपने पड़ोसी हाईडेलबर्ग के मालिक से कहना पड़ा था, और उसने बड़ी उदारता से दफ़्तर की एक मेज़ खाली कर दी थी। वह बहुत डरा हुआ भी लग रहा था–उसके इतने पास एक आदमी की हत्या! उसने एक टीक की मेज़ दी, जिसे अपने सामने रखकर सुपरिंटेंडेंट ने उसपर काग़ज़ों और फ़ाइलों के ढेर लगा दिये थे। आज तक मैं यह नहीं समझ पाया कि उसने पुलिस स्टेशन में जाँच की कार्यवाही न करके यहाँ मेरे दफ़्तर में यह काम क्यों किया! शायद वह हमको उस समय तक बाँधे रखना चाहता था, जब तक अटारी पर पड़ी लाश मुर्दाघर न पहुँचा दी जाए, जो ज़िला अस्पताल के बग़ल में एक टीन का शेड मात्र था। इस टीन की भभकती छत के नीचे रखे पत्थर पर वासु का शव रखा जाना था। मैं यह देखकर परेशान हो रहा था कि जो आदमी लोहे की छड़ें मरोड़ देता था और तीन इंच मोटे दरवाज़े को हथेली मारकर तोड़ देता था, वह अब इस पत्थर की सिल पर लेटा डॉक्टर का इंतज़ार कर रहा है, कि वह आकर शरीर के हिस्सों को काट-काटकर यह पता लगाये कि उसकी मौत का कारण क्या है।

कुछ समय बाद पुलिस द्वारा नियुक्त पाँच सदस्यों की समिति ने पत्थर के इर्द-गिर्द खड़े होकर यह वक्तव्य पढ़ा : 'जूनागढ़-निवासी श्री वासु की दायीं कनपटी पर किसी खुले हथियार से किए गए हमले में आयी चोट से उनकी मृत्यु हुई है। यद्यपि बाहर इस चोट का कोई स्पष्ट निशान नहीं है, इसके कारण खोपड़ी का भीतर का भाग बिल्कुल फट गया है, जिसका परिणाम यह मृत्यु है।' इसके अतिरिक्त उन्होंने उसके पेट में गये भोजन को भी निकालकर मद्रास भेज दिया है। जिससे इस बात की जाँच की जा सके कि उसे विष तो नहीं दिया गया। इसलिए अंतिम निर्णय मद्रास से जाँच की रिपोर्ट प्राप्त होने के बाद ही दिया जायेगा। उन्होंने आदेश दिया कि इस बीच हिंदू धर्म की रीतियों के अनुसार उसका संस्कार किया जा सकता है जिससे, अंत में आवश्यकतानुसार उसका दाहकर्म किया जा सके। इसपर इन पाँच बुद्धिमानों में से एक ने आपत्ति उठाई कि 'इसका निश्चय किस प्रकार किया जाए कि मृत व्यक्ति को दाहकर्म ही पसंद होता?' इस प्रश्न पर शेष चारों भी भ्रमित हो उठे, क्योंकि अब यह नहीं जाना जा सकता था कि मृत व्यक्ति की क्या इच्छा होती। कुछ देर सब चुप सोचते-विचारते रहे, फिर इनके प्रमुख ने इस तरह, जैसे उसे अचानक इलहाम हुआ हो, अंतिम फैसला सुनाया, 'यदि अंत में शव की दाहक्रिया की जायेगी तो कोई आपत्ति नहीं होगी। वर्तमान संस्कार मध्यवर्ती कार्यवाही की तरह है, जिसे वासु नाम के मृत व्यक्ति की मृत्यु का कारण निश्चित रूप से तय करने के समय तक के लिए किया जायेगा।' यह वाक्य सबको बिल्कुल सही लगा और काम निबटाने के लिए उन्होंने इसे सर्वसम्मति से स्वीकार कर लिया।

मेरे दफ़्तर में जमा पुलिसवालों ने यह पता लगाने की भरसक कोशिश की कि खाने का बर्तन वहाँ कौन लाया था? हम सबकी तरफ़ देखकर उन्होंने बार-बार यह सवाल पूछा, 'क्या कोई इसपर रोशनी डाल सकता है कि यह बर्तन वहाँ कौन ले गया था? कोई बता सकता है कि इसका मालिक कौन है?' उन्होंने बर्तन को उलट-पुलटकर भी देखा कि कहीं किसी का नाम या कुछ लिखा हुआ मिल जाए। उन्हें कहीं कुछ नहीं मिला। मैं कोने में बैठी रंगी को देख रहा था। जिसके चेहरे पर बेचैनी छाई थी और जो बार-बार अपनी साड़ी का सिरा अंगुलियों में घुमा-फिरा रही थी। वह मेरी तरफ़ चिंता से देखती और फिर नज़रें घुमा लेती। अगर पुलिस अफ़सर सामने रखे काग़ज़ों पर कलम चलाते रहने के स्थान पर उसकी तरफ़ एक नज़र भी डालता, तो वह एकदम कह उठता, 'यह तुम्हारा लाया बर्तन है।' और उसे हिरासत में ले लेता। तभी मैंने कुछ कहने के लिए मुँह खोला तो लगा, जैसे उसकी सिट्टी-पिट्टी गुम हो गई है। लेकिन मैंने सिर्फ़ इतना कहा, 'मैं इस बर्तन में अक्सर उसका खाना आता देखता था।'

'खाना उसके लिए कहाँ से आता था?' यह प्रश्न समस्या को उलझाने के लिए बहुत अच्छा था, क्योंकि इसे पास के किसी रेस्त्राँ पर मढ़ा जा सकता था—फिर वह अपनी सफ़ाई देता रहता। मैं सोचने लगा कि किस रेस्त्राँ का नाम लूँ। रायल हिंदू रेस्त्राँ कैसा रहेगा? इसका मालिक मेरा ग्राहक था और एक दफ़ा उसके काम में ज़रा-सी देर होने पर उसने भारी बवंडर खड़ा कर दिया था। लेकिन यह करना अनैतिक मानकर मैंने उत्तर दिया, 'यह मैं ठीक से नहीं कह सकता। मरहूम वासु कई जगहों से खाना मँगाता होगा।' यह कहकर मैं ज़रा-सा मुस्कराया।

सुपरिंटेंडेंट ने ठंडी नज़र से मुझे देखा और कहा, 'संक्षेप में जवाब दो।'

लेकिन यह दफ़्तर मेरा था और यहाँ मुझे कोई चुप रहने को नहीं कह सकता था। मैंने आगे कहा, 'मेरा ख़्याल है कि बर्तन अभी तक खोला नहीं गया है।' सुपरिंटेंडेंट ने फ़ौरन यह बात काग़ज़ पर नोट की और बर्तन जाँचने के लिए कमेटी को आदेश दिया। उन्होंने इसे अच्छी तरह देखभाल कर कहा, 'हाँ, बर्तन अभी तक खोला नहीं गया लगता है।' अफ़सर ने यह बात भी नोट कर ली और पूछा, 'क्यों, इसे खोलकर देख लिया जाए कि खाना खाया गया या नहीं?'

'हाँ,' 'हाँ,' 'हाँ,' 'हाँ,' 'हाँ,' पाँचों की 'हाँ' हो जाने के बाद उसने नोट किया कि पाँचों की उपस्थिति में बर्तन का ढक्कन खोला गया। जब वह खोला जा रहा था, तब सब बड़े ध्यान से देख रहे थे। पहले उसे मेज़ पर बीचोंबीच रखा गया, फिर सावधानी से खोला गया। खुलते ही बुसे हुए खाने की बू कमरे में फैल गई। भीतर तेज़ मसाले का भूरे रंग का चिकेन पुलाव ऊपर तक ठसाठस भरा था। सबने झुक कर उसे देखा और नाक बंद कर ली। फिर एक साथ सबने फैसला दिया, 'इसे छुआ

नहीं गया है। क्या इसका एक टुकड़ा मद्रास जाँच के लिए भेजा जाए?'

'नहीं।'

'तो खाना फेंक दिया जाए?'

'नहीं।'

'फिर इसका क्या किया जाए?'

'इसे तब तक सँभालकर रखो जब तक मद्रास से रिपोर्ट नहीं आ जाती।'

सुपरिंटेंडेंट ने इसे भी लिख लिया और उसपर सबके दस्तख़त करवा लिए। फिर उसने अपने एक अर्दली को बर्तन सील करने के लिए दे दिया, और उस पर लगे बादामी काग़ज़ पर भी पाँचों ने अपने दस्तख़त किये। सुपरिंटेंडेंट मनुष्य नहीं, मशीन की तरह काम कर रहा था—दूसरे लोगों जो मत व्यक्त करते, उसे नोट करके सबके दस्तख़त करा लेता; और उसकी यह भी कोशिश थी कि नियमों के अनुसार जाँच के प्रत्येक पहलू पर काम किया जाए। इस तरह ज़िम्मेदारी उसकी न होकर पाँच बुद्धिमानों की संयुक्त ज़िम्मेदारी थी, और अगर वे यह कहते कि 'नटराज नाम के इस आदमी को बोरे में बंद करके सील लगा दो—बाद में जाँच के लिए इसकी ज़रूरत पड़ सकती है, तो सुपरिंटेंडेंट फ़ौरन अर्दली को इसके लिए आदेश दे देता। आज का मुख्य काम सीलबंदी ही था—सिर्फ़ वासु का कमरा और खाने की ही सीलबंदी नहीं की गई, हर चीज़, जो आँखों को दिखाई दे रही थी, सीलबंद की जा रही थी।

सुपरिंटेंडेंट रात को देर तक लिखता रहा; उसने कई हज़ार शब्द लिख डाले होंगे। यहाँ उपस्थित हर व्यक्ति से यह पूछा गया कि आख़िरी बार वासु से उसकी मुलाक़ात कब हुई, मिलने का कारण क्या था और उस महापुरुष के अंतिम शब्द क्या थे। रंगी ने तो उस शाम मिलने से साफ़ इन्कार कर दिया, अन्य लोग भाग्यशाली नहीं थे, क्योंकि सुपरिंटेंडेंट से मिलने के बाद वे सब एकसाथ उससे मिलने गए थे। इसलिए सबने एक समान बयान दिया। सबकी सहमति से यह अंदाज़ लगाया गया कि वासु की मृत्यु ग्यारह बजे के लगभग हुई होगी—इस समय मैं कहाँ था? मैं पत्नी को मंदिर के लिए रवाना करने के बाद घर के चबूतरे पर पड़ा सो रहा था। मेरे इस कथन की पुष्टि के लिए पत्नी को पीछे के दरवाज़े से लाया गया, बेटे से भी पूछा गया। भाग्य की बात थी कि अटारी में आख़िरी बार मेरे जाने का ज्ञान किसी को नहीं था। और मुझे स्थगन-वकील की यह हिदायत इस वक़्त भी याद थी, जितना पूछा जाए उतना ही उत्तर दो।'

संतोष की एक बात यह भी थी कि शहर के इंस्पेक्टर को हमारे साथ बिठाकर ही पूछताछ की गई, उसके साथ अफ़सर जैसा व्यवहार नहीं किया गया। सामान्यतया जाँच का काम उसी को करना होता लेकिन यह स्थिति भिन्न थी, इस झगड़े में वह

भी घायल हुआ था। अँगूठे पर प्लास्टर लगा था, उसकी हड्डी टूट गई थी। उसका हाथ पट्टी के सहारे लटक रहा था, उसे अपना पक्ष स्पष्ट करना था, जो मुश्किल काम था। जब उसका नंबर आया, उसने ज़ोर-ज़ोर से कहना शुरू किया: 'मुझे... तारीख़ को मार्केट रोड पर शांति और सुरक्षा बनाये रखने की ज़िम्मेदारी सौंपी गई थी। इसके बाद कंट्रोल रूम में मेरे पास जिला सुपरिंटेंडेंट ऑफ़ पुलिस का फोन आया, जिसमें मुझे हुक्म दिया गया कि जूनागढ़ के एक मि. वासु के ख़िलाफ़ शिकायत आई है कि उनसे उस दिन शहर में निकलने वाले जुलूस में कोई ख़तरा हो सकता है और इसकी जाँच की जाए। जब मैं इस आदमी की जाँच करने और उसके लाइसेंस शुदा हथियार पर कब्ज़ा हासिल करने गया, तब उसने ड्यूटी पर तैनात अफ़सर के प्रति ख़तरनाक रवैया अपनाया और उसपर हमला भी कर दिया जिससे उसे काफ़ी चोट पहुँची।' यह कहकर उसने अपना पट्टी-बँधा हाथ सबूत के तौर पर पेश किया। और इसके बाद, उसने बताया कि, वह जुलूस का इंतज़ाम करने और उसमें शांति बनाये रखने के लिए चला गया। उसने इरादा किया कि कार्यक्रम से फ़ुर्सत मिलने के बाद दूसरे दिन सवेरे शिकायत दर्ज करायेगा और ड्यूटी पर तैनात पुलिस अफ़सर पर हमला करने के अपराध में कार्यवाही शुरू करेगा। लेकिन उसने अपने बयान में यह नहीं बताया कि चलते समय उसने उससे कहा था, 'मैं तुम्हें देख लूँगा।'

जब यह कार्यवाही ख़त्म हो गई, मैंने मुत्थू के साथ इसपर चर्चा की। अगर उस वक़्त किसी ने एक भी शब्द इस विषय में कह दिया होता, तो इंस्पेक्टर ख़ुद फँस जाता, लेकिन सबने उसका लिहाज़ किया। फिर भी, इंस्पेक्टर को यह साबित करना पड़ा कि वासु की मृत्यु के समय वह कहाँ था, जो उसके वासु से मिलने के दो घंटे बाद हुई थी। उसने बताया कि अपने सहायक के ज़िम्मे जुलूस की ज़िम्मेदारी छोड़कर पहले वह पुलिस की कार में ज़िला अस्पताल गया। वह इन दोनों अफ़सरों यानी ज़िला सुपरिंटेंडेंट साहब और अस्पताल के मेडिकल ऑफ़िसर की गवाहियाँ पेश कर सकता है । लेकिन मुत्थू कुछ और ही सोच रहा था, जो उसने मुझे बाद में बताया कि 'इस काम के लिए किसी और को भी तो भेज सकता था। एक से ज़्यादा लोग भी वहाँ पहुँचकर उसे क़ाबू में कर सकते थे। मेरी बात ग़लत भी हो सकती है लेकिन वे यह कर सकते थे और भोंथरे हथियार से उसे चोट पहुँचा सकते थे।'

इस के बाद के दिनों में वातावरण शक से गहराने लगा। जब भी दो लोग साथ होते तो बात करने लगते। पुलिस जब दफ़्तर से चली गई, सेन ताज़ी हवा लेने के लिए मेरे साथ बाहर निकला तो बोला, 'यह चाय वाला मुत्थू...मुझे तो इसी पर शक है। गाँवों के लोग बदला लिये बिना नहीं मानते और कुछ भी कर सकते हैं। इन इलाक़ों में कितनी हत्याएँ रोज़ होती हैं। लेकिन अगर उसने यह किया भी हो, तो

बुरा नहीं किया, यह तो जनता की सेवा ही थी। इसके लिए मैं उसे दोषी नहीं मानूँगा।'

'वासु की हत्या करने में मुत्थू को क्या लाभ था?'

'यह मत भूलो कि हाथी उसी का था और वह किसी भी क़ीमत पर उसे बचाना चाहता था। हो सकता है, वह चुपचाप पहुँच गया हो। ग्यारह बजे वह कहाँ था?' वह याद करने की कोशिश करने लगा कि इस समय मुत्थू जुलूस में था या नहीं। काफ़ी देर तक सोचते रहने के बाद उसने यह कोशिश बंद कर दी क्योंकि उस समय सब लोग ज़रूरत से ज़्यादा व्यस्त थे।

तीन दिन बाद अकेले में मुझसे मिलने कवि आया। वह बोला, 'आज मैं सेन से मिलने उसके न्यू एक्सटेंशन वाले घर गया था और मालूम है, मैंने उसके कमरे के एक कोने में अख़बार की रद्दी में पड़ी एक भोथरी चीज़ देखी–लंबा-सा लोहा, जिससे रेल के स्लीपरों में ठोक-पीट की जाती है। जब मैंने उससे पूछा कि इससे क्या करते हो, तो वह परेशान लगा। वह बड़ी आसानी से चुपचाप खिड़की से भी ऊपर जा सकता था...। ख़ैर, मैं उसे दोष नहीं देता, वासु उसका बहुत अपमान करता था। मैं जानता था कि किसी-न-किसी दिन वह बदला ज़रूर लेगा...उसे दोष देना सही नहीं होगा।'

मुझे विश्वास था कि जब भी मैं उनके साथ नहीं होता था, वे सब मिलकर मुझे ही दोषी बताते होंगे। वे मेरे बारे में क्या कहते होंगे, यह मैं जैसे सुन भी सकता था: 'यह कभी नहीं सोचा था कि नटराज इस हद तक चला जायेगा। लेकिन उसने सहा भी कितना...उसकी ग़लती एक ही थी, कि पहले ही दिन बाहर का रास्ता नहीं दिखा दिया। और यह भी क्या पता कि उसे दोस्त के तौर पर रखा या किरायेदार के। जो हो, यह जानना हमारे लिए ज़रूरी नहीं हैं कि उसने कमरा क्यों दिया। लेकिन इस आदमी ने नटराज को तकलीफ़ें भी कितनी दी! बेचारे का धीरज खत्म हो गया होगा। लेकिन बड़ी सफ़ाई से किया–तारीफ़ करनी पड़ेगी! तुम क्या कहते हो? बिना एक बूँद ख़ून बहाये, दिमाग़ की भीतरी नस ही काट डाली। पता नहीं था कि यह आदमी इतना शानदार काम कर सकता है! ही! ही!'

मेरी बीवी ने भी, रात को जब मैं घर पहुँचा, मुझसे यही बात कही। वह उसी वक़्त मुझसे दोस्ताना व्यवहार करने लगी, जब उसने सुना कि प्रेस में किसी की लाश पाई गई है और उसकी जाँच करने के लिए पुलिस वहाँ पहुँच गई हैं। रंगी की घटना के बाद हमारी पहली दफ़ा बात तभी हुई जब मैंने उसे बताया कि वह दफ़्तर में आकर पुलिस को बताए कि जुलूस की रात ग्यारह बजे उसने मुझे कहाँ देखा था। यह सुनकर वह झिझकी और डर से हाथ मरोड़ने लगी। बोली, 'तुमने इस मामले में अपने को क्यों फँसा लिया है? दूसरे सैकड़ों आदमियों की तरह अपने काम से ही

मतलब क्यों नहीं रखते?' अब मैं बहुत धक्के खा चुका था और नम्र हो गया था, और वासु की लाश के ऊपर ही सही, पत्नी से हाथ मिलाकर मुझे बहुत प्रसन्नता हुई। मुझे भीतर-ही-भीतर यह डर खाये जा रहा था कि अब हमारे संबंध हमेशा के लिए ख़त्म हो गए हैं और इनमें किसी तरह कोई सुधार नहीं होगा। पत्नी ने भी मौके का फ़ायदा उठाकर मुझे रगड़ा, 'वो औरत और उसी तरह के दूसरे लोग–ऐसे लोगों से तुम्हारा क्या काम!'

मेरे पास इसका कोई जवाब नहीं था, इसलिए बोला: 'ये सब तुम्हें बताने का वक़्त अब नहीं है; सुपरिंटेंडेंट साहब यहाँ तुम्हारा इंतज़ार कर रहे हैं कि तुम उन्हें बताओ कि मैं कल रात ग्यारह बजे कहाँ था!'

'यह मुझे क्या पता?' उसने कहा। 'मैं तो यही कह सकती हूँ कि मैंने तुम्हें देखा ही नहीं।'

'ठीक है, यह कहकर मुझे फाँसी पर चढ़वा दो। इसके बाद तुम्हें मेरे बीमे का पैसा भी मिल जायेगा।' यह सुनकर उसने चीख़ मारी। कानों पर हाथ रख लिये। मैं कहता रहा, 'यह भी बता देना कि तुम मुझे घर की हिफ़ाज़त के लिए चबूतरे पर छोड़कर चली गई थीं। सच बोलकर तुम्हें अच्छा लगेगा। और अगर तुम्हें मंदिर जाने की बात याद हो, तो तुमने वहाँ रंगी को भी देखा होगा, इसलिए तुम यह नहीं कह सकती कि मैं उसके साथ कहीं गया था।'

'नहीं, मैंने रंगी को वहाँ नहीं देखा,' उसने सादगी से जवाब दिया। उसको कल वाला संदेह कम तो हुआ था, लेकिन वह अभी तक उसे पूरी तरह ख़त्म नहीं कर सकी थी।

मैंने कहा, 'हम यहाँ झगड़ रहे हैं और पुलिस वहाँ तुम्हारा...'

'वे मुझपर विश्वास क्यों करेंगे? यह नहीं सोचेंगे कि तुमने मुझे सिखा दिया है?'

'अरे, यह सिर्फ़ ज़रूरी कार्यवाही है। वे सबूतों की पड़ताल नहीं कर रहे। सिर्फ़ बयान लिख रहे हैं कि तुम क्या कहती हो, मैं क्या कहता हूँ या दूसरे क्या कह रहे हैं, और इस वक़्त इससे ज़्यादा वे कुछ नहीं कर रहे। इसलिए अच्छा हो कि तुम जाकर अपना बयान दे आओ।'

सुपरिंटेंडेंट के सामने जाकर खड़े होने से उसे बहुत परेशानी हो रही थी, उसके अपने ही घर में पुलिस जाँच-पड़ताल कर रही थी। बोली, 'इतने सालों तक ईमान और इज़्ज़त की ज़िंदगी बिताने के बाद अब यह दिन देखना पड़ रहा है कि पुलिस घर के बाहर-भीतर चक्कर लगा रही है। मुसीबत के सबसे बुरे उन दिनों में जब संपत्ति का विभाजन हुआ था, तब भी पुलिस यहाँ नहीं आई थी। अब मैं यह नहीं बर्दाश्त कर पाऊँगी।' अंत में उसने तय किया कि जब कोई पड़ोसी देख नहीं रहा

होगा, तब वह चुपचाप सड़क पार करके पीछे के दरवाज़े से प्रेस में पहुँच जायेगी और पुलिस को बयान दे देगी।

उस रात मैं ग्यारह बजे के बाद घर पहुँचा। बाबू सोने चला गया था। उसने कहा, 'धीरे बोलो। बाबू को नींद नहीं आ रही है। वह इन सब घटनाओं से बहुत उत्तेजित है। मैंने उसे समझा-बुझाकर सोने भेज दिया है कि ये सब बातें झूठ हैं, वग़ैरह, वग़ैरह।...लेकिन वह बहुत उत्तेजित है और खुश हो रहा है कि उसके पिता ने अकेले ही उस राक्षस का ख़ात्मा कर दिया। चलो, कोई तो तुम्हारी तारीफ़ कर रहा है!'

'भगवान के लिए उसे समझाओ कि ऐसी बातें न करे। नहीं तो मेरे गले में फ़ंदा ज़रूर पड़ जायेगा।'

उसने गहरी साँस ली और कहा, 'ज़्यादातर लोग यही कह रहे हैं। उस किराये वाले मामले के बाद...'

'बस, अब चुप करो,' मैं धीरज खो बैठा और ज़ोर-से चीखा, 'यह सब क्या बकवास है!'

'तुम भट्टी का मुँह तो बंद कर सकते हो, लेकिन सारे शहर का नहीं कर सकते!' उसने यह पुरानी कहावत सुनाकर मेरा मुँह बंद कर दिया।

अब मैं भी अपने को इसी नज़र से देखने लगा और इससे जो मेरी तस्वीर बनी, वह मुझे पसंद नहीं आई।

12

पहले तो मुझे यह विचार अच्छा नहीं लगा कि मैं हत्यारा हो सकता हूँ। लेकिन धीरे-धीरे मुझे लगने लगा कि यह बिल्कुल असंभव भी नहीं है। मैं हत्यारा क्यों नहीं हो सकता? उस शाम की अनेक आश्चर्यजनक घटनाएँ मुझे याद नहीं हैं। मुझे कुछ याद नहीं आ रहा था कि मैंने ऐसा क्या कहा या किया था, जिसके कारण मंदिर के हॉल में लोग मेरे चारों ओर इकट्ठा हो गए थे। इसलिए यह क्यों संभव नहीं है कि मैंने किसी का सिर तोड़ दिया हो और अब याद नहीं आ रहा हो। अपने कार्यों को एक-एक करके याद करते हुए मुझे याद आया कि मैं छिप-छिपाकर सीढ़ियों से ऊपर चढ़ा था और दरवाज़ा खोला था। यहाँ तक सब स्पष्ट था। नीचे से जुलूस निकल रहा था। वासु खिड़की के बग़ल में लंबी आराम कुर्सी पर पड़ा था। मैं बंदूक़ की तरफ़ रेंगते हुए पहुँचा था। और जब अचानक घड़ी का अलार्म बजने लगा, तब तेज़ी से भागा था। कमरे में प्रवेश तथा निकलने के बीच मुझे याद है कि मैं वासु के सिर तक बंदूक़ तब तक ताने रहा था जब तक जुलूस पूरी तरह नहीं गुज़र गया। हो सकता है, उसे सोते देखकर मैंने बंदूक का सिरा उसके सिर में दे मारा हो? क्या कह सकता हूँ? लेकिन मृत्यु के समय के बारे में क्या कहा जाय? डॉक्टर का कहना है कि ग्यारह बजे के लगभग उसकी मुत्यु हुई, यानी मेरे सीढ़ियों पर चुपचाप चढ़कर ऊपर पहुँचने से काफ़ी देर पहले परंतु डाक्टर ने तो अनुमान ही लगाया होगा—जो संभावनाओं की लंबी सूची में एक और विषय है।

मैं आशा कर रहा था कि रंगी ने पहले वासु को ज़हर दिया होगा, फिर उसका सिर तोड़ा होगा, लेकिन मद्रास से आई रासायनिक जाँच की रिपोर्ट में कहा गया था कि 'ज़हर का कोई लक्षण नहीं है।' इसके बाद तो मेरे लिए आशा की कोई भी संभावना शेष नहीं रही। प्रेस में अकेला बैठा मैं बार-बार उस रात ऊपर अटारी में अपने प्रवेश की बातों को याद करके घटना का एक समग्र और स्पष्ट चित्र खींचने का प्रयत्न करता रहा, लेकिन जितना मैं सोचता, उतना ही अधिक यह कठिन होता चला जा रहा था। जब मार्केट रोड से गुज़रते लोगों ने मुझपर नज़र डाली, मैंने अपना सिर घुमा लिया था। मुझे पता था, वे क्या कह रहे हैं? कि 'यह बैठा तो है! इसी को हत्या के लिए फाँसी मिलनी चाहिए।' मेम्पी गाँव के मेरे मित्र इसके बाद मुझसे मिलने नहीं आए।

मुझे जानने और मेरे प्रेस में आने-जाने के कारण पुलिस ने उन्हें काफ़ी तंग कर लिया था। 'यह प्रेस! शिव शिव! शापित जगह है वो! उससे दूर ही रहना चाहिए।'

अब कोई भी ऐसा नहीं बचा था, जिससे मैं इस प्रश्न पर बात कर सकता। सेन मुझसे बचने लगा था। कवि भी दिखाई नहीं देता था। अब उसने म्युनिसिपल स्कूल जाने का अपना रास्ता बदल दिया था। सवेरे नदी की सैर करने और वहाँ से वापस लौटने के वक़्त अब कोई मुझसे दुआ-सलाम नहीं करता था, न बातचीत करता था। स्थगन-वकील और दूसरे लोग मुझे आते देखकर दूर से ही कटकर निकल जाते थे। फिर भी एक दिन सवेरे मैंने सड़क के कोने पर, जहाँ नाई की दुकान थी, उसे देख लिया, तो उसने मुझे न देखने नाटक करके बग़ल से निकल जाने की कोशिश की। लेकिन मैं 'वकील साहब' की आवाज़ लगाते हुए उसके सामने जा खड़ा हुआ।

वह भड़भड़ा गया। बोला, 'अरे, नटराज! मैंने देखा ही नहीं...मैं कुछ और सोच...'

'मैं आपसे कुछ पूछना...' मैं बोला, लेकिन उसने बीच में ही मुझे काटकर कहा, 'क्या पूछना...क्या पूछना...दरअसल मैं आजकल क्रिमिनल कानून...तुम्हें पूछना चाहिए...'

'क्रिमिनल...क्या क्रिमिनल?' मैंने पूछा। 'मुझे कोई परेशानी नहीं है।'

'अरे हाँ, हाँ, हाँ...मैं जानता हूँ।' उसने हिचकते हुए कहा। 'मेरा ख़्याल है उन्होंने कोई आख़िरी फैसला नहीं दिया था...न कोई दोष लगाया गया, न साबित किया गया। ठीक भी है, निश्चय से कुछ नहीं कहा जा सकता।'

'अरे, इसे अब भूल जाइये,' मैंने बड़ी सहजता से, अभ्यस्त हत्यारों की तरह कहा, 'यह बात नहीं है। बात यह है कि मेरे ग्राहक पैसे नहीं चुकाते। आपकी बेटी की शादी कब हुई थी? कई महीने पहले। उसके निमंत्रण छापने के पैसे आपने अभी तक नहीं दिये। अब किस बात का इंतज़ार है?'

'अरे हाँ, वो तो करने ही हैं,' उसने कन्नी काटते हुए कहा।

'अब प्रेस में मेरी मदद के लिए कोई नहीं है। शास्त्री भी चला गया। आप ऐसा करें कि खुद पैसे भिजवा दें, मेरे पास आपके घर भेजने के लिए कोई आदमी नहीं है।' आजकल मेरे शब्दों में सख़्ती दिखाई देने लगी थी। मेरे सोचने का ढंग यह था: 'जो भी हो, अगर मैंने दुनिया को वासु से निजात दिलाई है, तो यह कम बात नहीं है। अगर लोग मेरी आलोचना करते हैं, तो करते रहें, लेकिन उन्हें मुझसे माफ़ी माँगने की उम्मीद नहीं रखनी चाहिए।' ये बातें सोचकर मैं ख़ुद को मज़बूत भी बनाता था, लेकिन इस कारण दुखी भी रहता था। प्रेस में काम बंद था, हालांकि मैं दिन-भर दफ़्तर खोलकर बैठा रहता था। आने वाले बहुत कम हो गए थे। मैं अपना समय टॉल्स्टॉय के उपन्यास '*वार एण्ड पीस*' को पढ़ने की कोशिश में व्यतीत करता था—यह महाग्रंथ मुझे परिवार के कबाड़खाने में रखे सत्तर दार्शनिक ग्रंथों में प्राप्त

हुआ था–इसमें प्राचीन यूरोप के लड़ाई के मैदानों में रूसी राजवंशों के भाग्य-निर्णय का इतिहास वर्णित है।

एक दिन सवेरे फ़व्वारे के समीप मुझे कवि की आकृति दिखाई दी। इससे पहले कि वह मुझे देखकर बग़ल की गली में निकल जाए, मैं उसकी तरफ़ दौड़ा और सामने पहुँच गया। मैं उसे मिन्नत करके अपने साथ लाया और इज़्ज़त से क्वीन एन चेयर पर बैठाया।

'तुम सबको यह क्या हो गया है?' मैंने पूछा।

'उन्होंने मुझे हफ़्ते में आठ और घंटे पढ़ाने का काम सौंप दिया हैं। बहुत ज़्यादा टीचर छुट्टी पर हैं।'

मैंने मन में सोचा, 'कवि बेचारा! मुझे चकमा देने का क्या बहाना बनाया है!' मैंने फिर पूछा, 'और सेन को क्या हुआ?'

'मुझे ठीक से पता नहीं, सुना था कि मद्रास के किसी अख़बार ने उसे बुलाया है।'

अब मैं चीख़ पड़ा, 'झूठ मत बोलो। मैंने उसे चुपके-चपके पड़ोसी के प्रेस में हाईडेलबर्ग पर कुछ काम कराने जाते हुए देखा है। तुम लोग मुझसे मिलना नहीं चाहते। तुम सोचते हो, मैं हत्यारा हूँ।'

उसने जवाब नहीं दिया। मैंने उसकी आँखों में आतंक देखा, तो अपने पर क़ाबू पाने की कोशिश की। उसे मेरी आँखों की चमक ख़तरनाक लगी और उसने दरवाज़े की तरफ़ देखा। मैं उससे हरे फ़ोल्डर में लिखे जलसे के चंदे के बारे में बात करना चाहता था, जो पैसा वासु ने इकट्ठा किया था; और उस बाघ-बच्चे के बारे में बताना चाहता था, जो मैं उसके कमरे से लाया था, लेकिन इस सब के बजाय दुनिया को गाली देने में लग गया। कवि का डर इसी से उत्पन्न हुआ था। मैंने अपना लहज़ा बदला, ज़रा-सा मुस्कराया और उसकी पीठ थपथपाई। फिर कहा, 'मैं तुम्हें, जो पैसा वासु ने जमा किया था, उसमें से एक उपहार देना चाहता हूँ। यही बचाकर ला पाया हूँ।' मैंने उसे नज़रों से बाँधा, जिससे कहीं भाग न निकले और गोलमेज़ खोलकर उसमें से बाघ-बच्चा निकाला। फिर उसका रुमाल हटाया और सामने पेश कर दिया। वह अचंभे से उसे देखने लगा।

'यह बाघ किसलिए?'

'तुम्हारे लिए है यह, ले लो,' मैंने कहा। वासु इसकी कीमत दो हज़ार रुपये लगाता था। पैसा नहीं तो यही सही...'

वह मेरी आँखों में इस तरह देखने लगा, मानो पहली दफ़ा उनमें पागलपन की निशानी देख रहा हो फिर मिन्नत के स्वर में बोला, 'नहीं, मुझे यह नहीं चाहिए। मुझे इसकी ज़रूरत नहीं। मुझे कुछ भी नहीं चाहिए। मुझे माफ़ करो।' यह कहकर वह

एकदम उठा, क्वीन एन चेयर पीछे छोड़कर दरवाज़े की तरफ़ लपका और मार्केट रोड की भीड़ में ग़ायब हो गया।

'अरे कवि, कवि,' मैं पीछे से चिल्लाया, फिर चुप हो गया। अब वह मुझे हत्यारा समझने के अलावा यह भी मानने लगा होगा कि मैंने चंदे में भी घोटाला किया है और उसे छुपाने के लिए यह भेंट दे रहा हूँ। आदमख़ोर ने मेरा सबसे बड़ा नुकसान यही किया था: उसने मेरा नाम, मेरे दोस्त, मेरी दुनिया, सब ख़त्म कर दिये थे। यह विचार मेरे लिए असह्य था। बाघ-बच्चे को सीने से लगाकर मैं सुबकने लगा।

मेरी इस मनस्थिति में ही नीला पर्दा हटाकर शास्त्री मेरे सामने आ खड़ा हुआ। वह बोला, 'मैं पीछे के दरवाज़े से आया हूँ।

मैं खुशी से चीख़कर बोला, 'अरे, शास्त्री तुम! मैं तो समझा था कि तुम अब नहीं आओगे।'

उसने मेरी मानसिक स्थिति पर ध्यान नहीं दिया और कहना शुरू कर दिया: 'कराईमुडी की शादी के बाद मेरी पत्नी ने रामेश्वरम और दूसरे दस-बारह स्थानों की तीर्थ यात्रा कराने पर ज़ोर दिया। रास्ते में दो-तीन बच्चे बीमार भी पड़ गए। मैं तो वापस लौटने के लिए तड़प रहा था, लेकिन औरतों का स्वभाव आप जानते ही हैं। बीमारियों के बावजूद मेरी पत्नी उन सब तीर्थों की यात्रा करना चाहती थी, जिनके भी नाम उसने सुन रखे थे। ठीक भी है क्योंकि ज़िंदगी में एकाध बार ही बाहर निकलने का मौक़ा मिलता है...'

'तुम कहीं से भी मुझे एक पोस्टकार्ड डाल सकते थे?'

'ठीक है,' उसने सफ़ाई दी, 'लेकिन सफ़र करते हुए कहीं बैठकर चिट्ठी लिखना मुश्किल होता है और यह काम टलता ही चला जाता है।' यह कहकर उसने जेब से एक छोटी-सी पुड़िया निकाली, जिसमें पवित्र भभूत और सिंदूर था। इसे मुझे देते हुए बोला, 'सब तीर्थों से इकट्ठी की है।' मैंने एक चुटकी अपने माथे पर लगा ली।

उसने मेरी गोद में बाघ-बच्चा देखा, तो बोला, 'कितना छोटा बाघ है!' मुझे लगा, जैसे की कमानी वाला चशमा ऊपर-नीचे हुआ और उसका चेहरा लाल पड़ गया। मैं जानता था कि इस जानवर को देखकर वह काँप रहा है लेकिन ऊपर से उसने इसमें दिलचस्पी ही दिखाई और छूने के लिए भी हाथ बढ़ाया। ज़ाहिर है कि वह मुझे खुश करना चाहता था। बोला, 'जंगल में यह बहुत सुंदर शिशु रहा होगा, लेकिन बड़ा होने पर यही भयंकर बन जाता।...उसने यह आपको दिया होगा?' शास्त्री ने ज़रा रुक कर पूछा। मैं चुप रहा क्योंकि मैं यह नहीं कह सकता था कि मैंने इसे चुराया है।

'मैं इसे कवि को दे रहा था,' मैंने कहा, 'लेकिन उसने नहीं लिया और चला गया।' मैं यह कहते-कहते रुआँसा हो आया, 'अब वह नहीं आयेगा।'

'यह तो ठीक ही है कि वह कवि है और उसे इससे डर लगा होगा। फिर, वह इसका करता भी क्या?'

'अब वह इस रास्ते से भी नहीं निकलेगा।'

'यह तो हमारे लिए अच्छी ही बात है। जो भी आदमी यहाँ आकर हमारा वक़्त नहीं बर्बाद करना चाहता, वह हमारा दोस्त है। के. जे. हमारा ग्राहक है और वह हमेशा आता रहेगा; हमें और क्या चाहिए!'

'ठीक बात है, अगर वह हमें छोड़ना भी चाहे, तो उसे मेजेंटा रंग कहाँ मिलेगा?'

'जिनका हमारे साथ व्यापारिक संबंध है, वे हमेशा आते रहेंगे।'

'लोग सोचते हैं कि यह हत्यारों का प्रेस है,' मैंने उदासी से कहा।

इसपर वह कोमलता से हँसा और बोला, 'जो यह सोचते हैं, वे बेवक़ूफ़ हैं, और कभी-न-कभी उन्हें सच्चाई का पता चल जायेगा।'

'क्या सच्चाई?' मैंने चौंक कर पूछा।

'जब उसकी मृत्यु हुई, रंगी उसके साथ थी। आप जानते हैं कि मैं मंदिर की कमेटी में हूँ,' उसने बताया, 'और कल शाम वह मुझसे मिलने आई थी। मुझे हमेशा से शक था कि वह कुछ छिपा रही है। मैंने उससे कह दिया कि अगर वह मुझे सच नहीं बतायेगी, तो मैं उससे बात नहीं करूँगा। अपने उसूलों के ख़िलाफ़ मैंने उसे घर के भीतर बुलाया, चटाई पर बिठाया, कॉफ़ी पिलाई और पान-तंबाकू चबाने को दिया और बोलने की प्रेरणा दी। मेरी पत्नी समझ गई कि मैं उसे भीतर क्यों बुला लाया हूँ और मोटे तौर पर उसके साथ अच्छा व्यवहार किया।'

'रंगी ने क्या बताया?' अब मैं जानने को उत्सुक हो उठा था।

'लगता है, उस शाम वह उसके लिए खाना बनाकर ले गई थी। वह बहुत-सी बातों के कारण ग़ुस्से में था और खाने से इन्कार कर दिया। रंगी ने शायद खाने में कोई नींद की दवा मिला दी थी, जिससे जब जुलूस नीचे से गुज़रे, वह सोता रह जाए। हाथी को बचाने के लिए उसने यह उपाय सोचा था। लेकिन उसने तो खाने से ही इनकार कर दिया।'

'उसे उस वक़्त भूख नहीं लगी होगी,' मुझे याद आया कि इससे पहले मैंने उसे कॉफ़ी खिला-पिला दिया था।

'हो सकता है, यह बात सही हो, लेकिन रंगी को इससे परेशानी हो रही थी क्योंकि उसे मंदिर भी जाना था। उसे यह भी फ्रिक हुई कि अब वह यहाँ से कैसे निकल पायेगी। वासु को जब लगा कि जुलूस काफ़ी देर से निकलेगा, तब उसने घड़ी में अलार्म लगा दिया और आराम कुर्सी पर लेट गया। उसने एक और कुर्सी अपने पास खींच ली और

रंगी से कहा कि वहाँ बैठकर पंखा झले और मच्छरों को भगाये। मच्छरों से शायद उसे बड़ी नफ़रत थी–उस औरत ने मुझे यही बताया। वह पुलिस को भी गालियाँ दे रहा था, जिन्हें अपनी ताक़त दिखाने के लिए उसने चारपाई का हत्था तोड़ डाला था, और चारपाई पर ही मच्छर दानी भी लग सकती थी। अब उसे कुर्सी पर ही सोना पड़ रहा था। रंगी पंखा लेकर उसके मच्छर उड़ाने लगी। वह सो गया। थोड़ी देर बाद औरत को भी झपकी आने लगी–बेचारी, दिन भर की थकी-माँदी-और उसके हाथ का पंखा भी रुक गया होगा... इस बीच मच्छरों ने फिर इकट्ठे होकर उसपर हमला बोल दिया होगा। उसकी चीख़ से रंगी की नींद खुल गई, 'तुम मच्छर साले!' उसने देखा कि पागलों की तरह अपने दोनों हाथ घुमा-घुमाकर वह मच्छर भगाने की कोशिश कर रहा है। इसके बाद उसने बड़े ज़ोर का हाथ मारने की आवाज़ सुनी। उसने देखा कि उसके माथे पर दो-तीन मच्छर बैठ गए थे, जिन्हें मारने के लिए उसे पूरी ताकत लगाकर अपना हाथ माथे पर दे मारा था। रंगी ने बत्ती जलाकर देखा, तो दो-तीन मच्छर उसके माथे पर चिपक गए थे। यही वासु का भी अंत था।' शास्त्री ने कहानी ख़त्म करते हुए आख़िरी वाक्य कहा, ' जो हथेली लोहे और मज़बूत लकड़ी के पैनेल तोड़ने के काम आते थे...'

मैंने वासु की बात याद करते हुए कहा, 'लेकिन उसमें यह एक गुण भी था कि चाहे जो स्थिति हो, उसने किसी आदमी पर अपनी हथेली से वार नहीं किया।'

'क्योंकि' शास्त्री ने नटखट मुस्कराहट से कहा, 'उसे सब ताक़त अपने विनाश के लिए सुरक्षित रखनी थी। दुनिया में हर राक्षस अनश्वरता का वरदान लेकर आता है। लेकिन फिर भी दुनिया अब तक हुए इस सब राक्षसों को झेलकर भी जीवित चली आ रही है। हर राक्षस के अपने ही भीतर, उसके अनजाने ही आत्मनाश का एक छोटा-सा बीज होता है जो अचानक प्रकट होकर उसे ख़त्म कर देता है। ऐसा न होता तो मनुष्य कैसे बचा रहता?' उसने मेरे लाभ के लिए मुझे फिर से भस्मासुर की कहानी सुनाई, जो अजेय था और अपने हाथ से किसी भी चीज़ को छूकर भस्म कर सकता था, लेकिन अंत में जो अपने ही सिर पर अपना ही हाथ रखकर उससे पैदा हुई आग से मिनटों में जलकर राख़ हो गया।'

यह कहकर वह कुछ देर सोचने की मुद्रा में खड़ा रहा, फिर जाने के लिए घूमा। पर्दे की कोर पकड़कर उसे सरकाया और भीतर घुसने से पहले बोला, 'इस हफ़्ते के. जे. के बिल ज़रूर छाप देने हैं। मैं सब ठीक कर देता हूँ। अगर आप पहला रंग अभी छाप दें...। जब आप लंच करने जाएँगे, उस बीच यह सूख जायेगा और आपके लौटते ही दूसरा रंग छापा जा सकेगा।'

'ठीक है, शास्त्री, जो तुम कहोगे, वही करूँगा,' मैंने विश्वास दिलाया।

❑❑❑